l'amour
le désamour

Collection « encre marine » 2007
dirigée par jacques neyme
ISBN 978-2-84186-385-3

I

SUR UNE RENCONTRE

N'IMPORTENT les circonstances où je l'ai rencontrée. Brièvement, mais assez pour souhaiter la revoir à loisir, seul à seule, sans souci de l'heure : en cet après-midi qu'elle m'accorde, le fléchissement de la lumière, au dehors, l'avertira qu'il est temps de prendre congé.

Je lui ai offert un siège confortable, de ceux qui vous font oublier votre corps, mais non de ces divans « profonds comme des tombeaux » qui vous retirent votre vivacité, qui lui feraient soupçonner quelque préméditation de ma part.

Qu'en sera-t-il de notre entretien ? Femme, elle jouit à mes yeux d'un préjugé favorable, mais elle peut se révéler aussi décevante que certains hommes. J'entends donc donner tout son sens à l'expression de « sous bénéfice d'inventaire ».

En présence de l'un de mes semblables, notre identité de constitution me dispense de considérer sa réalité physique : je perçois, comme si je me parlais, quelles voies mes paroles emprunteront, quelles régions elles vont atteindre. Mais face à un assemblage de formes, une organisation de viscères, un fonctionnement mental qui me sont à la lettre inconcevables ? Quand l'ami m'oppose d'instinct son épiderme, c'est par toute sa peau, comme mobilisée à cet effet, que cette femme écoute ce que je dis. Une peau qu'à la distance décente où nous nous tenons, j'éprouve et ployante et poreuse. Cependant que son ventre – creux, n'est-ce pas ? – doit faire office de caisse de résonance – dont je me sens dépourvu.

Des interlocutrices ne vous concèdent d'elles que des bribes. Celle-ci s'avance à découvert, sans prudence. Des mains, des yeux, de la voix, elle vous fait don de sa présence. Sans qu'elle quitte sa place – maintien oblige –, vous sentez s'apposer à vous une flamme ascendante, telle l'enfant qui se jette contre sa mère debout, et lève les yeux vers son visage. Et Dieu ! le rare agrément de cette alternance de réserve et de fougue où l'écouteuse et l'être d'élans s'équivalent !

Mon avidité pour ce qu'elle livre ne peut que lui être sensible. Je recense à mesure les qualités que ses propos dévoilent, sans ostentation ; et comme ce sont celles que je prise le plus, j'admire – avec un sentiment croissant d'aubaine – qu'elles se trouvent réunies dans une même personne. Laquelle, surcroît de chance, est femme. « Ce qui change tout », ajouterais-je naïvement, tant la mansuétude, la délicatesse, la douceur, l'aménité, l'altruisme, l'intrépidité d'esprit, et j'en dirais, et j'en dirais, se goûtent, au féminin, avec le palais autant qu'avec le cœur.

Si je regardais ma montre, ce serait avec la crainte qu'il fût déjà tard, mais la clarté extérieure demeure vive, et peut-être le temps a-t-il alenti sa marche, curieux de ce qu'il adviendra de ces deux-là qui sont à la fois comme gagnés par l'apathie – le terme de médusés serait sans doute plus juste –, et si bien en éveil, chacun d'eux à la proue de soi.

Je jurerais que sa peau ne la protège plus. À coup sûr, la mienne est devenue perméable, friable, au fil des heures, quand, françois solesmes

l'amour
le désamour

encre marine

NOTE

D'un dossier très tôt ouvert sur l'amour et ses traverses, où s'entassaient des relations de confidences ou d'aveux, des lettres reçues, des réflexions inspirées par un spectacle ou une lecture, des coupures de presse, des confessions de femmes..., j'ai tiré, pour les étoffer, leur donner épaisseur et couleurs, diverses « situations » comme autant de figures du ballet que mènent les humains autour de leur cœur et du reste.

Des situations si communes, qu'elles dispensent de l'habituelle mise en garde touchant des ressemblances « qui ne sauraient être que fortuites » : silhouettes, identités, circonstances, furent largement retouchées, transposées, voire amalgamées. Le narrateur ayant seulement la charge d'assurer l'unité de ton, la cohérence de la vision ; la voix féminine qui lui fait parfois écho, témoignant que grâce et disgrâce sont ici partagées.

Deux citations pourraient, avec une égale légitimité, faire office d'épigraphe à ces pages : le « Il n'y a pas d'amour heureux » d'Aragon ; le « Rien ne vaut le malheur d'aimer » d'Éluard. Au lecteur de faire prévaloir l'une ou l'autre. Ou de se refuser à choisir.

accueillant ma visiteuse, j'avais les contours nets de celui qui gouverne sa vie. Nos corps n'ont pas bougé, mais la distance entre nous s'est si réduite que nos moi s'interpénètrent – à demi encore, ce qui me procure le plaisir raffiné de me caresser aux franges de son être.

Est-ce l'effet du fléchissement de la clarté, au dehors ? de la pénombre qui se hasarde dans les coins de la pièce ? À elle aussi, sans doute, le sens de nos paroles doit paraître secondaire, comme si nous étions d'abord attentifs à l'onction intérieure que chacun reçoit de celles de l'autre. Échangerions-nous encore et encore nos souvenirs, que nous ne cesserions plus de vérifier la violente adhésion de nos espaces propres, leur engagement, leur confusion, au point de nous demander qui parle à cet instant ; s'il y a encore des murs autour de nous, des arbres, un ciel, par-delà la fenêtre. Si tout ne se résoudrait pas en un espace clos, étroit, où se sentir onctueux, précisément, comme chair d'avocat sous le palais.

Je n'avais pas prévu de l'inviter à dîner, mais si elle est aussi heureusement harassée que moi du long chemin que nous avons fait l'un vers l'autre – un peu à tâtons encore que sans nous quitter des yeux –, elle devrait trouver bon de restaurer ses forces.

À la vérité, je souhaite la voir, non plus dans la clarté un peu morne d'un intérieur, mais « aux lumières », plus flatteuses ou plus cruelles ; dans une situation qui la fasse, en toute bienséance, à portée de main ! Ainsi, après avoir contemplé un portrait en pied s'approche-t-on pour mieux distinguer les traits du visage, les définir afin de les garder en mémoire. « Je dois, oui, me souvenir de ces cheveux relevés, maintenus haut par une épingle, dont un feston vous dérobe une part du front ; de ce nez net et fin, d'une venue, bien posé, que prolonge une apophyse d'ombre... Les yeux, je sais, je n'oublierai pas comme ils peuvent envahir le visage – tel un étang qui déborde. Quant à sa bouche, que sa promptitude à sourire a fini par ourler… »

Il m'importe de savoir quelle convive elle est ; comment elle accueille les saveurs : cette bouche n'est pas seulement faite pour modeler les mots au passage, pour se distendre en sourires généreux qui vous désignent les tempes.

Me plaisant à penser qu'elle doit encore ignorer de quoi un dîner au restaurant, tête à tête, même sans chandelles, est souvent le prélude, je me veux, à son image, requis par le seul instant.

Nous ne mesurons pas notre privilège de vivre en des pays qui consentent à exposer leurs plus sûres merveilles : le visage de leurs femmes. Quelles que soient la latitude, la race, la condition, il décante nos traits, ne fût-ce que le temps d'un… soupir ; son harmonie nous est baume, neuve assurance, consolation fugace mais toujours renouvelée, du mal d'être homme sans grâce, voué au trivial quand, jusque dans le labeur, leur visage les élève, les allège, leur confère une dignité que nous n'aurons jamais.

Le sien ne fait pas exception : il *prend* avec faveur l'éclat monté obliquement de la nappe et des couverts, et je le déclare digne des vastes hourras de lumière des vagues qui s'effondrent. Sans doute mon invitée n'a-t-elle conscience de tout ce qu'il laisse paraître, de ce qui s'en échappe plutôt, ainsi que d'une bouteille de champagne qu'on débouche, surtout quand il se revêt de la patine d'un sourire. – « N'est-ce pas, que "ma bienvenue au jour me rit dans tous les yeux" ? Mais j'aspire d'abord à être, pour quelqu'un, celui qui lui fait oublier tous les autres visages et des plus avenants. »

À l'évidence, le sien est de ceux – les seuls qui comptent – qui vous promettent l'une de ces soifs que notre rassasiement restaure à mesure, et l'on voit bien comment ce pouvoir qu'ils ont peut susciter une violence de dépit en l'homme : « Meurtrir, défigurer ce qui me nargue de sa tranquille autorité ! »

Je me retiens de dire – la phrase aurait paru guindée : « Ce que je vois, dans l'ovale de votre visage, des lèvres aux sourcils ? Haut dans le ciel, une superposition de vols stationnaires d'où s'épanche l'équilibre. »

Comme je l'espérais, elle a, pour les nourritures dites, à la légère, terrestres, une révérence communicative : avais-je, jusqu'ici, assez rendu justice à ce plat ? Mais sans doute ne me paraît-il aussi succulent que d'être ainsi partagé ; il le serait bien moins, mangé seul ou même si elle en avait choisi un autre, rendant alors la *communion* imparfaite.

Avec elle, l'expression de « faire honneur » à un mets doit être prise à la lettre, ou plutôt inversée, chacun d'eux apparaissant comme un nouvel hommage rendu à cette bouche, à l'arc des dents, figure intermittente de la résolution, à une langue dont le bout, furtif, soulignera l'excellence du dessert.

Savourer un repas rend taciturne, trop occupé que l'on est à suivre en soi une trace, un sillage. En soi et chez l'Autre, dont les yeux vous font, avec malice, l'aveu d'une faiblesse : « Foin de ces femmes qui picorent ! J'ai quant à moi, avec la chère, les plus francs rapports. Et convenez que ma silhouette – j'y veille ! – n'en souffre pas. »

Nos propos, discontinus, ont donc seulement ajouté quelques touches au portrait que chacun s'est fait de l'autre. En revanche, l'accord de nos esprits se colore, s'étoffe d'une complicité tout organique. Celle qui me fait face et dont les vins ont coloré les pommettes est maintenant incarnée. Vivante, certes, et tièdement repue, humaine, si humaine – et femme !

Cela fait beaucoup de présents ; cela fait un opulent présent. Est-il étonnant qu'un sourire flotte obstinément entre nous, en nous ? Il fait nuit ? Il fait beau ! Et ce n'est pas un songe : je pourrais lui prendre le poignet ; la vue de ses cheveux me fait des mains agiles qui, si je ne les tenais en bride, me quitteraient pour aller à leur rencontre. Vingt convives, au reste, témoigneraient de notre existence.

Nous nous considérons en silence, comme on reprend souffle après une grande émotion. Apparemment contents l'un de l'autre. Mais qu'en sera-t-il demain de la griserie qui lui fait les yeux brillants ? A-t-elle, comme moi, le sentiment d'une soirée inaugurale ? Oui, qu'en sera-t-il de nos rapports ? Elle est trop flexible, trop bien… chantournée, pour n'être… qu'une amie de tête. Si je me sens, avec elle, plus que bien : béat, n'est-ce pas qu'elle a comblé en moi, vacante, la moitié féminine de l'être ? De là, cette sensation de plénitude que je n'avais de longtemps connue. D'unité recouvrée. De rondeur. (Pendant tout l'entretien de l'après-midi, je me suis astreint à maintenir mon regard à hauteur de son visage, mais en cette fin de dîner, je convoquerais volontiers sa poitrine pour couronner mes agapes. Ses seins, tels que l'échancrure du corsage les suggère, n'ont-ils pas la courbure d'un verre à cognac ?) Mais j'écarte une image qu'elle pourrait déchiffrer en mes yeux, quand les siens – de quelle couleur au juste ? avec ces lumières… – me demeurent impénétrables.

Pourquoi sommes-nous soudain comme interdits ? Quel paysage intérieur contemple-t-elle ? Me pèse-t-elle à ses balances entre tous hommes de sa connaissance ? Est-elle, comme je le suis, consternée à la pensée que notre rencontre va s'achever ? Aussi serait-il temps de prendre garde à ses mains, à ses ongles. – Cela t'importe donc ? – Beaucoup, et je lui sais gré de ses doigts sans bagues. Temps d'en revenir une fois encore à son visage – sans fard, merci ! À son regard que voici bien pensif sous le sourire. Temps de m'attendrir sur l'ombre mauve qui se prononce sous la paupière. (Nous n'avons pourtant pas fait l'amour ! – Est-ce si sûr ?)

« Il faut nous séparer… » Ces mots me visitent, de quel opéra, déjà ? Nous deviendrions bien mélancoliques, comme d'autres ont le vin triste. Serions-nous entrés dans la phase du dégrisement ? Je croirais plutôt qu'elle écoute en elle les résonances de ma lente intrusion ; qu'elle en mesure l'étendue. Et peut-être s'emploie-t-elle à « tenir tête à son cœur ». Voire à sa chair que la table a rendue peu fiable.

Nous nous sommes… divertis avec le sérieux des enfants en feignant d'ignorer l'enjeu de la rencontre. Et voilà qu'il se rappelle à nous – en termes d'avenir. Ce présent, pour enivrant qu'il soit, appelle-t-il un prolongement ? Suffit-il pour qu'on envisage, anticipe, se projette ? À supposer qu'elle incline vers l'épanouissement du moment présent, sait-elle la somme d'affinités, de ressources, d'inventivité, de vigilance, d'humilité, qu'exige l'amour tel qu'elle le conçoit et l'espère ?

D'autres questions se sont pressées en moi qui garde le souvenir de maintes déconvenues : Lui présenterais-tu, sans craindre son jugement, ce qui te tient le plus à cœur ? Verras-tu longtemps, longtemps en elle le plus beau coquillage que puisse rejeter la mer ? La gourmandise de cette bouche s'étendrait-elle à des mots oubliés, comme l'ouche et l'aiguail, la méridienne et le giron, sans oublier la doyenné du comice ? Ce visage où paraît un tranquille dédain de ce qui le ferait valoir te sera-t-il, demain encore, une sensible écharde ?

Je me retiens de lui dire : « J'ai le plaisir de vous annoncer que vous êtes reçue avec mention très honorable. »

La rue. Ce monde paraît plus sale d'être bruyant. J'éprouve un dénuement du même ordre qu'à la sortie d'une salle de spectacle, fût-ce en plein jour. Et elle ? L'image de mon bras sur ses épaules lui vient-elle comme à moi ? À l'évidence, la clarté des lampadaires n'est pas là pour flatter les visages ; plutôt pour les barbouiller de gris sale. Celui qui dut fondre sur le couple primordial, franchie la limite de l'Éden.

Je la reconduis à sa voiture – modeste, donc de bon aloi. Que seront nos derniers mots ? (Peut-être vraiment les derniers !) La courtoisie n'a pas de part, dirait-on, dans ses remerciements : leur formulation n'a rien de conventionnel, et il y a, dans la voix, une ombre de désarroi.

Je prends sa main tendue et la garde une seconde de plus que le bon ton ne le voudrait. Une seconde où passe mon regret de devoir la lui rendre. – « Si notre rencontre vous a procuré le plaisir que vous dites, il ne tiendra qu'à vous… »

Sa réponse se formule en un sourire à la fois résolu et fragile, espiègle et pénétré ; dans la demi-volte de son avant-bras levé, hors de la voiture qui s'éloigne.

Non, ce n'était pas un songe : je me surprends à regarder ma montre.

À L'AUBE

I

« QU'EST-CE QUI M'ARRIVE ? » Instante est la question, dès notre réveil. Elle trancha net notre nuit, la réduisit à un battement de paupières – quand, à l'ordinaire, notre pensée ne se réorganise que par bribes ; qu'elle doit lutter contre des floches d'ombre ; qu'elle peine à quitter les marges des limbes.

En cette aube – nous ne nous réveillons pas si tôt d'habitude – le nouveau jour s'enchaîne sans hiatus au précédent. Un danger nous menace ? Mais non : il n'y a en nous nulle trace d'alerte. Plutôt le sentiment d'aborder, de cette minute, un temps neuf et prometteur, une manière de présent indéfini qui nous permettra d'accomplir une tâche d'importance qui nous agrée d'autant mieux que nous voilà revêtu d'une dignité non si éloignée de celle qu'on devait à l'adoubement.

« Oui, qu'est-ce qui m'arrive ? » Il y a de la complaisance dans ma voix quand je me redis ces mots en en détachant les syllabes. De la complaisance, quand je diffère la réponse : si celle-ci ruinait la sourde euphorie qui m'anime ? L'introspection mobilise nos facultés, raidit l'être, alors que je goûte fort de me sentir agi, et le jouet de je ne sais quelle puissance qui s'est établie dans la place.

J'ai subi une défaite qui m'est délicieuse ; j'ai reçu une blessure – comme si j'avais été *croché* – que je ne saurais localiser tant elle me fut douce, et peut-être suis-je en train de perdre mon sang, ce qui expliquerait que vigueur et faiblesse se combattent en moi. Et délicieux non moins m'est le dérangement interne que j'éprouve, analogue à celui que l'on connaît à accueillir à demeure un hôte qui vous honore.

Qu'elle est donc insolite, l'envie de rire tout seul qui me vient ! Sans objet ? Mais si, à mon insu, j'avais joué un bon tour au destin ? Si j'avais, à je ne sais quoi, échappé ? Et tout aussi étrange est l'attention que je porte à des mots qui ne m'avaient jamais retenu, tels que mangue, fenaison, récif, margelle, braise, sentier, césure, verger...

La distraction ne m'était pas naturelle ; or, je me surprends à tomber en arrêt devant le cèdre familier, l'éploiement de ses bras (un cèdre Civa !) ; devant un coquillage, une grenade « entrebâillée », la panse d'un vase, la reliure d'un livre – prêt à répondre à qui s'en étonnerait : « Je contemple une "merveille invisible". »

Je me prisais sans plus, parfois médiocrement, et voilà que la compassion, la magnanimité m'habitent, et la générosité, et la largeur de vues ; que je me tiens sur un promontoire, dans une bienveillance universelle, fourni en ferveur, en élans – que j'intègre et distribue pour en nourrir ma faim de solennité, seul climat qui convienne à mon nouvel état. Qu'on me donne un escalier monumental à descendre ! (J'entends de lointains éclats de cuivres.) Qu'on me procure un office qui réclame des gestes d'officiant, où donner ma mesure...

« Je vis, je meurs : je me brule et me noyes. / J'ay chaut

estreme en endurant froidure. » Ces vers trouvent en moi un surcroît d'écho tant je pourrais ajouter à ces antithèses. Au milieu d'une aire désolée, mais face à la profusion du réel, je m'éprouve allègre et soucieux, émerillonné et languide. Conquérant et entravé : est-ce ainsi qu'on nage en mer des Sargasses ? Une urne est en moi où j'enferme un cher secret, et l'être voudrait se déchirer pour le publier à grands cris. J'aspire à la démission alors que m'oriente une trajectoire qui vibre de sa nécessité, de sa fatalité : il faut que j'accomplisse ce qui est écrit.

Mais on ne saurait sans fin ruser avec son cœur. Le dramaturge ne peut trop longtemps différer l'entrée en scène de l'héroïne. Car qui d'autre qu'une femme nous vaudrait un tel tumulte de l'esprit, cette mêlée de sentiments adverses ? Il s'est passé ceci, qu'entre tous les visages de ce monde, l'un d'eux s'est détaché, s'est longtemps confronté au nôtre. Ainsi le photographe en isole-t-il un, dans un groupe et, d'un mouvement du doigt, se le rend-il tout proche, étonnamment précis.

Du seul qui m'importe, je garde une image encore trop indécise – fut-elle « surexposée » ? – pour le dessiner de mémoire, mais c'est bien assez que l'envers de mes paupières demeure impressionné d'une clarté duveteuse de coing mûr, qui nimbe le moindre objet sur quoi mes yeux s'attachent.

Je suppute les pensées de ma visiteuse de la veille : a-t-elle comme moi, en ce matin, l'impression d'avoir vécu l'une de ces scènes de retrouvailles qui couronnaient les comédies classiques – à cela près, capital, que je n'ai pas reconnu en elle une sœur mais la compagne que les dieux, de toujours, me destinaient ?

Mais oui, bien sûr. Sinon mes gestes auraient-ils à se dépêtrer sans cesse de serpentins de bal ? Poursuivrais-je, comme si la nuit ne l'avait pas interrompu, un entretien où le tutoiement s'introduit, contamine le « vous de velours » et bientôt le supplante ?

Me sentirais-je peser sur terre comme si je portais, sur les avant-bras, un faix plus important d'être sans prix ? (C'est une ombre double que je halerai tout à l'heure, en marchant au soleil dans la rue.) Prendrais-je à témoin, à tout instant, un être que je suis seul à voir ? Jouerais-je à lui adresser de feints reproches dont le plus fréquent est celui-ci, murmuré avec délectation : « Tu m'empêches de travailler, sais-tu... » ?

Si ce n'est pas là faire en esprit le lit du couple !...

II

– Et s'il était celui que j'attendais ?... Quelle heure peut-il être ? Il fait encore nuit mais je n'ai plus sommeil, d'un coup dégourdie. Et il n'y a rien de plus urgent que de penser à lui. De récapituler. J'aurais voulu hier soir faire le point mais j'étais si... endolorie, qu'à peine couchée... Je vois cette soirée comme un temps de maturation précipitée. Jusqu'à la meurtrissure – si douce !

Il dort encore ? Il doit être de ces hommes chez qui le sommeil prend ses aises, d'une traite, en long et en large. Qu'a-t-il pensé de moi ? J'ai dû lui paraître quelconque. En tout cas, il y avait une telle attention en ses yeux qu'il n'en a rien laissé voir. J'aurais dû mieux écouter ce qu'il disait. – « Mais j'abrège : je sens que je vous ennuie... » Oh, non ! J'étais seulement occupée à regarder sa voix me lisser, et parfois... attoucher une place secrète. Et comme il sait prendre des accents qui vous dénudent, sans que l'oreille en soit heurtée !... Mon corps ne le décevra pas ? A-t-il trouvé mes seins (j'ai surpris son regard) un peu bien menus ? Je ne voudrais pas avoir à craindre les glaces, même si, je le crois, mon apparence ne l'a pas seule retenu.

… Mais d'abord, qui te dit que tu lui importes ? Tu t'es si souvent bercée de semblants – dont tu sais quelle saveur de cendre ils vous laissent ! Avec, chaque fois, le sentiment que tu t'embarquais pour une traversée indéfinie, le cap mis sur une île où faim, soif, nostalgies, s'abolissent en un perpétuel en deçà de satiété. N'es-tu pas allée d'approximations en à-peu-près qui te paraissaient vite insupportables ? Me frappe de plus en plus la légèreté des femmes à remettre leurs jours – leurs sommeils ! – dans les mains d'un presque inconnu. Ou ne font-elles que se prêter ? C'est un temps d'hommes, de femmes « à l'essai » – où je vis mal, moi qui rêve d'amour à cœurs, à corps perdus. Et je t'entends, Mère : « Ne sois pas si absolue : tu te brûleras ! » Elle est déjà là, tu sais, la brûlure ; et qu'elle me fait donc vivante ! Une avidité de vie, c'est cela ; une impatience d'être qui me ramène à mon adolescence. Et me voici à nouveau celle que tu disais avec fierté, quelque appréhension aussi, légère et grave, fougueuse, tentée par la démesure, tout en révérant un père dont la constance me faisait confiante et sereine, et intrépide.

Cela même que j'éprouvais hier, au fond de moi, en face de cet homme. Quel âge peut-il avoir ? Les fronts lisses ne m'attirent pas : on n'y lit rien, que la suffisance. Il a l'âge de sa voix, c'est sûr. Comme j'essayais, par elle, de pénétrer son moi ! Ma peau en était tout oreille !… M'étais-je déjà sentie caressée ainsi par… des bribes de velours ? J'écoutais sa voix en regardant ses mains. J'ai failli lui dire – il m'aurait prise pour une folle : « Laissez-moi demander à mon ventre, à mon dos, ce qu'ils éprouvent à vous entendre… » En tout cas, ce matin, quelque chose leur manque. Ils ont beaucoup de mémoire, savez-vous, Monsieur !

Cesse plutôt de divaguer ! Il devait s'ennuyer seul – il n'a pas d'alliance – et il t'a demandé de lui tenir compagnie, c'est tout. Il rirait bien s'il entendait tes élucubrations. Il est grand temps de penser à autre chose : il t'occupe plus que de raison.

Temps de se lever et de déjeuner. Et justement, voilà longtemps que je n'avais pas eu une telle fringale de tartines beurrées et de tranches de cake. Avec un café d'une noirceur d'âme !... Mais je mordrais avec autant de plaisir dans une pomme. Essayer mes dents, oui. Sur son épaule, et il aurait un ovale de pointillés. Mais j'ai vraiment faim ? Il me semble que je pourrais désormais vivre sans manger, comme si j'étais rassasiée de... contentement.

Allégresse est un beau mot, à claire-voie, qui a du ressort. Je crois l'incarner pour la première fois. Et lui, si courtois (« et pourtant l'œil luisant »), il s'est réveillé avec – ce mot rare qu'il a employé au dîner... c'est cela : avec alacrité ? Avec l'envie d'en découdre ? Moi, ce serait plutôt celle de m'apposer à un tronc d'arbre un peu rugueux et de l'étreindre, longtemps, sans plus bouger, ma joue sur l'écorce... Mon père, quand il n'était pas rasé... Et, en même temps, ce besoin qui me vient, d'occuper mes mains, de les exercer... Le sentiment d'avoir à faire, et c'est urgent, et il me faut un loisir de brodeuse à l'ancienne, car la tâche veut qu'on s'y consacre. *Vestale* aussi est un mot... Sauf que, pour la chasteté... À propos – j'ai de ces associations d'idées ! – sa voix n'irait pas avec mon pyjama. Tandis qu'avec une chemise de nuit... Courte, bien sûr. je vais au plus tôt voir ce qui se fait. Et d'abord passer en revue ma garde-robe, vestige d'un temps révolu, sans magie aucune.

Qu'il me trouverait futile, si je lui rapportais ce monologue ! (Il *faut* que nous nous revoyions !) Mais j'ajouterais : « Celle qui parle ainsi, c'est la femme commune, pareille aux autres. J'espère que vous ne me réduisez pas à elle. Une autre m'habite, qui s'étiole dans le quotidien. Aussi vous a-t-elle fait d'emblée sa soumission, assurée qu'elle est que les jours avec vous auront de grandes franges, des couleurs d'enluminure. À quoi il me répondrait avec raison : « Vous, vous lisez trop de mauvais romans. » Et tout compte fait, je ne lui dirai rien : ce serait me déclarer. Une belle imprudence pour une femme, à en croire ma sage mère.

M'aurait-il dit, en me remettant sa carte, quand nous nous sommes quittés : « Il ne tiendra qu'à vous... » si je lui étais indifférente ? Et il se prénomme Simon... Comme Simon le Magicien. Simon, Sophie... Un redoublement de douceur. Et quant au nom, je changerais bien le mien pour le sien.

Et si je l'appelais au téléphone ? En lui disant seulement : « J'ai, Monsieur, une grande nouvelle à vous apprendre : le contentement me dure ! » Et je raccrocherais sans lui laisser le temps de répondre.

Me lever, avant que je ne divague tout à fait. Me lever, me laver – avec le regret d'enlever la patine de notre soirée ; le pollen de sa voix sur ma peau. Me laver, m'habiller – et que c'est donc étrange : j'ai la sensation que les murs de cette maison ne protègent plus mon intimité, qu'ils sont perméables à son regard. Et que cela ne me déplaît pas...

Mais avant toute chose, écrire.

« Et s'il était celui auquel je n'osais plus croire ?

On dirait que la plupart des hommes ne sont là que par accident. Ils renfoncent mes élans, éteignent mes rires. À contourner. Seuls m'émeuvent ceux que je devine secrets quoi qu'ils disent, vulnérables, généreux, attentifs à l'invisible. Ceux-là sont patents et on sent que l'espace doit composer avec eux.

Je les reconnais à la pudique interrogation dont ils me nimbent :

– "Qu'est cette femme qui n'use d'aucun artifice ; qui n'a cure de plaire et que l'on écoute moins qu'on ne regarde obstinément sa bouche ? Qui semble avoir moins besoin d'être convoitée que reconnue ? Il faut, pour qu'elle ne vous laisse jamais rien espérer, qu'elle soit habitée par un homme !"

Non, pas encore, ou pas tout à fait. Mais il est vrai que ses propos, ses regards m'honorent, et je crois qu'à l'inverse de tant d'hommes – et de femmes ! – il a pris comme moi le risque de *vivre*. Pourvu qu'il ne soit pas de ceux qui, par orgueil, refusent toute assistance de qui les aime, et quelle douleur, alors, de ne pas se sentir justifiée !… Mais non, à lui je pourrai dire : "Je suis là pour parachever ce qui, en toi, déjà, fait mon bonheur."

Et maintenant me rassembler à grands gestes circulaires d'enfant qui se ceint de sable, sur la plage : je pressens que l'amour est une affaire qui vous occupe à plein-temps ! »

La présence

Par la photographie et, mieux, l'image animée, je sais que des peuples occupent la terre ; que des masses s'agrègent comme limaille de fer en des cités démesurées ; que des multitudes s'assemblent pour scander, d'un seul gosier, les mouvements de leurs viscères – et leurs clameurs enténèbrent le ciel. Je sais que les foules, dans les rues, maillent et démaillent sans fin la nasse où s'agiter un moment. Ce ne sont que des ombres papillotantes sans plus de poids, de durée, que celles d'un feuillage que le vent fait foisonner.

Or, voici que dans l'indistinct, dans l'innombrable, une figure entre toutes se détache, s'impose à nous. Circonscrite pour ceux qui l'approchent, elle ne nous apparaît, à quelque distance, qu'entourée d'un halo. Ses contours vibrent comme ceux des objets extérieurs par les jours de touffeur. Elle a revêtu une présence qui la déborde, repousse ou exténue décor et gens, jusqu'à envahir notre espace mental à la façon dont une symphonie s'empare d'un auditoire pour lui imposer son développement, ses accents, sa couleur.

Cette figure a-t-elle une épaisseur ? N'est-elle que l'un de ces purs ovales en lesquels Matisse dessinateur résume tout un visage ? Je vois en elle un évidement envahi d'une luminescence de brume de beau temps à l'aurore, et dont le foyer, plus intense, appellerait avec prédilection notre regard – ô face radieuse à nulle autre semblable, où l'être, à nu, se révèle à plein dans cette singularité qui nous le fit élire entre tous ! Là se condense et là prend jour ce que nous avons pu capter de lui durant nos rencontres. Et c'est, dans le véritable amour, le lieu de notre plus grande soif. (Celui qui aime conçoit sans peine la nature des tourments de l'Enfer : être à jamais privé de la vue d'un dieu dont, alors même qu'il vous bannissait, on n'avait pu que s'éprendre de sa face.)

Le cours de mes pensées ne cesse de s'infléchir, ainsi d'un navire qui ne garderait le cap. À tout instant, je me quitte, le meilleur de mes facultés émigrant vers une image pour en faire le siège, l'animer, tirer d'elle, de ce que j'en sais et en espère, des paroles, des gestes, qui me confirmeraient ses heureuses dispositions à mon égard. Ce qui subsiste de mon appareil sensitif, affectif, suffisant bien à mon commerce avec mes semblables.

Je ne me tiens pas pour amputé : j'ai dédié, confié, le meilleur de moi à qui en était digne ; mais il est vrai que je m'éprouve dissocié, en déséquilibre : la part qui me justifiait et dont la voici dépositaire, l'emportant de loin en richesse, en saveur sur ce qui me permet de faire illusion ici-bas.

Ah ! que mon dédoublement s'achève ! Que je coïncide avec moi-même ! Que l'espèce de négatif qui m'obsède se mue en galbes tangibles avec leur carnation, leurs fluides reflets ! Que je *la* prenne pour de vrai à témoin de mes faits et gestes, mes découvertes ; de mon application à lui complaire en m'interdisant tout ce qu'elle réprouverait. Et de m'attendrir sur ma bonne volonté, et de lui rendre de loin ses gracieux sourires ! Tout en souhaitant avoir laissé en elle des traces qui la tourmentent à l'égal de mon agitation ; et qu'il serait doux de penser qu'elle qui est creuse, me porte désormais à plein ventre comme si elle était grosse...

La lettre, le téléphone entretiennent, accroissent l'ennui. Les êtres séparés qui en usent n'échangent ainsi jamais qu'une part modique, infime, d'eux-mêmes ; le dernier mot écrit ou prononcé s'éteignant au bord d'une étendue de silence qui laisse chacun décontenancé devant tout ce qui reste à dire : l'inépuisable même ; devant cette main qui se tendait vers l'autre et qu'il faut brider.

L'être se lasse qu'on le leurre ; il demande à l'esprit de combiner, ruser, tirer parti des circonstances, les agencer s'il se peut, afin de retrouver les prodigieux effets de la présence réelle, pour user du vocabulaire religieux.

La revoir, c'est l'assurance d'éprouver, sans même l'étreindre encore, un heurt de vagues s'épousant, un sursaut de vie, un surcroît de présent moins par adjonction que parce que j'entrerai en résonance avec la chaleur, la clarté, la vibration émanées d'un organisme qui procède par « astreinte de corps », captation d'âme ; qui nous englobe, nous absorbe tous deux, nous mettant au cœur une ombre de panique. Et quelle sensation de stabilité me viendra d'être au plus près de mon centre de gravité, de l'axe de rotation du monde créé !

La rencontrer à neuf, la reconnaître ! D'emblée, et c'est bien elle, sans seconde, qui s'appose trait à trait à son image en moi. Mais, parce qu'elle est une vivante, encore faut-il en poursuivre la découverte – par accommodation ? ou comme à tâtons ? Je ne sais rien de ses sentiments présents ; elle serait déçue que je n'aie pas un mot sur sa mine, sur sa mise, elle qui transfigurerait des habits de pauvresse ! Et j'ai encore à vérifier la qualité de l'invisible qui, d'abord, m'importe ; de ce par quoi, même en plein jour, elle est lampe d'autel.

La reconnaissance, toujours brève, se terminerait quand, la

tenant pour sans équivalent, je ferais volontiers le désert autour d'elle et de nous ; quand parents et amis ne seraient plus que de vagues effigies auxquelles déclarer : « *À présent, laissez-moi, j'ai affaire*, un être non pareil m'attend pour naviguer de conserve. En haute mer. »

La quête

« Son silence ne lui est donc pas insupportable ? Elle ne se dit pas qu'il me vrille les tympans ainsi que, la nuit, ces infimes crissements dans les poutres ? Au silence de toute part agressé, j'offrais, entre ces murs, un refuge où faire, de la musique son miel, mais je vois bien que, souple et confiant hier, il est devenu celui des concrétions. Encore n'est-ce pas une rose des sables qui se forme !

Au cœur de la conspiration, se tient, narquois, le téléphone – objet d'hallucinations auditives : je *vois*, veine d'agate, *sa* voix accourir vers moi, atteindre l'appareil, en réveiller la sonnerie, et il y aura, dans l'air atone de la pièce, une soudaine éclosion d'amandier, et je vacillerai sous le déferlement du possible ; j'aurai envie de me jeter au dehors pour m'y disperser à grands gestes…

Ils ne savent pas comme je leur en veux, ceux qui m'appellent, de n'être qu'eux-mêmes ! Ceux qui s'étonnent de ma voix détimbrée par la déconvenue, de ma hâte à raccrocher : si, m'appelant enfin, elle se décourageait à trouver ma ligne occupée ? Si, encore incertaine, elle voyait dans ce contretemps, un signe adverse, une mise en garde du destin ? Ah ! comme elle m'aura appris qu'un silence peut être plus que perçant : térébrant ; qu'il peut entraver notre vie ; interposer entre les gens, les choses et soi, le gris éteint de l'inquiétude, un bruissement de sable en migration. Qu'il peut vous instiller la défiance : serait-elle coquette, futile ? de ces femmes à qui seul importe de séduire ? Et moi, une fois de plus, de m'y laisser prendre et d'échafauder, quitte à devoir bientôt me traiter de benêt… »

Il ne rentre chez lui, de guerre lasse, qu'après avoir déambulé par les rues animées, trop fournies en boutiques de vêtements, de chaussures, de parfums, pour qu'il ait la moindre chance de l'y trouver ; mais les faubourgs vous dissuadent de les parcourir par leur étendue, leur uniformité, leur vie sporadique autour de petits commerces de subsistance.

Elle ne saurait… procéder de ces lieux languides autant que bras mort de rivière ; où les façades alternent avec des murs surmontés de grilles à glycines ; où, jour après jour, se démettre de sa vie.

Il s'en tient donc au quartier actif, avec la crainte qu'elle n'appelle en son absence. Il *entend* retentir la sonnerie dans la pièce vide qui s'en charge d'ironie. Elle remet à plus tard de renouveler son appel, néglige ou oublie de le faire, s'en souvient enfin mais après tant de jours, qu'elle juge que sa démarche paraîtrait désinvolte, incongrue… Et pour peu qu'elle s'y résolve néanmoins, mais que les supplications du timbre s'égaillent sans être interrompues…

Il ignore, sinon il lui en saurait gré, qu'elle a mis son propre cœur à l'épreuve.

« J'en ai bien conscience : de l'instant où j'appellerais, je ne serais plus maîtresse de mon sort. Et une part de moi se débat à cette pensée, refuse qu'on lui passe la bride, cependant qu'une autre aspire à un consentement bienheureux, illimité. Au vrai, je ne me tiens tête que pour accroître la jubilation que j'aurais à... prononcer mes vœux. Il faut un bel acte de foi dans un homme pour lui résigner sa liberté, lui aliéner le meilleur de soi ; je veux m'y sentir astreinte du dedans. (On devrait bien parler de « contrainte par cœur » !)

Et ce temps est proche, si j'en juge par les élans que je réprime, cette corrosion par le sel, qui me gagne, une distraction qu'on remarque comme si, voyant, entendant flou, je devais, à tout moment, faire effort pour accommoder.

S'il se lassait d'attendre un signe de moi ? S'il me croyait insouciante, capricieuse ? Que ne sait-il à quel point pourtant il... pollinise mon esprit, grève mes gestes d'un sens qui les infléchit vers le... cérémoniel ; leur donne une convergence qui me le désigne continûment comme l'objet secret, unique, de mes soins !... Je pressens quels seraient mon désarroi, ma douleur, à l'entendre me dire : "Trop tard ! Une autre occupe ma pensée, qui n'est pas velléitaire, elle !..." Car il est, je crois, de ces rares hommes qui donnent envie de se défaire entre leurs mains pour le bonheur de renaître telle qu'au commencement de votre vie de femme. »

« ... Et pas même une connaissance commune auprès de qui m'informer sur elle ! J'aurais dû vaincre ma réserve, négliger mon souci de ne pas peser sur le libre-arbitre de chacun, et lui demander comment la joindre. (Ou as-tu trop misé sur ton charme ?) Car enfin elle n'est pas sous la coupe d'un vieux barbon de tuteur... Si elle n'appelle pas, c'est qu'elle n'en éprouve pas le besoin, ne pourrais-tu l'admettre ? Que l'on te dédaigne, te mortifie, c'est aussi simple... Mais si, tout simplement, elle n'était pas libre ? »

Ne déambulerait-il plus que par un entêtement d'enfant qui ne veut en démordre, et l'amour-propre seul l'animerait-il ?

Mais ce bondissement de la vie, en lui, quand, ayant cru reconnaître sa silhouette, il presse le pas pour parvenir à sa hauteur !... Las ! ce ne sont ni ses cheveux ni sa taille, et il s'étonne de s'y être un instant mépris : son dos n'est-il pas la dernière image qu'il ait gardée d'elle quand elle regagnait sa voiture ? Des échancrures que font les femmes dans les décors de notre vie, aucune n'est semblable et une seule s'ouvre sur une perspective, donne sur l'Ailleurs. Celle qu'il vient de rejoindre n'est qu'une fausse fenêtre.

La raison voudrait qu'il mît fin à une quête chaque jour plus éprouvante ; les trompeuses similitudes de personnes se multiplient à mesure que s'estompent les contours de l'invitée d'un soir. « Je vais bientôt aborder une femme qui en sera furieuse ou ébahie... »

Cela fut-il, même ? Rentrant, il a, en longeant le restaurant, un regard pour les lampes, leur table... Cela fut : il n'aurait pas, sinon, un goût de défaite aux lèvres ; il ne retrouverait pas des pièces sur l'expectative, un air peu conciliant, voire hostile. Il ne serait pas tenté de dire aux meubles, au fauteuil où nul creux n'atteste plus qu'elle s'y tint des heures : « Ce n'est pas encore ce soir que je vous donnerai à rêver. »

– « En somme, vous vous en êtes remise au hasard !... »

Qu'elle perçoive donc ce qu'il entre de ressentiment dans la voix qui l'aborde ! Une main ouverte, prête à se refermer si elle tentait de s'esquiver, il l'avait rejointe en quelques enjambées alors que, sortant d'une librairie, elle s'éloignait avec décision.

Cette rencontre – il était bien en présence de... l'original, non d'une contrefaçon – donnait créance à ce qui, à la fois, avait été, et lui semblait appartenir aux limbes : de cet instant seulement, elle existait, elle méritait l'appellation de créature (« du bon Dieu » allant de soi) mise sur son chemin d'homme, à son bénéfice – exclusif, pourquoi non ? Toute rancœur évanouie d'un coup, il l'écouta.

Elle aurait pu prétexter (il se sentait disposé à tout absoudre) le travail, les peines de cœur de sa meilleure amie, des affaires de famille, la mort de sa vieille nourrice à la campagne ; elle dit n'avoir pu encore se résoudre à l'appeler, quelque envie qu'elle en eût. (Des mots dignes de mémoire !)

– L'importance que notre soirée a prise à mes yeux m'a retenue de rien précipiter. Je ne crois pas en ce hasard que vous évoquez. Si nous devions nous revoir, et je le souhaitais, sachez-le, cela se serait fait, quoi qu'il advienne. Il n'est rien qui me rende forte comme le sentiment de l'imparable, de l'irrémédiable. »

Il se retient d'objecter qu'il est des circonstances où il n'y a pas une minute à perdre ; que ces jours de doute auraient pu le conduire, par lassitude, à la résignation, au détachement. Il s'enquiert du livre qu'elle vient d'acheter.

– J'ai eu envie de relire *Le Grand Meaulnes*.

Il lui paraît qu'elle a rosi en énonçant ce titre, comme si on pouvait, par lui, surprendre un pan de son intimité. Et il se promet de rouvrir le roman, curieux de ce qu'elle espère y retrouver : les prestiges de la magie amoureuse ? la puissance de l'imaginaire ? le refus de l'adieu à l'adolescence ? la revanche de la lucidité sur l'exaltation ? le renoncement doux-amer au bonheur ?

Il est trop attendri pour ironiser : « N'oubliez pas Francis Jammes ! » Et d'autant qu'elle ajoute : « Mais je suis grande lectrice de Colette, de Giono, de Ponge… », façon de lui montrer qu'on a aussi le goût du réel.

Craint-il qu'elle ne prononce d'autres noms qu'il priserait moins ? Il l'interrompt : « Mais ne vous excusez pas : j'ai des lectures plus inavouables ! Loti, par exemple, ou Anna de Noailles… » C'est l'assurer qu'il se montrera indulgent en fait de mauvais goût littéraire ; c'est lui laisser entrevoir la sorte de sensibilité qu'implique ce penchant pour des auteurs désuets et décriés. Or, quelle n'est pas sa surprise, sa gratitude, quand il l'entend murmurer : « Il fera longtemps clair, ce soir... »

Fût-ce dans une rue pour seuls piétons qui, partant, incline à la flânerie, à l'humeur conciliante, on ne saurait demeurer debout, immobile, sans s'éprouver l'obstacle que les passants doivent contourner, sur lequel les groupes se divisent avec une ombre d'agacement. Mais comment rompre l'heureuse apathie qui vous gagne quand on a la sensation d'avoir enfin touché le port, de s'être rejoint soi-même dans une étroite coïncidence ? Chacun sent qu'il y aurait péril à se quitter si tôt : l'inventaire de leurs affinités est loin d'être achevé ; une entité aspire à l'existence – en sont-ils conscients ? – qui a nom *couple.*

Il pense au proche jardin public comme à une enclave où la rumeur de la ville se décante ; mais quelle conversation auraient-ils en ce lieu où un ennui irréductible se dépose sur des allées jalonnées de bancs revêches, des passerelles à la Giverny sans la magie florale, sur la statue de bronze du poète local, la grotte pleurarde et son bassin au fond d'un noir bleuâtre de feuilles décomposées ? Quelle figure feraient-ils parmi les mères faraudes d'avoir accompli leur destin de femmes, les boursouflements de commères sur leur siège habituel ; en bref, tout un monde languide, automnal, d'*assis* – à peindre en camaïeu ?

Le grelottement grêle, ingrat, d'une sonnette leur parvient, qui, dans son dénuement, vous promet une pénombre capitonnée, des fauteuils dont le profond moelleux favorisera l'osmose avec celui ou celle qui sera à votre côté.

– Que diriez-vous d'aller au cinéma ?

Elle acquiesce à la perspective d'un refuge, d'une parenthèse : ses jambes sont si mal assurées, ses pensées se chevauchent...

Et ce cœur, en sa poitrine, n'est-il pas tel un oiseau qu'on vient de mettre en cage et qui donne de la tête dans les barreaux ?

Il se réjouit de son accord : du coin de l'œil, il saisira sur son visage, au gré des lueurs réfléchies par l'écran, le déroulement de ses émotions de spectatrice. Et, à l'instar de ce metteur en scène qui, faisant répéter une pièce, se plaçait auprès de l'auteur pour surprendre les discordances entre sa respiration et celle de l'acteur, il écoutera son souffle avec l'espoir de le sentir continûment en phase avec le sien.

Le film était médiocre – ce qu'il avait lu sur les visages maussades et quasi rancuneux de ceux qui sortaient et n'avaient pu oublier leurs soucis. Que n'eût-on projeté *Les Lumières de la ville* ou *Les Feux de la rampe* !… Comme il en aurait suivi, de biais, la progression par la courte oscillation du profil de *sa* poitrine ! Comme il aurait pris la mesure de son émotivité, de sa propension à la pitié !… L'oreille à l'extrême de son acuité, il aurait perçu le déchirement d'une pièce de soie ; une épaule se serait inclinée vers la sienne jusqu'à la toucher, y peser à peine, et il aurait pris une main qu'on n'eût pas songé à retirer : « Là, là, ces traverses que l'amour rencontre vont si bien le fortifier, qu'il triomphera de tout, comme il se doit. »

Le film se voulait drôle. Ce n'était pas, de loin, quelque *Noblesse oblige* qui lui eût permis de juger de son aptitude à l'humour, d'entendre à bon escient son rire qu'il ignorait mais qui devait bien aller à ses dents. Du moins lui sut-il gré de n'avoir pas même souri à des plaisanteries pataudes.

Quand ils sortirent, la rue était quasi déserte, les lampadaires brillaient, et ils se regardèrent, interdits devant un réel qui faisait paraître chaleureux le climat pourtant sans intérêt qu'ils quittaient. Percevait-elle comme il eût été simple, évident, de se presser l'un contre l'autre ? d'affronter l'ombre ensemble ? de se diriger vers son logis d'homme seul – et il aurait dit aux meubles, en allumant successivement les pièces : « Ce soir, vous allez être contents ! Devinez qui je vous amène : votre future gouvernante ! »

Par quels mots se quitter quand le non-dit prévaut toujours et qu'ils auraient pu se faire ce mutuel reproche : « Pourquoi parlez-vous d'autre chose ? » Il pensa l'inviter à nouveau au restaurant mais se rappela que l'on court un grand risque – celui de brouiller un pur souvenir – à vouloir reproduire à l'identique ce qui doit demeurer unique, fruit de la circonstance et dont un doigt incorporel a fait une aubaine.

Prévenant toute proposition, elle dit, de l'air de qui s'apprête à jouer un bon tour et se ménage un complice dans son interlocuteur : « Ce soir, après le dîner, je vous appellerai. »

Avec une détermination qui l'engageait corps et biens.

Le rendez-vous

Ils sont convenus d'un rendez-vous. Élans, brefs désarrois, effervescence qui tourne court, inadvertances multiples, fixes contemplations intérieures – les ondes adverses, les remous, la souriante hébétude, que suscite en eux l'anticipation de l'événement !

Elle lui a laissé le choix du lieu et il n'a pas hésité : dans la campagne environnante, un arbre pachyderme rayonne, de son tertre, sur une assistance de buissons, l'équanimité du très grand âge. Qu'on ne puisse y accéder qu'en laissant sa voiture à distance est un atout de plus.

Il est là avant l'heure, avant elle. Proche d'un rivage, il lui eût donné rendez-vous en l'immatérielle cime qu'est une pointe de promontoire. Du moins, de ce lieu élevé, peut-on prendre le monde à témoin mieux qu'en un creux de terrain et, dans un accès de panthéisme, en recevoir une manière de gage. La compagnie d'un très grand arbre vous rassemble, vous raidit l'échine – il se sent si divisé, si démuni, à cette heure… Elle ne vous corsète que pour mieux vous éployer en un maintien de large accueil, en gestes de bienvenue où palpitent des doigts, où brillent des ongles.

Debout, adossé à un tronc qu'il sent inébranlable, il pense que le voilà acculé dans ses derniers retranchements : « C'est cela, être au pied du mur ? avoir brûlé ses vaisseaux ?... Avoue que tu joues à te faire peur... Nullement : et si je n'étais pas reçu à mon examen ? On se console d'être éconduit par la futilité, l'insignifiance incarnées ; non par l'une de ces femmes *essentielles* en ce qu'elles semblent innombrables puisqu'elles vous tiendraient lieu de toute l'espèce. »

Il ne doute pas qu'elle viendra. Il se complaît à imaginer son colloque avec sa glace, la mise qu'elle a choisie, après quelles délibérations ! Il souhaite que ce soit la même qu'en leur première rencontre ; mais non, ce serait s'avouer dénuée de fantaisie ou pauvre en toilettes. Pourvu qu'elle ne se farde pas, que l'âme puisse affleurer sans entrave en son visage ; qu'immédiate, elle vous épure comme à se pencher au-dessus d'une coupe d'argent.

– Sa voiture !... Tu te souviendras, il le faut, du vol heurté de ce petit papillon bleu, du cri d'alerte d'un geai des chênes, de la bosselure d'une racine, à tes pieds, de l'ombre végétale qui se rétracte à peine s'est-elle enhardie...

Il fait face au sentier montant. A-t-il jamais eu pensées plus rapides, simultanées, qu'en l'apercevant, là-bas, vêtue d'une robe longue au crochet, à grosses mailles de coton écru ?

– Elle est de celles qui dédaignent la mode et décèlent d'un coup, dans un tas de fripes surannées, ce qui leur siéra et qu'elles vont remettre en honneur, imposer au regard des femmes conventionnelles, dépitées de n'avoir cette inventivité, ce mépris du bon ton, ce goût infaillible dans l'audace ; ainsi de cette robe désuète qui lui fait de ces flancs flexueux des fresques égyptiennes et les hanches ruissellent de caresses à venir et je sais comme c'est, au toucher, amical, alvéolé ; tout ce qu'elle m'apprend d'elle à cette minute sur sa gracilité d'âme, l'élan discipliné qui la porte, une souplesse de reins de laquelle faire bon usage...

Il devrait courir vers elle, il en est ainsi dans toute œuvre sentimentale, et voilà qu'appuyé fermement au tronc, il est tel le môle à l'heure du flux, à cela près qu'une vague unique est en marche, dont il sent qu'il ne faut rien perdre de son avancée : c'est la première fois que cette femme se dirige vers lui qui s'est tant mis en quête pour elle – et il goûte ce mouvement de créature enfin apprivoisée qui vient à vous pour avoir reconnu, entre tous, l'être qui lui sera favorable. Au demeurant, qui n'est resté figé, un jour, au spectacle de la nécessité à l'œuvre ? Et l'on voit bien alors qu'il faut laisser les choses s'accomplir ; que notre intervention serait vaine ou dommageable.

Pouvait-on, de surcroît, abréger ou infléchir une progression qui réjouissait le regard, même si elle l'humiliait aussi quelque peu ? (Si je marche, si je cours surtout, je rencontre un air inerte qu'il faut bousculer, découper, et que je crois entendre maugréer. Elle, se le concilie sans peine, malgré ses jambes à demi entravées. Mieux, il la flatte, la palpe à chaque amorce de torsion des hanches ; il fait, de son corps, la fluidité même, érigée, scandée, renouvelée. Il l'introduit dans un monde sans angle qu'elle paraît signer, à chaque pas, d'un ample paraphe.)

Que ne pouvait-il se reculer à mesure pour que se maintînt la distance où, le mieux, voir palpiter la flamme d'une torchère à l'éclat blanc cassé d'une aile de mouette virant de bord ! Mais elle venait si résolument, comme mue par l'urgence, qu'il distinguait – y boire ! – la minuscule vasque en porcelaine de son sourire. Il supputa à combien de pas elle allait s'arrêter, dans son souci de décence, et quels seraient ses premiers mots. En fait, elle était déjà là, puisque sa marche retentissait sourdement en lui ; qu'on se jetait sur son torse ; qu'on transgressait la face de son corps – et comme il en devenait soudain pesant !

Les tout derniers pas de celle qui arrivait, *tête baissée*, se firent à même son épaisseur d'homme. Et qui eût parlé de décence à cet instant ? Quelle place lui faire quand on retrouve un être que l'on connaît depuis l'enfance et en deçà ? Auquel on résista, le temps de s'assurer qu'il vous était bien destiné ? Et maintenant qu'on n'en saurait douter, que s'abolisse l'heure et que le ciel s'en aille en morceaux : je me fraie un chemin en cet homme avec l'âpreté de ceux qui ont leur vie à sauver.

Si le tronc ne l'avait raidi, il eût vacillé sous le heurt et n'eût pas connu, à ce degré, la sensation d'une intrication physique des êtres, ses sens offusqués par la vague qui, l'ayant atteint de plein fouet, loin de s'émietter sur l'obstacle et de retomber sans force, fourrageait de fond en comble en lui pour s'y établir à demeure – toute sa personne exultant de cette défaite, de cette conquête, de cette annexion réciproque.

Il a refermé ses bras sur elle. On entendrait chaque cellule de l'un s'assujettir sa semblable chez l'autre, dans une reconnaissance « de chaux vive et d'eau ». Il fait nuit, il fait torride comme à devoir inspirer à même de la bourre. Chacun ne perçoit, du visage de l'autre, que des lambeaux déformés, désassemblés, comme en certains portraits cubistes. Pour retrouver l'agencement des traits, que l'extrême proximité défait, pour reprendre haleine aussi, il faut – ses mains d'homme à ses épaules de femme – que les bustes à peine se dissocient. Un instant seulement, tant elle a hâte de se perdre en lui à nouveau.

Qui verrait de profil ce couple auquel la moindre distance est insupportable, se rejeter, du torse, l'un vers l'autre, penserait aux battements d'une ouïe qui s'étouffe. Mais percevrait-il l'exultation qui les maintient debout, alors que chacun est lourd d'une vie double à vous en rompre les genoux ? Et quel unique vivat, fait d'innombrables, de farouches balbutiements, s'élève des deux corps apposés ?

Il devient attentif à la pression de cette chair sur la sienne. Étagée, elle n'est pas égale. Sur sa poitrine d'homme, pèsent deux masses côte à côte aux contours indécis de pâtons que l'on tasse de la paume. Plus bas, dressé, le renflement ovale de l'un de ces sablons de rivière à son étiage s'accole à la sangle de son ventre. Plus bas toujours, les cuisses s'équilibrent par leur devant, pour soutenir l'édifice. Ainsi, en quelques places, la vie qui le bouscule paraît-elle s'être condensée, se fait-elle plus insistante, tend-elle à culminer.

Or, étrangement, la pesée est plus sensible encore là où l'étoffe est comme sous-tendue par un vide : au bas du ventre, à hauteur des hanches, une région de moindre résistance, un affaissement que l'avant des cuisses rend quasi tangible, s'impose à l'égal des convexités.

(Et qu'il y aurait à dire, au reste, de l'embarras des jambes, de leurs velléités de s'entrouvrir, de s'enlacer – et de jeter bas le couple par un vertige monté de terre !)

Son corps d'homme accommode : cette masse d'impatiences qui lui échoit, chaude, élastique, flexible, vorace !, cette boule de cheveux, de chair, de sang, de cartilages (le terme d'ossature dit trop la raideur), et de toisons devinées, amies des ombres pincées en de moites recoins, c'est une femme ou plutôt, pour l'heure, une lourde brassée de féminin. Et jamais peut-être ne sera-t-elle plus intensément femme qu'en ces minutes où elle vous est donnée en avalanche, dans une confusion indéchiffrable de formes, d'appétits, de fougue haletante et d'insigne faiblesse. À l'homme, s'il a la science des jointures, de diviser, de distribuer cette profusion ; de donner vocation, aptitude à chaque partie du corps, destination à l'ensemble.

Il y aura temps pour tirer de ce chaos nocturne un monde ordonné, délectable. Jamais, en revanche, il ne revivra l'étourdissante première étreinte – immédiate, à perte de mains, ma perspective sur la pulpe ! – où sentir dans une ombre tiède, entre les bassins, un doigt s'animer, se gonfler (et ce n'est pas cuisson d'engelures !), se raidir pour désigner sans ambages l'évidement pressenti sous la robe.

Elle n'est pas naïve au point de se méprendre sur ce qui entend s'immiscer dans l'étreinte et qui tient de la gemmule et d'un ardillon à pointe mousse. Dès lors, en est-elle flattée ou gênée ? Ne serait-elle pas fondée à se voir en simple objet de convoitise ? À le regarder comme pareil à tous les hommes ? Il est tenté de s'excuser de cette incongruité, de plaider l'irresponsabilité. Il en veut à l'intrus de brouiller une communion qui inclut le charnel mais le dépasse de si haut ; à l'incorrigible... énergumène qui voudrait réduire leur fusion à un jeu de muqueuses mellifères. Sans doute n'est-*il* pas, dans le couple, un corps étranger, mais son immixion est ici prématurée ; outrecuidant, il se propose d'être la barre qui mènera l'embarcation vers la seule issue concevable : une passe où faire naufrage !

L'homme a dénoué ses doigts. Les reins qu'il étreignait ont le rebond des choses élastiques. Il dit (que s'assagisse une chair offensive !) combien il se plaît à repousser ces frisons, vers les tempes, afin qu'elle prenne jour par tout son visage comme le tournesol par son capitule ; il lui dit voir en ses yeux une entrée de charmille ; en son sourire, une moire de mer au matin... Puis il propose, comme on romprait un enchantement vénéneux : – « Nous marchons un peu ? »

Ils ont longtemps suivi des chemins indécis, tombés en désuétude, où il fallait parfois rompre l'avancée de front, et il lui frayait alors un passage entre les buissons – sans quitter sa main : ne plus lâcher celle qui pourrait encore se reprendre ; poursuivre sans hiatus l'insidieuse prise de possession que l'étreinte amorça ;

ne rien perdre du temps retrouvé de la prime adolescence, quand le corps féminin, requis par son accomplissement, n'autorise guère qu'un toucher circonspect, sous peine d'une brûlure de transgression. (Ce qu'il ressentait à seulement effleurer son épaule pour en écarter un rameau trop proche.)

Le grand air, les aléas de la marche, rendaient les propos échangés discontinus et comme plus volatils ; mais surtout l'absence d'autre présence humaine favorisait l'élection physique amorcée – de quoi vous imposer silence. Ils étaient deux et cela suffisait à peupler la terre ; ils étaient deux à s'ajuster à faible distance et parfois, s'immobilisant, à s'accoler pour vérifier la convenance des corps, l'adhésion des moi. Il y avait décidément de grandes délices à attendre de ce corps onduleux qui se tirait si bien des entraves rencontrées... Qu'il est donc rassurant d'être auprès d'un homme aux gestes précis, sans brusquerie, auquel les choses semblent se soumettre de bon gré ! Et grisant de se jeter en lui, de temps à autre, en feinte désespérée !

Avait-elle conscience, dans les propos tenus, du savant usage qu'il faisait de la conjugaison ? Alors que le *vous* régnait entre eux, quasi chargé de déférence, de respectueux attachement – le « vous de velours » de Milosz – cet homme vous attirait d'un coup à lui, vous harponnait, toute distance abolie, par un *tu* pressant, tonique (« Tu me crois ? ») qui impliquait une familiarité, une intimité de longue date, ou l'impertinence du vaurien qui vous hèle dans la rue. Et, chaque fois, cette rupture de ton la ravissait, qui tenait et d'une brusque mainmise et d'un subtil attouchement que le ventre, relayant l'oreille, percevait sans méprise.

(Elle lui dira, plus tard, combien elle lui sut gré, en cette rencontre, de lui avoir épargné des touchers que son corps, pourtant béant, n'eût pas accueillis sans gêne ; combien elle en augura des rapports de qualité.)

– « Et si nous nous perdions ? »

Nulle appréhension, au vrai, dans sa voix ; que l'inflexion d'un souhait d'enfant.

– Aucun espoir : on voit l'arbre de partout ; mais croyez que je le regrette autant que vous. »

Puis, le temps que se pressent en lui des images du couple étendu que le froid de la nuit eût maintenu étroitement enlacé : « Nous allons regagner nos voitures, on pourrait s'inquiéter chez vous ! »

À la fois badine et grave, la réplique vient qui, bien qu'espérée, l'étourdit : « Je vis seule, Monsieur, et vous inviterai sous peu à le vérifier. »

Essor du sauteur quittant le tremplin, effondrement organique dans le gouffre qui vient de s'ouvrir en vous ; bruissement des tempes (« Ai-je bien entendu ? »), effarement d'un cœur trop exsangue pour assumer la fortune qui vous est dévolue – se peut-il que quelques mots aient un tel pouvoir ? Il demeure interdit, a un sourire précautionneux de convalescent devant la belle santé promise ; il a hâte d'être seul pour se vautrer dans son euphorie et son harassement.

Ils reviennent sur leurs pas, silencieux. (« Est-elle effrayée de son audace ? La regrette-t-elle ? ») Ils ne se tiennent plus par la main, comme si chacun se voyait revêtu d'une dignité de grande conséquence, et s'en pénétrait.

Alors qu'ils vont se séparer, elle prend dans sa voiture quelques feuillets et les lui tend :

– « Pour vous faire patienter ! »

Propos d'amoureuse

Chaque fois qu'un chant ancien, qu'une odeur liée à mon enfance, me prendront au dépourvu – de « Brave marin revient de guerre » ou de « la complainte du roi Renaud » à la fastueuse senteur du foin qui sèche, de la bûche qui suinte, du tiède vent d'Ouest que je *porte* comme un masque de velours à merveille ajusté...

chaque fois on me rappellera combien je t'aime.

Je vais, je viens, bien droite en apparence ; mais que je doive te rencontrer, et me voilà intérieurement penchée en avant – me devançant dans ma marche. Au dedans, le profil de qui lutte contre le vent.

Tu m'emmèneras, un jour, auprès de l'océan ? À présent, oui, je saurai l'*entendre* parler de bouleversements, déracinements, embrassements, saccages... Et qu'il y ait, s'il te plaît, une forêt littorale où percevoir, amplifiée, magnifiée, notre ferveur à mains jointes.

J'ai découvert qu'amoureuse, mon regard se teinte de reconnaissance pour les marchés de plein air au matin, le jet d'eau du square, l'ombre d'un mûrier platane... Pour tout ce qui vous désaltère l'âme.

J'ai faim, faim famine. Mais seulement de... ma faim. Me voilà toute disposée à croire aux Hébreux dans le désert.

L'amour serait aveugle ? C'est quand nous n'aimons pas que la part la plus singulière, captivante – irremplaçable – d'un être nous échappe.

Me pelotonnais-je avant toi ? Mais comment te choyer en pensée sans se vouloir corbeille, jatte, rosace et d'abord giron ?

J'ai tout de suite goûté ta façon de me gouverner à distance, de me tyranniser de tes mots, moi la rétive qui n'entendais pas que l'on eût barre sur elle, qu'on la rendît fragile, démunie, étrangement pesante. Tout de suite le bonheur de résigner en ta faveur les pouvoirs que je pouvais détenir passa de loin celui d'en user avec toi. Il doit y avoir, en amour, un singulier mais âpre bonheur à être... infirme. (À une lettre près, le mot *informe* me serait venu. Incongru ? Il me dépeint pourtant quand, assise par terre en un coin, je pense à toi.)

Demain, tu viendras. Demain est un jardin suspendu.

Quand, de mon visage, flue la douceur ;

que mes yeux rêvent à mon insu ; que tout ce qui n'est pas toi perd sa cohérence ;

quand, loin de toi, je te fais dire tout ce que j'ai envie d'entendre de ta bouche ;

quand je me découvre *blessée*, bien plus que je ne pensais, sans raison, sans comprendre – est-ce l'amour, dis-moi ?

Je me veux libre par et pour toi : pour te donner, en apanage, ma plus grande soumission, ma plus grande dépendance – dans l'amour s'entend !

À l'effroi qui me vient, devant la fuite des jours, je me dis qu'il est grand temps de t'aimer... pour de bon, toutes affaires cessantes.

Notre vie est d'avance perdue, dit le Sage. Sans doute, mais que la mienne le soit entre tes mains.

Ce qui nous lie est la seule chose dont je me sente responsable.

Pourquoi, d'écouter Neruda sans toi me remplit-il de tristesse, jusqu'aux larmes ? Me rend-il ton absence plus dure ?

Me blesse tout ce que je ne puis partager avec toi.

« Il ne me comprend pas. » C'est un mot de femme et, par chance, je ne le fais pas mien. Mais je conçois ce besoin d'être *comprise* par l'être aimé, et que cela vous suffise ; comprise dans l'étendue des acceptions du terme. Comme si on se trouvait justifiée dans sa vie depuis l'enfance ; justifiée, absoute.

Et maintenant, qu'on me laisse me consacrer à l'amour : j'ai tout à apprendre à neuf.

S'il était là, remplissant l'espace, comme toujours, je regarderais son poignet, m'émerveillant que, sous la robustesse de carapace de la face externe, on trouve, à l'opposé, le calme tressaillement de la douceur. C'est là que je poserais mes lèvres : sur le plus démuni.

Tu m'as appris qu'il n'était de fidélité qui vaille que par élection perpétuelle.

Que ceci me soit demain un devoir impérieux : *inventer*, pour t'être plus fidèle, au lieu de t'imiter paresseusement comme tant d'amoureuses le font, par une sotte complaisance.

Je suis bien loin de savoir encore l'amour que j'ai pour toi !

J'aime que tu ne ressembles à personne, mais j'ai bien conscience qu'il me faut dès lors venir à toi avec des sentiments non convenus. Inédits, en somme.

Être l'un de ces *couples* intimidants de complicité – j'en ai vu à l'hôtel, à l'heure du petit déjeuner – qui vous font baisser les yeux à surprendre la patine que le plaisir laissa sur leur visage, leur allègre fringale de gens qui ont à restaurer leurs forces, cet air de larrons en foire face au nouveau jour qui leur est promis…

Si denses sont ces couples, si investis de privilèges, qu'à l'intérieur de leurs douves, ils découragent le simple salut de politesse. Aussi se borne-t-on à leur rendre en silence les armes.

Je n'ai plus peur que de ta *mort*. À présent que tu domines pour moi la foule des hommes, comment ne craindrais-je pas la foudre pour le plus grand arbre de la forêt ?

La mort est devenue *ta* mort.

VIGILE

I

PLUSIEURS JOURS ont passé et il lui est reconnaissant de ne rien précipiter. Il y voit un souci de loyauté : celle qui lui fera signe agira par nécessité, ce qui en amour devrait être de règle. Que de femmes « se donnent » par ennui, bonté, calcul, vanité, inconséquence, en passant outre à un reste de réticence, sans que l'amante, en elles, ait achevé son mûrissement ! Ce sont là fruits que l'on cueille, qui se laissent détacher, mais qui ne connaîtront pas l'ivresse de devoir céder à la pesanteur, l'ineffable foudroiement de la *chute*. Chez celle qu'il va retrouver, la reddition sera dans l'instant complète, irrévocable. Une multitude de papilles opprimées se porteront en masse vers leur libérateur.

Il l'imagine, jour après jour plus attentive aux visitations du désir, se complaisant aux lueurs d'écarlate que celui-ci jette en la chair. Ah ! pouvoir, fût-ce une heure, faire sien ce corps pour savoir – c'est un irritant mystère – quelles formes prend la… concupiscence, chez la femme ; comment celle-ci se vit en otage de son sang ! Que cela nous aiderait à la comprendre et sans doute à l'absoudre de maintes de ses fautes !

Et, d'abord, c'est si richement agencé, à nos yeux, une femme, qu'on s'étonne qu'elle puisse avoir besoin de nous ; qu'elle se vive en vallée sèche quand nul homme n'est dans sa pensée. Serait-elle aussi démunie sans nous, que nous pouvons être gueux sans elle ? Est-elle comme moi, à cette heure, harcelée d'images empruntées aux temples hindous ? Assaillie d'une impatience chaleureuse en nuées obstinées ? Se découvre-t-elle des régions de... turgescence qui font office de boutefeux et comment met-elle les séditieux à la raison ? Oui, quelles formes prend le désir, quand on a sa conformation ? Elle aspire à être clouée par une cheville en pâte d'amande autour de laquelle tournoyer comme un soleil de feu d'artifice ? À ce qu'on refoule en elle, au plus loin, le massepain, la fleur de sel, qui ourlent son sexe avec virulence ? Et qu'on les pile, encore et encore, dans un emmêlement de membres, jusqu'à ce que surgisse, à plein ventre, colorant une chaude vague de ressac, la palette d'un parterre de coraux ?

J'aurai bien des questions à lui poser un jour, à elle qui sait *dire* (combien de fois ai-je relu ses pages ?) quand tant de femmes dédaignent de nous éclairer sur elles ou s'en montrent incapables ! Mesure-t-elle ce qu'a de rare, de magique, son aptitude à se faire, femme, le chantre et l'interprète de son amour ? Et quelle assurance me vient, à penser qu'il y aura place, entre nous, pour la parole sans apprêt, badine, voire puérile – calembredaines comprises – et place pour une langue précise, parée, pour honorer l'amour ?

– « Seriez-vous libre demain soir ? Pour dîner, oui, si vous ne craignez pas le hasardeux... »

C'est elle !... Sa voix manque d'appui, son souffle est bref, embarrassé. Le temps d'indiquer une adresse, de suggérer une heure, de proposer un code pour le heurtoir, et elle raccroche.

Il retrouve la débandade de ses idées, l'anéantissement de ses forces quand, le quittant, elle lui avait promis de l'appeler. Est-ce ce que connaît le héros du conte, quand on lui annonce que tous ses souhaits vont être comblés ? Il se sent ainsi et terrassé par la profusion du présent et aspiré, happé dans une perspective d'opulence sensitive, sensorielle ?

S'y mêle curieusement l'impression que les choses ne sont pas tout à fait en ordre : il ne sera pas, comme à l'accoutumée, l'ordonnateur des fastes, celui qui agence le décor, gouverne le temps pour servir au mieux ses « noirs » desseins. Il est l'invité, appelé au fond d'une grotte où l'attend – une émule de Calypso ? Et il se sent gauche, soudain. Il fera livrer demain des fleurs : un homme paraît si emprunté, à tendre un bouquet ! De roses ? « – Puisque vous ne savez pas ce qu'elle préfère, offrez-lui des roses… » Et je choisirai une rose ancienne pour ses menus froissis de couleur tendre, ou plutôt de ces variétés presque noires de leur pourpre. Ne m'a-t-elle pas dit qu'elle aimait *L'Enfant et les Sortilèges* ? – « Toi le cœur de la rose… » C'est cela même. Tout au fond de la grotte !

Mais paix, mes visions inconvenantes !

Il prend une feuille, s'assied à une table.

Est-ce émulation ? C'est depuis qu'il l'a rencontrée et qu'il s'interdit de l'appeler, que le besoin d'écrire, de lui écrire, le tourmente. Au téléphone, de transmettre à l'autre le fugace, le ténu, le fortuit, tout ce qui se démaille comme l'écume ; mais écrire fixe, consacre, solennise.

« J'ai du goût pour les mots, surtout quand leur conformation, leurs sonorités, semblent avoir part à leur acception, accroître leur crédit – ainsi d'effluve et de libellule, de tortueux, de patelin… Mais que penser du mot *amour* ? Je le voyais si souvent employé à la légère, partant si dévalué, si avili, que je me gardais d'en user.

Or, je m'avise ce matin combien, prononcé à voix de tourterelle, quand elle en capitonne sa cage, il vous revêt de moires – sombres comme liqueur de cassis.

Et voici que je le découvre à demeure en moi, impérieux, se subordonnant tout autre terme sans effort. Voici que j'éprouve, à le formuler, à voix haute et sur le mode incantatoire qu'il appelle – « Ô mon amour !... » – une sensation de plénitude dont je vois très bien ce qu'elle doit au possessif : par celui-ci, je m'enferme avec un trésor qui m'*oblige* autant que la plus haute noblesse.

« M'aurais-tu retenue, si tu n'avais été que jolie ? Mais je nomme *charme* ce pollen de grands pays traversés – de pays de fenaison ? – qui s'attache à ton ovale, ce duveté qui est de pêche, non de brugnon. Aussi, devant ton visage, m'a-t-il semblé que rien n'était plus urgent que de le *relever*. À la façon d'une glace de psyché, oui. Afin qu'ainsi incliné en arrière, tout sourire par le monde – qu'il soit de vent, de givre, de crête de vague ou de moisson sur pied

en fasse son lieu d'élection.

Comme certains collectionnent les papillons, les agates, les orchidées, les coquillages, je ferais, moi, quand nous serions seul à seule, collection de tes sourires – que je nommerais à mesure : "Ça, c'est un sourire aubépine – ou magnolia, nuage flâneur, bassin de fontaine, oiseau qui plane..."

Et j'entends, bien sûr, maugréer l'homme d'esprit rassis :

– "Allons, nous revoilà dans le *précieux* !"

On ne saurait mieux dire. »

II

– J'aurais dû surseoir encore à cette invitation : je ne suis pas prête, alors qu'il y va… de ma vie ! Mais l'aurais-je été dans une semaine, dans un mois ? J'ai peur ! Bien plus qu'une jeune fille à l'ancienne à la veille de son premier bal. Et d'abord, comment vais-je m'habiller ? Je sais : son regard passera outre ma mise. Il n'empêche que ma robe qui a bien trente boutons du haut en bas… Non, pas un chemisier : c'est frais, mais cela fait un peu fille-très-comme-il-faut. Un pull avec ma jupe à rayures pastel qui me va bien, je crois ? Je veux lui apparaître *une*. Que m'a-t-il dit, déjà ? « Une hampe. De rose trémière. » (Il lui arrive, pour mon plaisir, de dire n'importe quoi.)

J'avais oublié quelle affaire c'est, d'attendre un homme… Non : pas un homme, mais l'homme même, le délégué de l'espèce qui aurait toutes leurs qualités et aucune de leurs petitesses. « J'aime l'homme d'un inguérissable désir » comme disait… Il est dommage que peu gagnent à être connus, ce qui est non moins vrai des femmes. Mais celui qui va emplir ce lieu !… Ces pièces, qui ont vu quelques passants, ne s'y tromperont pas : celui-là, il faudra compter avec lui !… J'entends que vous lui fassiez bon accueil – penderie comprise, oui – pour qu'il se plaise ici. Vous aimerez sa voix qui instaure la concorde. Une voix d'agrément qui laissera l'air limpide. Non, il n'est pas de ces hommes – vous en avez connu ! – qui accaparent l'espace, prennent les choses sans ménagement, les font tomber, ne s'excusent même pas auprès d'elles… Je l'ai vu faire alliance avec le verre qu'il portait à sa bouche, une écorce d'arbre, une taille de femme – et je réponds de lui. Vous verrez comme c'est bon d'être un peu intimidé par la justesse d'un maintien, la convenance d'un geste…

Il y a bien ma robe beige à bretelles, que je n'ai pas mise depuis… mais pourrais-je encore y tenir ? Et l'épaule est visible, et j'entends qu'il me découvre d'un coup. Plutôt ma robe fourreau. Je l'ai peu portée tant elle ne laisse rien ignorer de mes contours, mais dans la circonstance !... Ni bracelet, ni accessoires, bien sûr. Seulement le principal.

Et le dîner !... J'aurais dû, comme en passant, m'informer de ses goûts. Une amoureuse grignote, mais un homme, et amoureux... Ses dents ! En éprouver la solidité sur ma nuque... Ah ! ne commence pas à divaguer !... Le vrai est que demain, je passe un examen qui comporte plusieurs épreuves ; que la dernière a le plus fort coefficient – et que je n'ai pas révisé !

Ce dîner doit être tout simple. Fait de mes seules mains. Que l'amour les inspire : le talent est de rendre savoureux les ingrédients les plus communs. Il ne doit pas exiger d'incessantes allées et venues entre la cuisine et la table. Pas de chandelles ni de parfums : je ne suis pas une courtisane et n'ai que faire des artifices. Je voudrais à ce repas un air de dînette – substantielle, une malice dans nos yeux, plus vive si un plat est manqué. Je compte sur les vins pour rehausser les réussites, voiler les défaillances. Et je sais faire du café à vous lécher de flammèches noires la doublure du corps.

Après, après... à la grâce du petit diable !

Mais non, anticipe, au contraire : nous ne sommes pas immatériels ! Entends ce remuement dans ton ventre à la pensée qu'il n'y a plus à délibérer : il va se rendre ! Et je dirais qu'il en reste bouche bée, si j'avais le cœur à plaisanter. Pressent-il tout ce qu'on attend de lui, et qu'il ne saurait *nous* décevoir ? Table mise à nouveau, la primauté de la pulpe en un réduit où se débat un petit soleil... vibrionnaire. (Lui, use du langage avec plus de rigueur, mais je suis encore novice, et j'espère bien que mon ventre me donnera de l'esprit.)

Qu'il vienne, et il percevra comme tout ploie, s'incline, s'allonge, se couche autour de moi ! Et que je n'en peux plus de me tenir droite, et que j'aspire à rejoindre, dans leur abaissement, les landes et les grèves… Que je ne me vois plus qu'allongée sur le dos, travaillée du besoin de me dénouer, me défaire – et non moins de celui d'être recueillie, ordonnée, puis rudement épinglée à la Terre par mon centre. Par ce bref goulet que mon sang aménage et qui appelle à soi, pour le saisir d'une poigne d'enfant, un tison de chair.

Me savais-je aussi sensuelle ? Hormis dans mon adolescence, j'ai toujours vécu en bonne intelligence avec ma peau. Que je me douche, me drape d'un tissu éponge, enfile une robe, sorte dans le vent, fouille dans un bac de lingerie, entre dans une boutique d'épices et d'aromates – et la belle ombre chaleureuse, veloutée, qu'on en reçoit ! – que je manie farine ou semoule, que j'écorce un agrume, toujours je suis à son écoute. Sans parler de l'avant-sommeil, quand je fais droit à la supplique de ma commissure qu'une main la couve, surtout après l'une de ces lectures qui précipitent votre pouls, font sourdre la sueur au creux des genoux…

Il est étrange que des hommes m'aient rendue savoureuse à moi-même et que j'en aie si peu de mémoire… Sans doute n'étais-je pas assez amoureuse d'eux : je les *voyais* accomplir leur office, plus ou moins laborieusement, sans omettre après de quêter un satisfecit de la maîtresse, alors qu'un doigt de celui qui va venir, posé sur mon épaule, me cause une commotion. Et quel pincement acide, cuisant, s'ensuit, qui me met à la gêne – et me ravit !

De pas un homme avant lui, je ne pourrais dire : « Il fut mon hôte. » Chacun d'eux appartenait à l'espèce innombrable de ceux qui vous visitent et pour lesquels il est superflu de se mettre en frais.

Mais Toi !… Sens-tu tes tempes engagées dans le faisceau de réel dont je serais le foyer ? Et tu remontes en pensée l'estuaire, n'est-ce pas ? guidé par mes jambes entrouvertes ! Et tu seras accueilli en un ventre fourré de brocart en ton honneur, mon hôte !

Et c'est demain !

Préliminaires

I

« Me voilà, bien sûr, prêt avant l'heure ! Avec le sentiment de devoir aborder l'un de ces moments aussi propres à vous jeter un navire à la côte, qu'à lui ouvrir le large. Mais je ne rêve pas, pour l'heure, de libre horizon : là-bas, au terme d'un défilé, se tiennent l'obstacle, le butoir sur lesquels, depuis des jours, je n'en finis pas d'achopper – dans une meurtrissure de fruit. Là-bas est l'informe aux ombres mauves ou bistre. Un lieu qui ne saurait être que sans issue.

Parce que j'ai conscience de l'enjeu, l'angoisse sourd à mes poignets. C'est la première fois qu'à mes yeux, une femme fait le désert autour d'elle ; que ma soif, mes élans, ma nostalgie sont circonscrits par ses seuls contours. »

Il revoit avec confusion quelques images de son absurde, son harassante recherche de celle qui l'eût à jamais consolé de l'existence de toutes les femmes qui hantent les rues, les jardins, les bureaux, les salles de spectacle – et d'abord les plages ! Qui surgissent, où qu'on aille, multiples, ingénieuses, inédites, et toujours comme en exil parmi nous, ou nous concédant leur présence.

Et quand on a réussi à en apprivoiser une, à la convaincre de s'établir parmi nous, c'est pour découvrir qu'elle n'est qu'une contrefaçon de femme, incapable de nous faire oublier le reste de l'espèce ; d'éteindre notre rancune envers celle qui n'aura pas croisé notre chemin, alors qu'elle seule détenait... les clés de l'hospitalité ; elle seule eût été la capitale tangible d'un empire invisible.

Aussi serons-nous allé d'approximations en méprises pour avoir cru, chaque fois, qu'on allait nous prodiguer l'indulgence dont nous avons tant besoin ; nous donner l'estime de nous-même ; policer le Barbare que nous sommes (et d'abord lui faire des mains fluides) ; nous ouvrir ses arcanes, sans omettre son commerce avec les simples, le feu, la guivre, les bulbes ; nous valoir tous les présents dont elle est l'annonce et, en bref, honorer l'espoir que nous mettons en elle.

« Non, Sophie n'est pas, comme tant d'autres, une femme en trompe-l'œil, mais de celles qui ont, pour vocation première, d'être compagne de l'homme. Pas sa servante, ah ! certes ! Ni son ombre, mais proche ou à distance, sa meilleure part – ou plutôt la réalisation de ce qui, en nous, tend au meilleur et qui douterait de jamais s'accomplir, s'il ne s'incarnait en elle. De ces femmes, les seules qui importent, qui nous apprennent ce que nous valons – aussi sont-elles redoutées autant que, des vieilles coquettes, la glace des miroirs.

Je la vois très bien présentant à la création mes lettres de créance ; se rendant en ambassade auprès de tout ce que je néglige, trop absorbé par le futile : les fleurs, les étoffes, la fauvette à tête noire sans parler du loriot, l'ambre jaune et l'ambre gris, et toutes écorces de la plus lisse – l'aménité d'un tronc de jeune châtaignier ! – à la plus revêche... Et qu'elle aura donc à faire pour transmettre ma révérence à tout ce qui en est digne et à quoi l'homme n'accorde nulle attention ! (Ai-je jamais rencontré l'un de mes semblables figé par le vol stationnaire d'une buse en chasse sur sa cime d'air ? en arrêt devant la très féminine aisselle d'une branche maîtresse de hêtre, devant une lumière mordorée palpant le ventre d'un nuage ? ou qui écoutait le miraculeux accord entre un labour d'automne et le bois contigu ?)

... Ce sont là de grandes et bonnes raisons. Suffisantes ? Avoue que tes yeux, tes mains n'en ont cure – ce qui est la chance de tant de femmes. Avoue que tu *la* créditerais de moins de pouvoirs, que tu les croirais moins efficaces, si elle n'était, de surcroît, avenante. Et je pense à vous, femmes dont l'apparence fait injure à l'image que vous avez à bon droit de vous, et qui devez vivre cette discorde indélébile comme une trahison à tout instant ravivée ; mais je suis faible ou lâche non moins que mes pareils, et mon regard aspire à ce qu'on lui fasse fête ; mes paumes se rêvent revêtues d'une poussière d'or. Dense et satinée sera sa peau comme à se tenir à l'orée d'une forêt de feuillus, face à une esplanade de beau temps. Et de la toucher seulement, un clair-obscur m'envahira, qui fera de moi un *voyant*. (Tu me conduis, sais-tu, à dire n'importe quoi ! À me voir, pourquoi pas ? en « voleur de feu »...) Pourvu que mes mains aient la douceur, le délié, la vigueur, qu'attend chaque place, en tel moment ; qu'elles perçoivent les régions du corps qui voudraient entrer en résonance !... Qu'elles n'aient pas désappris les gestes qui ramassent, départissent et distribuent, afin que s'accuse en elle l'axe de symétrie ; que ses jointures soient en mal d'évasement ; que l'affouillement du désir fasse, de son corps, une margelle – à franchir.

Sens-tu, à distance, des mains vivaces, possessives et qui se voudraient subtiles, esquisser les phases du culte qui te sera rendu ? Et, parce que tu es encore impondérable, je puis à mon gré te disposer pour que nulle part de toi ne se croie un instant délaissée ; pour que j'embrase d'un coup l'arborescence de tes veines.

Mais n'en doute pas : cette songerie où nos corps composent des figures d'autant plus dociles que la pesanteur en est absente, sera de peu de prix quand, tout à l'heure (il est temps de partir), une masse de chair et de cheveux va donner contre moi de la tête, du ventre, des jambes… Et que j'aimerai cette touffeur hirsute de fourrure !… »

II

« Je crois que tu peux venir. Je crois être prête. Et ne le serais-je pas, qu'il *faut* à présent que tu viennes : le temps fait un tumulte en moi !… Je ne suis plus que pouls épars et déréglés. Aujourd'hui, aucune heure n'eut la couleur, la densité de celle qui la précéda ou qui la suivit. Faciles furent celles de ce matin où je me disais : "Fatigue-toi pour être plus molle ce soir" – et mes gestes avaient une ampleur que le travail ne demandait pas. Je lavais, disposais, faisais reluire, en ayant bien conscience que mes bras s'essayaient à d'autres tâches. Mes mains vérifiaient leur adresse : elles allaient devoir faire leurs preuves en un ouvrage – un art d'agrément ! – que les mères n'enseignent pas à leurs filles, bien qu'il soit capital.

Douchée, les cheveux propres, je voudrais t'apparaître nette comme un jardin qui se ressuie ; mais la fine angoisse qui me vient à ton approche m'est comme une sueur, et l'impatience me ternit, trop mêlée d'appréhension.

Au reste, je l'espère bien, tu ne me tiendras pas pour une œuvre achevée, mais de celles qui appellent encore maints repentirs. Pourquoi certains hommes – j'en connus – n'éprouvent-ils pas, devant un corps de femme, le besoin de le mettre d'abord en ordre, de le parfaire de bout en bout sans se lasser ? Pourquoi pensent-ils se l'approprier en y pénétrant en intrus ? C'est par mes mains que je *comprends* un fruit, un tissu, une coquille, un vase… avec, chaque fois, la sensation de justifier la chose dans le temps même où elle m'éduque.

C'est un corps neuf que je lui offrirai ; un corps qui n'a gardé de traces de quiconque. Seuls valent qu'on en garde la mémoire les cheminements qui vous apprennent combien on est une et diverse, commune et inattendue, savoureuse en tous points. Je ne suis pas de ces femmes qui goûtent les chemins de traverse.

Il restera dormir, je le crois, je l'espère. Lui dirai-je *après* que cette nuit j'ai dormi nue… pour voir ? Que j'ai imaginé sa main me cherchant d'instinct alors même qu'il sommeillait ? Et moi de feindre l'indignation : "Mais enfin, Monsieur, que faites-vous dans mon lit ? Sont-ce des façons ? Je ne suis pas celle…" Mais oui, persuade-t-en : l'amoureuse que tu dis priser est aussi niaise que la plus fleur-bleue !

Il faut qu'il vienne : mon corps l'exige. Et voilà qui est nouveau pour moi. Il a pu s'éprouver vacant, souhaiter l'homme, lui savoir gré – modérément – d'une étreinte… j'allais dire : par hygiène, et n'était-ce pas cela ? Un organisme avait la satisfaction de voir qu'il fonctionnait, sans plus.

Tant que je me suis démenée, j'ai contenu le désir. Assise, l'esprit de malice m'a envahie. Des ondes concentriques se développent autour du foyer d'irradiation en quête d'autres ondes qui les recoupent, entrent en résonance avec elles, pour quelle clameur qui me délivrerait de moi ? Percevra-t-il qu'en parallèle à mon regard, un autre – bas, fixe, sournois – n'est que chaude vigilance à contours d'amande ? Qu'en ce corps, à la fourche des jambes, mûrit un abcès brûlant qui veut qu'on l'incise ?

Ah ! que se passera-t-il quand nous serons barricadés à la façon des enfants dans leurs jeux, en compagnie du terrible, du torride ? Je présage un été qui ne serait que foudre diffuse en suspension sur une étendue de chaumes ; j'augure une blancheur de mur chaulé au grand soleil… »

III

Le dîner tête-à-tête s'achève, où les corps n'ont cessé de quitter leur sage apparence pour abolir la faible distance qui les sépare, afin de *s'entretenir*, de se mesurer, comme font les enfants quand, face à face, bras écartés, paumes adverses jointes, chacun résiste à la poussée contraire – et c'est lui, bien sûr, qui, chaque fois, l'emporta, imprimant sa masse comme il eût fait à plat ventre dans le sable meuble ou l'herbe drue.

Le dîner s'achève au long duquel le décor s'est effacé, où les mouvements de celle qui, de temps en temps, quittait la table et revenait avec un nouveau plat, semblaient adventices à ce qui, interne, mobilisait l'hôte : le lent déroulement du spectre de la saveur. On éclairait, on accroissait, on décorait touche après touche, son espace intérieur jusqu'à faire, du corps entier, un *palais* circulaire que le café et le vin de noix allaient pourvoir d'un dôme…

Nulle voiture attardée n'érafle, de son passage, le bas d'un « au-dehors » perçu comme minéral… Qu'elle habitât un hameau lui avait paru singulier. (« Tout ce dont elle se prive ! ») Un hameau si à l'écart, qu'il eut de la peine à trouver ce qui, de loin, semblait une simple excroissance de causse.

Mais elle lui avait montré d'emblée la remise ouverte à l'étage, et l'arbre bas-fourchu de ses jeux d'enfant docile et gaie, élevée droitement ; les massifs dont elle relevait les murettes ; le clos aux figuiers pour les confitures… Et il avait perçu ce qu'elle devait à ces dépendances mais d'abord à la maison basse, râpeuse et grise d'apparence, nette et chaleureuse une fois franchi le seuil.

Eût-elle été la même, si elle n'avait pas grandi entre ces murs qui, la nuit tombée, se resserraient autour des lampes, de la table commune, protégeant dans l'âtre la croissance des souples flammes engainantes – leur chuintement traversé par la chute, dans le corps de l'horloge, d'une seconde après l'autre ? La chère, à coup sûr, eût été différente, qui avait combiné cuisine à l'étouffée et plats mitonnés avec une patience d'aïeule.

Le dîner s'achève et les propos se font plus rares. Non que la conversation devienne languissante : l'ennui n'y tient aucune place ; mais, pour avoir communié sous les espèces du pain et du vin, chacun d'eux se recueille, attentif au sourire d'aise qui flotte en la pièce et touche les visages ; requis par la riche étoffe sans ajour dont les mets ont doublé son enveloppe charnelle. Car ils sont de chair : à amplifier ces silences apparents, on surprendrait un chantonnement de cellules.

Ils se regardent, mi-amusés (« Pour une aubaine !... »), mi-interrogateurs (« Qu'est-ce qui nous arrive ? »), mais la gratitude l'emporte : ainsi la vie peut être favorable, voire faste ? Ah ! il faudrait entonner un hymne célébrant ces instants où la fadeur fait trêve ; où, l'esprit en veilleuse, un foisonnement de papilles réjouies témoignent que savourer est un privilège de l'humain.

Un homme, une femme que le contentement a scellés connaissent la sensation que Dieu éprouva quand Il vit « que cela était bon ». Ainsi, dans un suspens qui va s'élargissant comme un peu d'huile propage la surface d'une eau calme, chacun prend-il conscience que la tissure de la vie, si souvent uniforme, peut devenir tapisserie.

Ils avaient feint jusque-là d'ignorer de quoi ce repas était le prélude quasi obligé, comme s'il eût dû se suffire à soi, n'être qu'un simple rendu que vous dicte la politesse. Mais ces mots un peu cérémonieux, dits à voix de confidence, gauchissent d'un coup le climat, altèrent la durée : – « Ont-ils bien le sens et le goût du féminin, les gourmets qui assurent que l'homme peut cuisiner à l'égal de la femme ? Comme si les saveurs propres à une femme de qualité ne passaient pas, pour s'y épanouir, dans les plats qu'elle prépare ! »

Elle écoute et se tait : on n'interrompt pas ce qui a l'accent du préambule. « Pour moi, reprend-il, les mets dont je me suis délectés m'étaient dédiés ; ils attestaient l'amoureuse, ils faisaient bien augurer de l'amante. Pas un cuisinier ne nous eût fait un tel palais commun pour y consommer nos noces ! »

Elle a bien entendu, même dits d'une voix d'instinct voilée, les mots d'*amante* et de *noces* ; bien perçu leur air d'évidence. Ce dîner n'était qu'un préliminaire ; une chère d'autre sorte attend des convives qui s'avisent que leur satiété n'est que partielle.

Le désir se déclare.

Chacun avait suivi un défilé dont les parois allaient se resserrant. Pour chacun, depuis des jours, le réel et l'invisible convergeaient vers l'être aimé. Et les voici face à face au plus exigu du parcours ou, mieux, au point d'abouchement des vases d'un sablier.

Le désir se déclare et la vie en devient à la fois excessive et précautionneuse. Le plafond pèse comme s'il s'était abaissé et qu'il fût plus malaisé de se tenir debout ; l'aridité, jusqu'ici en marge, s'étend et cerne le couple. Pour tout recours – ô dérision ! – une source saline suinte quelque part. Il n'y aura plus de gestes qu'entravés par des effilements d'herbes fluviatiles. Ou serait-ce l'irrésolution accablée que suscite la vue de la profusion ? Des velléités de préhension, d'astreinte, relevant du tropisme ? Nulle allégresse. Dans l'air, un goût de terre brûlée.

Ils sont debout et ils s'étreignent. Corps accolés face à face, ils figurent un arbre aux branches repliées, enveloppantes, un tronc géminé qui aurait, à mi-hauteur, une nodosité. Une excroissance plutôt qui, venant d'acquérir droit de cité, peut se manifester sans qu'on en prenne ombrage. Et cela se voudrait un trait d'union, ainsi que dans les mots composés, un point de jonction en réplique aux bouches qui s'unissent.

Framboise ? Groseille ? Bigarreau ? Cet arbre porte haut une seule baie qui se déforme, se défait pour mieux se goûter : il n'y faut qu'un infime tâtonnement des têtes à la recherche, dirait-on, d'un ajustement définitif.

Prendre une main, effleurer, embrasser une joue, peuvent jeter en nous l'émoi. Mais avoir accès, chez l'être aimé, à une enveloppe liée au diaphane, à l'humide, au creux, à l'obscur… suffit à nous traverser d'une onde de joie victorieuse. Gratitude, gratitude à la muqueuse présente aux débouchés du labyrinthe organique et qui, au contact d'une pareille membrane, renonce à protéger, à s'interposer, pour nous ouvrir les voies du plus intime !

Ainsi le corps est pénétrable ! – S'y engager, pense l'homme, afin d'en savourer les sucs !… – S'ouvrir à celui-là seul qui a la clé, pense la femme, pour qu'il instaure une trêve dans la guerre que me fait mon sang !

Le corps est pénétrable et, à en juger par la bouche, aisés y sont les chemins, chaudes les ténèbres. L'onction vous est promise.

Est-il si vrai que l'arbre porte haut sa baie unique ? Une nappe de faiblesse sape son pied, prend l'édifice dans un lent vertige ascendant. S'abattre et se rompre et s'épancher !…

« Je ne t'ai pas montré ma chambre », dit-elle. De fait, quand, à peine arrivé, elle lui a ouvert les portes intérieures – autant pour se donner une contenance que par civilité –, l'une d'elles fut omise, si bien qu'une expression de marin lui revint, qu'il tut : « faire honneur à une terre » (en la longeant à distance respectueuse !). Il y avait, dans cette demeure, une enclave, une île, à laquelle on venait de faire honneur et qui, sans nul doute, le méritait. « La chambre d'une femme seule, de bonne race, devrait fort accroître ma connaissance, ma perception du féminin. Murs et meubles, rideaux et literie y gardent la mémoire des attitudes, des gestes qu'elle a "quand nul ne la regarde". À me tenir à leur écoute, je saurais enfin la femme au naturel, dans sa sauvagerie… tempérée. Et quels tréfonds à nous révélés vaudraient ceux-là, pour notre gouvernement ? »

« Je laisse cela aux courtisanes » avait-elle dit des parfums, en femme qui mise sur ses seules fragrances, son seul fumet. La coloration de la pièce ne doit donc rien à quelque effluve, mais, de la lampe de chevet, émane une clarté si obligeante qu'on n'eût pas été surpris de voir, dans un coin, un tas de froment, un bout de rivage touché par le couchant.

Un couple enlacé face à face gagne le lit à pas glissés, elle à reculons, lui se laissant entraîner. Et que s'ouvre la mer Rouge ! Ou que se rompent les digues protégeant la ville d'Ys !

« Qui dira la traîtrise des lits ? pense-t-elle. Un homme me serre au plus près ; je me recule comme l'honnêteté m'y invite, et voilà que le rebord du lit est à hauteur du pli de mes genoux !… »

Elle se maintient droite et, comme il a un geste pour déboutonner, elle l'en dissuade : « Pas cette fois-ci, veux-tu ? » À quoi il consent volontiers : elle a trop de sagesse pour que ce soit un caprice.

Resté seul, il regarde. Avait-il imaginé l'une de ces chambres un peu oppressantes de tentures, de courtines, destinées, dirait-on, à étouffer les cris de la victime lors des meurtres qui s'y perpètrent soir après soir ? Une alcôve où l'air confiné incline à la délectation morose, un exemplaire des *Fleurs du Mal* sur la table de chevet ?

Mais non : c'est là une chambre de belle santé, dont le lit de milieu tient du radeau, de l'autel – du tremplin ! Les témoignages de l'intimité dont il est en quête doivent se trouver dans les tiroirs de cette commode et, plus sûrement, dans la penderie entrevue où fourrager à pleins bras, dans la corbeille de linge en attente d'une lessive – et comme on serait *éclairé* à se barbouiller la face d'une lingerie qualifiée à la légère de « sale » !

« Ferme les yeux ! »

L'injonction par laquelle elle s'annonce, de la pièce contiguë, a une tonalité d'enfant espiègle ; aussi s'attend-il qu'elle ajoute : « Ouvre la bouche ! »

« Regarde ! »

Le mot *nue* la résume, bref et rayonnant, qui se suffit à soi, mais si gros d'une foule d'images que ses yeux d'homme en cillent ; que sa vie s'en rebrousse comme, à marée montante, les eaux de l'embouchure. Et il se voit, tête levée vers un ciel d'été qu'un nuage radieux effleure de sa nonchalance, ou abaissant son regard sur la coulée d'une cascade, découvrant au matin ses vitres opalescentes de givre, les arbres enneigés…

Elle se tient, immobile, à quelque distance, sans infatuation, comme une évidence : « C'est ainsi ; je suis telle – et ce présent, du moins, je puis te l'offrir. Pour ton plaisir si je t'agrée. » Et ce bond jusqu'à lui que, sans bouger, sa seule nudité lui fait faire, a déjà valeur de don. Toute sa personne l'exprime : elle a l'éclat des sommités d'un verger en fleur ; l'éclat d'une épée tirée de son fourreau, maintenue dressée, mais suave à l'image de ces tranchants dont on n'éprouve qu'après l'entaille qu'ils vous causèrent.

Vulnérable ? Mais l'autorité de l'*un* !… Les vêtements morcellent un corps en parties visibles, en parties devinées – et sans doute y a-t-il des lecteurs qui, goûtant les morceaux choisis, ne sauront pas la force de persuasion d'une œuvre dont on épouse l'entier développement ; dont on se pénètre de la cohérence, de la nécessité qui la gouvernent.

Comme à la voir d'un tenant, tout s'organise, se justifie, s'illustre chez cette feinte pauvresse, démunie et glorieuse ! À croire qu'il lui fallut se dépouiller pour que nous prenions conscience de ses largesses ; que nous percevions ce que, chez elle, bonne grâce, maintien, vêture, et jusqu'à la voix même, doivent à l'économie des formes.

Aurions-nous peine, au reste, à soutenir sa vue (encore que nous nous sentions enveloppé d'un regard d'œillet de marais salant !) si elle était désarmée ? Il doit y avoir du sacré dans ce « simple appareil » qui fait d'elle la prêtresse d'un temple venue nous accueillir sur le seuil. D'un temple dont elle est le seuil.

Parce que ce moment ne saurait se reproduire avec un tel effet de saisissement (celui que produirait une lente et silencieuse déflagration), il se retient encore d'ouvrir les bras.

Femme, elle est femme flagrante – mais que saura-t-il jamais d'elle ? De sa contrée d'origine – lointaine à en juger par ses yeux plus vastes, plus sombres, de la clarté qui, montée en ovation du corps, les rehausse ? Une contrée immémoriale, tant le grain de la peau fait paraître rêches la tapisserie et les meubles, et jusqu'aux voiles de la fenêtre. De quoi rappeler à nos doigts quelle affabilité la matière retire d'un polissage persévérant. Si bien qu'en ce bond en avant, en cet essor inhérents à sa nudité, s'achève un façonnement commencé depuis la nuit des temps ; ainsi le galet que nous ramassons témoigne-t-il, comme enclos en ses courbes, de millénaires d'érosion.

« Ô mes paumes ! Comme vous brûlez de vous éprouver à cette finesse que vous savez et tiède et souple, pour en acquérir une acuité de perception qui passe de loin celle que vous tirez de la nacre ou de l'ivoire également inertes ! »

Cette création n'a besoin de nulle retouche ? Elle est si lisse qu'on pense au savon mouillé, sans prises, prompt à l'esquive ? Mais la solitude de la beauté !.... Sa vocation à l'offrande ! Sa mélancolie, sa maussaderie à n'être pour personne !... À cette femme aux justes proportions, il faut encore, pour se sentir accomplie, se dédier à un être à figure humaine qui lui soit miroir et tronc d'arbre, et vague enlaçante. Qui l'ensemence d'éloges, la pare de considération. Qui, de sa bouche et de ses mains, ne cesse de la confirmer femme.

« Tu as des yeux d'affamé qui se repaissent de mes formes, d'assoiffé qui m'aspirerait à longs traits – et cela me flatte ; mais j'attends de tes mains qu'elles me limitent ; qu'elles m'enferment au plus juste dans mes contours. À ce prix seulement, je me saurai belle, et je commencerai à me savourer. À ce prix, je te tiendrai pour un homme qui ne morcelle, mais dévide tout le fil, et tu pressens qu'il est long, riche en volutes, et qu'il admet plus d'un parcours.

Ah ! je voudrais qu'à effleurer le grain de ma peau – et tu verras comme, en certaines places, il se souvient de l'enfance ! –, qu'à suivre mon flanc du bout des doigts, tu aies déjà la prescience de l'infini. »

Elle se dégage, lui présente son dos, s'immobilise. Pour sentir son regard d'homme peser sur ses reins – qui s'en cambrent ? –, repasser les parenthèses qui, au-dessous, cernent des rondeurs redoublées ? s'attendrir sur l'arc médian ? (« C'est tout à fait “le sourire sans chat” d'Alice », pense-t-il.)

D'un geste précis, elle libère ses cheveux.

Il ne la connaît que nuque à découvert, comme les geishas. Autant qu'à sa silhouette, c'est à cette clarté qu'il l'a identifiée de dos, un livre à la main. À ce sceau où, avec la ductilité du cou, transparaît la race. Et, précisément, comment ne sent-elle pas, qu'une part de ses secrets s'évente par cette place exposée, aussi lisible qu'un front ? Que le cou ainsi dégagé peut tenter une poigne d'étrangleur, voire un couperet ?

D'un coup, il y eut éclipse, déversement, épanchement ; d'un coup, les épaules, les omoplates, l'échine, furent nappées de longs filaments sombres, et le dos disparut jusqu'à la taille sous un ruissellement suspendu. Ce fut comme si elle avait débouché une amphore pleine de nuit effervescente – et nul vent ici pour soulever, effiler, ce qui s'en échappait, si bien que, dans l'instant, le corps apparut lesté, la terre désignée.

Et il comprend, dès lors, son choix d'aller la nuque découverte : sans doute perçoit-elle le lâcher de sa chevelure comme une expansion, une recrudescence de sa nudité – à réserver à l'amant. Comme une incantation à l'animalité. À cet homme seul, elle signifie qu'elle déborde de loin ses contours ; qu'elle puise dans l'air, l'eau, le soleil, le sable, par ces riches racines aériennes fasciculées. « Et qu'il voie, dans cette retombée, la préfiguration de ma chute ! »

Elle s'étend sur le lit, les yeux au plafond – et se revêt d'un sourire. « Je vois bien que c'est intimidant, notre nudité : il n'a pas eu un seul mot ! Je ne l'ai pas déçu, au moins ? Intimidant ou révélateur de l'"autre" – lequel parfois s'exécute à son insu, sous nos yeux, et reçoit, stupéfait, son congé. S'il te plaît, toi que j'aime, efface le reste de défiance, de rancune, qui subsiste à mon encoignure !... »

Sur le lit, une clarté de jatte de lait, de nappe d'écume, relevée de touffes sombres. Mais l'image est conventionnelle : ainsi étendue, elle est la vallée même, aux versants de vergers, et mieux encore, une valleuse tant il est patent qu'elle donne sur la mer.

Pour un ultime instant, il se pénètre de l'ordonnance d'un corps dont il ne percevra plus, tout à l'heure, que la profusion de ses galbes impatients qu'on les flatte.

Ses vêtements le quittent.

De la caresse

Elle est étendue. Debout, elle appellerait des bras plutôt tentés d'étreindre, des mains d'empoigner ; mais s'allonger pour accueillir la caresse de l'homme aimé en quête d'un gisement de satin, c'est rejoindre la plaine de septembre en mal d'averse, la plage de sable sous la giration d'une paume d'écume ; c'est inviter la main aux largesses, favoriser l'effilement des jambes, l'épanchement des contours. Qu'il me sente, des pieds à la tête, offerte, exposée – et même au sens où on le disait d'un nouveau-né. Démise, remise à ses mains. Abandonnée ? Sous une peau qui garde l'expectative d'un épiderme de plan d'eau, c'est une telle masse de confiance aveugle jusqu'à en être gourde !...

On peut contourner, enjamber, une femme couchée, nue, qu'on n'aime ni ne désire ; mais celle-ci – table mise à profusion, lagon au clair de lune où jeter l'ancre –, celle-ci m'importe comme ma vie même, dont elle se distingue si peu. Je ne vois, autour d'elle, nul chemin qui ne me ramène à cette vivante ; ainsi du promeneur en forêt qui, voulant gagner l'orée au plus droit, se retrouve, après un long détour, au même point. Et pourrait-il en être autrement puisqu'elle est, confondus, l'origine et le terme ?

Jamais mieux qu'étendu, son corps ne révèle sa nature de cadence, de terminaison musicale, de tous les échelonnements de dunes, collines, houles et vallons de la terre ; la matérialisation d'un ample et lent roucoulement. À cela près que l'oreille croit n'entendre que consonances parfaites, alors qu'une secrète dissonance – à résoudre ! – altère cette harmonie.

Se peut-il que, si richement pourvue, elle ait besoin de nous ? Il se peut si bien, que d'innombrables femmes ne quitteront, de leur vie, les limbes, ou ne prendront jour qu'en partie, de manière fugace, aléatoire.

Sa peau, plus que la nôtre, garde la mémoire de l'enfance, et d'abord dans sa texture. Elle se souvient de mains bénignes (ou les imagine avec amertume) faites pour la baigner de mansuétude. Les retrouver !... L'eau du bain, le soleil, le sable, ne lui dispensent que des caresses indifférenciées, statiques ; le vent, l'eau de la douche, les hautes herbes qu'on foule, n'ont de subtilité. Qu'il est donc étrange que sa propre main, déliée, experte, qui sait mieux que l'amant le plus ingénieux les enchaînements, les infléchissements désirés, échoue à faire illusion à sa peau, et vite tourne court ? Étrange, que la caresse qu'elle se donne – par exaspération – ne lui apporte qu'un plaisir étroit, voire cendreux à n'être pas même sous l'invocation d'un être aimé. (C'est se faire à soi-même l'aumône !) Alors qu'à peine l'amant l'a-t-il touchée, le moi s'oriente vers cette main comme par tropisme, anticipe sa progression, s'en dépite ou s'en réjouit ; il goûte, dans un constant qui-vive du corps, les soudaines astreintes – qui lui sont autant de saisissements – dont l'homme coupe un trajet d'apparence buissonnier.

D'où vient, oui, que ma main et non la sienne, la dégage d'une gangue d'ombres ? qu'elle restaure ou ravive ses formes, alerte, accuse ses jointures ? qu'elle fasse affluer son sang, ses sucs, au point de plus intense délectation ? Qu'il y ait en bref, entre sa peau et mes doigts, une mutuelle fascination, une appropriation de même ordre qu'entre mon palais et le mets exquis que je regarde fondre en ma bouche ?

Ah ! c'est à croire que, si gracieuse elle soit, les regards, les miroirs ne l'en persuadent qu'un instant et jamais tout à fait ; qu'elle ne s'éprouve qu'ébauchée quand une main élue ne la modèle !

Je regarde les miennes. Communes, malhabiles aux arts d'agrément, inaptes à la broderie, je les dirais utilitaires. Des mains quasi rustaudes, pour mancherons. Sans esprit quand elles ont affaire avec l'inerte, par quel miracle deviennent-elles déliées, presque aériennes (il y a du volettement dans leurs parcours) à épouser les inflexions de ce corps ? Je n'ai pas, à toucher un pommeau, le flanc d'une jarre, le sable du reflux, l'illumination qui me vient de ce contact – lequel, à la fois, étoffe mon regard et l'assourdit.

On a loué la main industrieuse qui donne corps et pouvoir à la pensée. Et si sa fonction la plus noble, ultime, était non pas d'exécuter, de réaliser, mais de disposer le corps féminin qui « tant est tendre » sous un ombrage de fougères grand aigle, sous un bosquet de palmes, où le polir – pour notre affinement ? (Ô ma paume, quelle connaissance intime, de gorge, je te dois du fruit, à seulement coiffer un sein !...)

Sans omettre de blasonner, chemin faisant ; et le riche recueil que l'on ferait, à n'omettre ni l'ombilic, ni le lobe de l'oreille, le creux du genou, ni l'aisselle et toutes pliures, fossettes, commissures – tant la femme nous offre de sentes pour nous mener là où elle nous attend !

Comme il existe des manuels qui vous enseignent la cuisine, le dessin, le point de croix, la prosodie, il est des guides, des éloges de la caresse à l'usage des amants de bonne volonté appliqués à faire leur devoir – ouvrages écrits par de ces hommes grands manieurs de prosopopées, qui prétendent donner voix à tout ce qu'ils évoquent. Comme si ne nous importerait pas seule, composée par une femme, une « géographie sensuelle » où elle nous dirait avec minutie les attentes, prédilections (et aversions) de chacune de ses contrées ; quelles résonances dans l'âme, quels remous, sursauts, bondissements de la chair, la main aimée y suscite.

Nous n'aurons jamais, bien sûr, un tel livre qui ne saurait être que d'une femme de grande sagacité, sachant écrire, et musicienne de surcroît, apte à transcrire les pizzicati qu'appelle un tétin, les glissandos goûtés des jambes, les modulations que recèle un flanc, les réverbérations qui s'échangent entre les faces internes des cuisses, et tous arpèges, et toutes variations, échappées, évanescences... – la pulsation du sang en guise de basse continue.

Mais foin de ces divagations de greffier ! Ceux que voilà sont trop engagés dans une mutuelle absorption pour que la pensée trouve encore place dans le tutti des sensations – et comment passer sous silence le haut moment suspendu, tout entier sous le signe de la fleur, où un impérieux pistil *écoutait* converger vers lui des doigts-étamines, l'effleurer, l'enserrer, l'animer, puis s'effacer pour faire droit à la corolle soudée d'une bouche ?

Et qu'une autre, à présent, plus suave encore, nous poignarde de douceur ! Parce que nous avons longtemps croisé en feignant de ne trouver la passe, nous voici aspiré, pris en charge – par le doigt ! Nous nous introduisons, déplissons, refoulons ? Nous sommes pris au piège de notre toucher, d'emblée débordé par une enveloppante affluence de velours écarlate ; nous habitons la poignante saveur d'une pulpe liquoreuse ; nous accédons – tête baissée ? – à l'été de nos songes, noir et pourpre, et brûlant. Nous y progressons par une reptation haletante qui en repousse les confins – et le beau jeu que celui des feints retraits pour se sentir, encore et encore, rappelé tout en s'élevant chaque fois d'un degré dans une place de plus en plus spacieuse. (De l'étui à une cavité d'apparat !) Dans une nuit chaude, hirsute, appesantie de sèves, le beau jeu mené à hauteur de cimes oscillantes où s'échangent de grandes masses d'ombre et de clarté, ainsi qu'en ces paysages des rêves difficiles.

Elle n'a plus guère de regard, sous ses paupières jointes, que pour ce dedans oint de crème de cassis, fourré de frangipane, dont l'accroissement lui arrache – latéralement épanchés – des gémissements stupéfaits, extasiés et non exempts d'âpreté. Cependant que lui savoure son privilège de semer la sédition dans ce corps de gisante, mais dont le sang affûté, dressé, en gloire, a la même ardeur offensive que celui de la jeune femme de Delacroix, sur la barricade…

L'instant

Mus, ils sont mus, et cela tient de la chevauchée – à bride haute, tant à lâcher celle-ci, on courrait à la plus proche fondrière. Car cette course porte en elle un principe d'impatience et de précipitation croissantes. D'avidité : chaque mouvement appelant à une clarté toujours plus vive, à une nappe de sirop d'orgeat toujours plus haute, où baigner à plein ventre.

Un principe d'obstination, encore, jusqu'à la frénésie, et quelle maîtrise de soi, pourtant exclusive de la griserie qui vous gagne, ne faut-il pas pour rompre un enchaînement de gestes dont chacun infuse en vous une félicité accrue !

Or, le temps n'aime pas qu'on l'éperonne ou force son train, hache son cours ; aussi prend-il bientôt de vitesse le cavalier trop pressé et lui décoche-t-il la flèche d'un instant – qui le désarçonne.

Si la volupté pouvait se traduire, serait-elle encore la volupté ? Expliquerait-elle des quêtes, entreprises, agissements que nous jugeons de sang-froid aberrants ? Les grands mystiques mêmes s'efforcent en vain de nous faire partager leurs extases, faute que leurs mots soient réellement de feu. Non plus que le poète, le peintre féru d'abstraction lyrique, ne sauraient nous transmettre ce qui, par essence, est ineffable. Et, de fait, comment dire le cataclysme du moi subverti par ses sensations extrêmes, dans une blessante lumière, une stridence de douceur ? À peine pressentons-nous que le plus haut plaisir n'est pas également accueilli chez celui-ci et celle-là ; qu'il ne s'y complaît pas au même degré ; que ses ravages y sont d'une autre nature.

Que l'homme est vulnérable ! Il allait, par une échappée vers le haut, atteindre un sommet où s'établir en souverain, illuminé par la pure étendue, pourvu à satiété en succulence, mais l'orage qu'il amassait avec acharnement le foudroie de la nuque aux reins ; mais la poigne qui le saisit, qui le hisse jusqu'à lui faire donner de la tête dans un soleil noir d'Apocalypse, cette poigne cependant le pressure, l'arrache à soi, tous nerfs en éveil ainsi qu'il advient quand, avec une ombre d'anxiété, nous débridons une plaie ou seulement extirpons une épine de notre doigt.

Ce moi qu'on expulse était-il devenu si opulent, que l'homme ne pût le contenir ? Dut-il céder la place à plus impérieux que lui ? L'éclipse est totale – des pensées (qui a bien pu parler de « catégories de l'entendement » ?) ; des sensations, hormis celles du tendineux, du nacré et bientôt du cendreux (comme on lui fit mordre cette poussière dont il procède !). Totale, oui, et n'y échappent pas même les souvenirs, les appétits ou les remords.

Des images s'imposeront à lui quand le bannissement de l'esprit aura pris fin : celle d'un arbre mellifère comme acacia en fleur, frémissant d'abeilles, que la foudre écuissa d'un coup ; celle d'un captif dont on a quasi tranché la tête (comme elle pend !) alors qu'une poigne lui maintenait la nuque dans la posture de la prosternation – et le voici en quelques pulsations saigné à blanc, encore que le cœur, exsangue, n'en continue pas moins de battre désordonnément.

Sans doute est-il puni d'avoir voulu accéder à cette ligne de crête dont il se persuadait que, franchie, il aurait part à la condition des dieux, à la Connaissance de l'ultime – arête de diamant ! – qui est leur apanage.

Une insolation de Nuit aura suffi à le basculer en arrière, à recréer la Chute originelle – et quel gouffre recèle la femme ! À trancher net à la base la gerbe effervescente du désir, autant dire sa dimension même.

Ah ! que cet homme dégrisé, défait, humilié, en qui la réalité se rue et se revanche, serait sage de panser ses plaies à la vue de la femme aimée aux prises avec le délice d'être !...

Il fut terrassé ; il en demeure atterré. C'est à une mer chaude et vivace qu'elle semble avoir eu affaire. Étendue à plat ventre ou sur le dos, épousant un dévers de plage, elle a écouté une nappe liquoreuse l'atteindre par intervalle et gagner – une passe existe ! – la lagune que son ventre enferme. Et qu'il y avait d'aise à sentir alterner le resserrement – prise qu'on était dans l'étau de son enfourchure, là où deux frissons ascendants, nés dans les chevilles, se happent comme deux rivières à leur confluent –, et l'expansion qui repoussait vos confins afin d'accueillir la profusion d'ondes de bien-être !

Le temps était proche où tout allait se résoudre en émulsion de miel – d'un miel de soleil vif comme il en est de lavande ou de trèfle ; mais il restait assez de conscience à cette femme pour évoquer la sangria, le pain d'épice, le vin cuit, le café noir brûlant et toute nourriture qui se dépose en votre envers pour qu'on la savoure.

Assez de conscience pour goûter le balancement, le bercement auxquels la soumettait une étroite vague stationnaire à figure humaine. Et de souligner l'oscillation par des geignements d'assentiments, d'incitations à poursuivre : « Il fait beau et me voici échouée sur un rivage avec, à la bouche, un goût d'étés anciens. Serais-je même, ainsi béate, en voie de dissolution ? Mais cette cambrure des reins, ce ventre comme fruit que l'on confit… »

C'est là ce qu'on lisait sur son visage appliqué, que l'on eût dit suspendu, quasi flottant au-dessus de l'assise osseuse, tous méplats effacés.

S'ouvraient parfois, comme fardées, luisantes, des paupières de fête, de bal, sur un large regard absent, mais elles se refermaient bientôt pour une contemplation intérieure qui lui faisait une face d'orpailleur penché sur sa battée scintillante de paillettes. Pour mieux suivre aussi la réponse – l'ajustement – de sa chair à chaque nouvelle saillie du soleil. Et telle était la touffeur, que la tête se tournait de côté et d'autre comme à la recherche d'une ombre fraîche.

Par le « Aaah !… » qu'elle exhale soudain, qu'elle reprend, prolonge, disperse, le corps expulse le souffle résiduel pour faire place à ce qui vient de forcer le goulet ; à cette nodosité de mer vigoureuse, brasillante, qui envahit le ventre et déchire on ne sait quelle chrysalide. (Ou s'est-elle rompue sur un récif interne à l'instant même où le sexe de l'amant éclatait en sanglots ?)

« Elle jouissait comme un continent », écrit Céline. L'image est saisissante et l'on voit assez ce qu'elle induit en fait de courants de convection, de dislocations, surrections, geysers et nappes de charriage. Mais celui qui, par grande marée, a entendu grésiller puis chuinter une plage de sable quand, de la vague qui s'effondre, gicle une nappe profuse, crémeuse, tiède, dont le rebord repousse au plus loin la laisse de haute mer, cependant qu'affluent en soubresauts, pour la recouvrir, des nappes décroissantes en épaisseur, en étendue, comme étagement d'esplanades – celui-là serait plus tenté d'écrire qu'« elle jouissait ainsi qu'une plage », les grains de sable comme autant de papilles.

Parmi, proférées d'une voix calcinée, des scories de langage tels que débris d'algues noires.

À la nuque, aux reins, l'homme fut, d'en haut, foudroyé. D'un coup rendu à ses limites, et destitué. Que passant outre à sa frustration, il considère ce visage d'avant le péché, dense et lisse, plus aigu, presque émacié de qui revient de quel périple ! ; ces yeux qui ne vous voient que de très loin, l'essentiel du regard allant vers les confins de cette extrême douceur qui fit tant de violence à l'être : peut-être mesurera-t-il ce qui sépare le plaisir étroit, *vertical*, qui le traversa, le lacéra de bout en bout, et la Joie qui, ce ventre l'atteste, n'en finit pas de *la* fouler avant de se lover en elle pour s'y résorber lentement. La pleine Joie est ronde ; elle a besoin, pour prendre ses aises, de courbes – dont l'homme est dépourvu. Où trouverait-elle gîte plus ample, plus hospitalier, qu'en un ventre de femme ? Aussi la voit-on, par gratitude, accomplir, couronner, pavoiser de ce ventre même, la très-humaine créature qui, avec bien plus d'humilité et d'aptitudes que nous, sait exalter la saveur et magnifier la vie. Et cette femme sera tout à l'heure divisée, ainsi que l'homme l'est sans cesse ; mais quels secours ne tire-t-elle pas, dans son âpre condition, de ces instants où, ronde et jubilante, elle s'éprouve pleinement *une* !

Résolutions

I

« JE SUIS SORTIE dans le jardin après ton départ. La gorge griffée, j'ai promené par les allées une ombre de noyer amère et froide malgré la tiédeur de l'air, et très vite j'ai regagné la maison.

Tu ne sais pas, bien sûr, combien ton passage y a laissé d'empreintes… non visibles : la sûreté de tes gestes – je n'ai pas craint un instant pour le vase "de famille"… que tu as fait tourner entre tes doigts –, l'égalité de ta voix, la qualité de ton attention, ont laissé les choses à leur concorde. Mais je sens bien que les objets "inanimés" me regardent à la dérobée ; que leur cercle s'est resserré autour de moi, par curiosité ; qu'une hiérarchie s'est établie entre eux : il y a le tableau que tu as admiré, le fauteuil où tu t'es assis, les livres que tu ne connaissais pas – oui, cela existe ! Et il me semble que tout cela m'interroge : " Celui-là nous agrée : il ne s'est pas conduit en pays conquis, il n'a rien bousculé, rien traité avec indifférence (ce que nous te reprochons parfois) ; mais te plaît-il ? Le reverrons-nous ?” J'ai cru pouvoir rassurer mon petit monde : tu reviendras pour peu que tu partages mon sentiment de vivre désormais sous la tyrannie de l'inéluctable, la sensation d'un ajustement jamais encore connu. Sans parler de la douleur d'arrachement, d'unité mise à mal, que j'éprouve depuis ton départ. Quelque chose en moi, qui n'est pas d'ordre charnel, bée dans la direction que tu as prise. Ce que doivent ressentir les femmes de marin quand le bateau vient de s'effacer à l'horizon. Et il est étrange de demeurer à la fois intégrale, telle qu'avant, et amputée. Réduite à prendre l'autre à témoin sans le voir, à lui tenir des propos qu'il ne peut entendre, à s'interdire des gestes qu'on se permet d'ordinaire, quand on se sait sans témoin. N'est-ce pas là, dis-moi, une conduite d'illuminée ? Déjà le silence n'est plus cette sphère, ce dôme plutôt où se ressaisir, se fortifier, d'une musique latente : il est *ton* silence, celui qui couvre l'autre, j'allais dire : qui parle plus haut que lui ! Et qu'il se rompe à la fin pour que je m'ajoure et donne à nouveau sur l'alentour ! Que je cesse de me croire absente de tes pensées, et pire, en disgrâce ! – “Et si ses yeux s'étaient dessillés ?”

Je ne t'ai pas dit, comme la plupart des amoureuses : “Garde-moi !” Je ne rêve pas d'une tour – celle de tes bras – où nous enfermer à demeure, face à face, et où chacun se repaîtrait de la présence de l'autre : je ne te verrais bientôt plus dans ta richesse et ta diversité ; tu ne priserais plus autant ce par quoi je vaux, ainsi qu'il advient à ceux qui aspirent à une fusion, une confusion perpétuelles et que guette au mieux un fade mimétisme.

Il est assez humiliant de devoir composer avec les regards du dehors ; de savoir à tout moment la femme, en vous, appréhendée, tenue à comparaître et, en une seconde, jaugée ; harassant de n'aller qu'escortée d'yeux furtifs ou insistants, dédaigneux ou prédateurs. Si libéral, si aimé que serait mon geôlier, je cesserais d'être tout à fait moi-même sous son regard au quotidien, cependant que le mien infléchirait sa démarche, gauchirait ses gestes. Or, à l'inverse de tant de conjoints, nous ne sommes pas faits pour des rôles de composition.

J'entends ma meilleure amie : "Quoi ? Vous vous aimez et vous refusez de vivre ensemble ?" (Elle est de celles que la liberté décontenance.) Mais oui, et parce que nous nous aimons, précisément. Et ce sera difficile, souvent déchirant, mais entendre au téléphone, la voix entre toutes défaillir de convoitise ; sentir le fil, entre nous, se tendre à l'extrême – cela veut quelque distance, non ? Celles qu'en un logis commun, deux pas ou dix séparent de l'être aimé, qui le retrouvent sans jamais avoir à le guetter, ne savent pas quel étourdissement vous frappe, à en chanceler, quand *il* s'abat sur vous en vague de ressac, vous offusquant de sa présence et familière et imprévue toujours ; et les bras sont d'une désespérée que le corps qu'elle étreint ramène à la vie ; les mains tâtonnent, incrédules ("Il ne lui manque rien ?") ; le visage s'enfouit, s'abolit, dans l'anse de l'épaule et du cou ; une prodigieuse sensation d'évidence vous envahit : "Je n'hallucinais pas, comme on dit, et en voilà la preuve ! Mes rêves ont pris corps et je me suis rejointe, exultante, éperdue !"

Ah ! comme la fière que je suis est d'un coup devenue humble et docile, et défaite – une chiffe !… Comme elle te promet, quoi qu'elle en ait, une félicité qui te dissuaderait de repartir, tout en sachant combien lui seront chères, avec la douleur de ton éloignement, le captivant inventaire de tes traces, en elle et dans cette maison !

Ma raisonnable amie veut un amour traitable, domestique ; aussi se défie-t-elle de la passion tant le mot sous-entend le saccage, la souffrance, la mort. À coup sûr la brièveté d'un feu de paille. Mais nous, au lieu de laisser le champ libre au feu, nous le tiendrons en lisières, ce qui le rendra tout à fait enragé.

Mon amie fait grand cas de l'intimité. Moi, non moins, à cela près que je ne crois guère à l'intimité jour après jour, si l'on veut en préserver la couleur et la force. Je sais les images chaleureuses que le mot appelle : le soir, les volets clos, la lampe, voire les chandelles, l'assistance d'une musique persuasive dans les franges du refuge, pour mieux se convaincre que l'on vit un moment de grâce... Et si ce tête-à-tête de deux êtres que la vie commune a anémiés jusqu'à les rendre translucides l'un à l'autre, n'était qu'un décalque d'intimité ?

Mon corps se souvient – le beau ravage ! – d'avoir été pétri, roulé entre des paumes, foulé à pleine pâte, et distendu, et projeté – catapulté ! Mais que ce plaisir me laisserait démunie, en ce lendemain, si l'*après* ne m'avait rassurée : le désir ne t'animait pas seul ; je n'étais pas uniquement pour toi l'anneau magique que l'homme passe à son doigt dans l'espoir, toujours déçu, de se maintenir entre le vertige des cimes et l'ivresse des grands fonds.

Je n'étais pas habituée, je t'assure, à ce que, dans l'*après*, on effleure ma joue, on embrasse mon front ; à ce qu'on suive lentement, pour s'en pénétrer, le profil de mon visage, le dessin de mes lèvres. Ni qu'on me regarde avec une gratitude étonnée : "Cela existe donc, une femme qui tient la promesse que j'avais discernée en elle ? Avec qui jouer à quatre mains la partition de l'amour physique ?" Et moi, de me voir briller en tes yeux où tous les sens du mot *reconnaissance* sont perceptibles.

Je n'étais pas habituée, non, à recueillir sur mon épaule, ma poitrine, mon ventre – et quel remuement viscéral m'en vint ! – la faiblesse d'un homme qui avoue l'enfant jamais renié qui subsiste en lui. Comme mes semblables, je suis encline à croire les cris d'amour que le plaisir vous arrache, mais quand me suis-je sentie autant aimée, depuis que nous nous connaissons, qu'en cette heure où, au plus près de moi, le poids de ta confiance engourdissant ma chair, tu te laissas déchiffrer à livre ouvert, blessures et nostalgies comprises ?

Je n'étais pas même accoutumée à ce que l'on fît le moindre cas de mes plus lointains souvenirs, fût-ce pour juger de ma fidélité à moi-même et mieux chérir, à bon escient, la femme d'à présent. Je dois, à cette heure-là, d'avoir découvert que la tendresse qui passe pour une forme abâtardie de l'amour, le baume censé vous consoler de son flétrissement, peut faire violence à l'âme et poindre aux larmes le cœur. Qu'à voir sourdre chez l'autre les vertus d'altruisme, de tolérance, de générosité, occultées par le tournoi auquel se sont livrés nos sangs, on accède à la sereine limpidité des intérieurs de Vermeer.

Si je savais écrire, je te dirais la peau sèche, quasi écailleuse, que me fait le désir – telle qu'à se sécher au soleil après un bain de mer. Puis ce qu'elle devient dans le plaisir, ondoyée, nappée d'une chaude aurore. Enfin ce qu'elle est lorsque nous sommes allongés, immobiles, à demi engagés l'un dans l'autre – à la façon des colonnes, et qu'elle écoute ce que tu me dis à mi-voix : plus que souple et poreuse, pour n'en rien perdre – lactée ! (Tu sais bien : "le lait de la tendresse humaine"...) Et je ne suis pas sûre de toujours préférer ma peau saturée de sel à celle que me fait l'eau douce de l'intimité.

Le sommeil nous prit alors que tu venais de ne nous promettre que le possible, mais tout le possible, et je te sus gré de ta lucidité : il ne fallait pas hasarder un tel amour dans le quotidien, mais le tenir pour un prodige périssable dont nous serions les dépositaires, les bénéficiaires, par une grâce d'état qu'il s'agissait de mériter.

Une paupière assez vaste pour nous envelopper vint sceller la masse de confiance que nous formions. Quand vint le jour, nous n'avions pas plus bougé qu'un sablon de rivière à l'étiage. Éprouvant que ta paume n'avait pas quitté mon sein, je sus devoir à ta main une grande part de ma suavité : par elle, je t'avais allaité toute la nuit sans cesser d'être gorgée de sucs – et je me tins pour plus glorieuse qu'un ciel de nuit d'été allaitant la Terre.

Je ne t'ai rien dit encore de ton passage en moi, de l'allée – de flamboyants – que tu y as frayée. Je m'y essaierai bientôt, car j'ai tout de suite fait mien ton sentiment : le téléphone pour l'écume de nos vies, pour savoir, de l'autre, sa... position, la couleur de ses pensées ; l'écrit pour la chronique, le mémorial, l'action de grâces en l'honneur de l'amour. Le téléphone pour l'éphémère, le volatil et tout ce qui se satisfait de la prose ; l'écrit pour la liturgie de l'amour ; pour tout ce qui se voudrait hymne, psaume, péan...

J'allais oublier : ce n'est que ce soir que je me laverai. Bien sûr. »

II

« Je ne rêve pas : mes bouts de doigts n'ont pas d'ordinaire cette odeur fauve qui m'enclôt sous mes paupières quand je les hume... Que tu as raison de ne pas interposer entre nous de parfum : aucun ne vaudrait pour moi pareille senteur où entrent la subtile âcreté du foin qui sèche, la franchise de la basane, l'indolence d'une chevelure de brune au soleil – tout cela souligné d'un souvenir d'ambre gris, d'épices, de sous-bois d'avant l'orage, de rognon de silex échauffé... Je dis cela en première approximation, tant cette odeur est neuve pour moi puisqu'elle est celle de *ton* intimité, et que nulle autre ne m'avait ainsi, à la respirer, ouvert la route des Indes. Et quelle ombre chaude elle jette alors sur l'âme – pour user d'un mot discrédité !

L'ombre même de la nostalgie. Et si je t'invoque en ces termes : "Ô mon amour !", tu perçois, n'est-ce pas, comme la ferveur se teinte de mélancolie ; tu découvres combien c'est éminent, imposant, l'amour. Par sa charge de langueur, d'insatisfaction diffuse. Lesquelles subsistent, je l'ai remarqué, alors même que nous sommes ensemble. À croire que la nostalgie est consubstantielle à l'amour vrai ; sans doute parce qu'elle est sa pierre de touche et qu'il a également à voir avec l'enfance et l'infini.

On peut bien écarter les oripeaux romantiques de l'aspiration à un paradis perdu ou à "la vie antérieure", à l'androgynie et autres mythes, ce n'en est pas moins déchirant d'être deux quand, prédestinés, on voudrait ou s'abolir en l'autre ou se l'assimiler. Aussi est-il humain d'aspirer à une proximité continue dans l'espoir de s'assouvir mutuellement, ce qui advient vite au-delà du souhaité.

La plupart, présomptueux, optent pour une durée plane, égale, à dissiper côte à côte. Plus humbles, conscients des exigences de l'amour – il est tel ces bêtes libres qui, ayant l'éploiement pour mode de vie, meurent en captivité – nous lui imposerons la verticalité du pin maritime, du mât – de cocagne !

Qu'ils sont légers, les amants qui déplorent que les circonstances, les lois, leurs conditions, les vouent au secret et à la ruse ! À cette femme en marge, dans l'ombre, qui me confiait : "Après vingt-cinq ans, nous ne nous quittons que les larmes aux yeux…", je n'ai osé dire que ces larmes-là, bien plus douces qu'amères, je veux le croire, étaient sans prix ; que toute pauvresse qu'elle se crût au regard de ces femmes très honorables qui se font un pectoral de dix rangs de perles de culture, je la voyais, moi, chamarrée de ces instants si ronds et pleins et veloutés ; qu'ils sont les seules perles qui vaillent : celles du temps.

Tu sais comme, à rapprocher nos visages, leurs traits se déforment puis se font indistincts. Je veux pouvoir, encore et encore, te *considérer*. Sur fond de ciel et d'arbres, et de murs soutachés de lichen ; sur fond de vent pour qu'il donne à ton visage son éclat liquide. Et je te tiendrai pour la plus heureuse réussite de la nature ; je saluerai en toi la parfaite incarnation du féminin avec ses privilèges, son entregent dans la création, son allègre densité.

Non, je n'oublie pas la saveur. Et quand il s'agit de la tienne, je ne distingue pas entre les violentes qui nous rompent la nuque, les réjouissantes que tu tires du feu, de la braise, et les plus délicates qui s'adressent à l'esprit et font son agrément. En somme, comme d'autres d'étoffes, de coquillages, de livres..., tu fais commerce de saveurs. À mon seul usage. Et je m'avise que ce doit être aussi cela, l'amour : percevoir, isoler, dans un monde insipide, un espace de succulence à contours humains. Comprends-tu que je ne veuille pas que s'affadissent des saveurs qui te font, par leur unisson, et femme d'*intérieur* et femme de dehors ? Et toujours femme d'offrandes.

Je crois à l'alternance. Longeant des rives de mers intérieures, j'ai vu quelles relations languides la côte et le flot entretenaient ; j'ai perçu l'ennui qui naissait de ce perpétuel vis-à-vis. Mais la tension croissante des airs, quand le flux se retire jusqu'à gagner la laisse de basse mer ! Et voici que, cette limite extrême atteinte, l'éloignement – espace et temps confondus – devient insupportable aux deux éléments... Ah ! il me tarde qu'ensemble – ensemble ! – nous regardions (ce sera nous voir) affluer l'Océan ; ses vagues assaillir la terre par la poigne et la paume !... Et Il n'en finit pas, incrédule, de s'éprouver à l'Autre, dans un climat de foule en liesse.

Nous mettrons notre amour sous son égide, et non sous

celui de la Caspienne ou, pis, de la mer d'Aral. Je te sais assez, déjà, pour ne pas douter qu'autant que moi, tu aimeras sentir le fil se tendre entre nous, se mettre à vibrer à nos tempes ; et nos voix en prendront une nuance plaintive, témoignage d'une intime désolation. "Je me languis de toi !...", "Il y a au moins une semaine que je ne t'ai vue !... C'est beaucoup, c'est presque trop..."

Ce qui ne doit pas être : notre amour n'est pas mystique mais humain. La vue l'illumine, le toucher le nourrit – et le désespère. Nous trouverons le point limite où le cœur se déconcerterait d'un excès d'absence ; où les corps, las d'être frustrés, inclineraient au détachement.

J'ai trop entendu de femmes « établies » soupirer après le temps où l'attente d'une rencontre les rendait et rêveuses et intenses, glorieuses de se savoir (ou de se croire) préférées, préoccupées d'égaler l'image qu'un être avait d'elles. Et quand fut-on plus indulgente, généreuse, attentionnée ? J'ai trop vu de femmes rompre, à la stupeur de leurs familiers, dans l'espoir de retrouver le climat des antiques fiançailles où, fraîche d'être prisée, fêtée, convoitée, on vivait à la pointe de soi...

Systole, diastole ; n'est-ce pas la vie même du cœur ? Je crois au balancement entre temps forts et faibles, opulents et, en apparence, sans relief. En apparence, tant je mesure alors mon privilège : un être vit de moi comme je vis de lui, et c'est – merveille ! – une femme ! De belle race s'entend. De celles dont nous n'aurons jamais les clés, dédaigneuses qu'elles sont d'en faire montre. Qui ne nous paraissent jamais plus obscures que nues ; et leurs ajours ne donnent que sur plus de ténèbres encore. Chaudes, onctueuses, certes, mais qui vous prosternent et font de vous un gisant. Et que j'en dirais, encore, si ne m'en imposait, sous ton sourire le plus ouvert, l'atavique, l'irréductible fin de non-recevoir qui est, je crois, pour des siècles encore, le signe primordial de votre espèce !

À coup sûr, je ne serai pas de ces hommes qui n'ont cure de ce quant-à-soi et tiennent que cette étrange créature leur est due. Aussi m'exilerai-je pour le délice de rentrer en grâce. Pour vivre le retour de l'enfant prodigue – et je me veux ton hôte, amour !, à bras ouverts, à ventres s'apposant, qui auront tant à se dire. Sachant qu'après ces instants où, par la médiation du féminin, le temps déborde et ruisselle, il y aura – mon apanage ! – le sceau de ta parole. »

Propos d'amante

Voici, que je te dédie, mes premiers propos d'amante.

(T'es-tu aperçu que *maîtresse* et *amante* sont loin d'être synonymes ? Affaire d'ampleur, d'épanchement – de marges, de gravité, d'engagement, de densité, de lenteur – de science, et jusqu'à une certaine nuance de grenat. J'ai assez le sens du culte pour me revendiquer amante. Un mot à la riche escorte où l'on croit entendre acanthe et bacchante, andante et infante, servante et confidente, celles-ci nécessairement… ardentes !)

Écoute-les, ces propos, se fondre en un « je t'aime ! » qui vous fait seule et nue sur le ciel, quand même votre cri vous revient, en écho…

☆

Quand ai-je su que je t'aimais ? Quand j'ai cherché pour toi une place – la meilleure – dans ma salle de bain ;

quand m'ont paru redoutables les souvenirs de vent… De grands arbres dans le vent : la nostalgie a leurs couleurs.

« La légende des amants » ? Mais ne sommes-nous pas déjà, toi et moi, dans le climat de la fable ? C'est affaire de solennité des gestes, d'incrédulité des protagonistes (« mais qu'est-ce qui nous arrive ? »)

Tu es de ces hommes, rares je crois, qui donnent substance et durée au mot de légende.

« Il y eut une fois, une seule, un homme qui offrit à une femme... » Moi non plus, ô Shéhérazade, je ne risquerais pas, à poursuivre, d'achever avant l'aube.

La vie me drape à merveille. Mais qui l'ajuste, dis-moi ? qui en dispose harmonieusement les plis ?

Je vois trop d'attachements et des plus vifs, se défaire, parfois misérablement, pour n'avoir pas envie d'entrer dans une église – petite pour que ma prière soit plus efficace ! – et là, dans la pénombre, de simplement dire : « Faites que mon amour me dure. Et que jamais je n'étanche tout à fait sa soif de moi. »

☆

Présent, absent, tu es là, enfoncé comme pilotis, borne milliaire, et je tourne autour... Mais je suis libre. Enfin, presque : j'aime !

Que ne puis-je te voir sans être vue, assurée que j'en pourrais enrichir mon amour ; que je rendrais à l'amant – avec intérêt – ce que j'aurais dérobé à l'homme !

Me souvenant de Phèdre, je me dis qu'il serait beau de te suivre des yeux en conducteur de char, sur la partie dure de la plage.

Je suis glorieuse de toi, oui. À la façon du jet d'eau quand il se monte la tête.

Je goûte fort, au dehors, que s'enlacent nos bras, comme des anses ; mais non moins quand, par pudeur peut-être, tu me donnes la main, où je loge toute, fondante à souhait. Quand tu es le camarade, le père aussi.

Et qu'étrange alors est mon trouble !...

Pourquoi les femmes regardent-elles si peu les mains des hommes ? Elles y verraient pourtant comment elles seront feuilletées, et lues.

Quand les tiennes se referment sur moi, il me semble qu'elles m'ont toujours connue ; que je ne suis que pour être défaite par elles.

Mais auraient-elles tant d'autorité si elles n'avaient partie liée avec ta voix ? Quelles résonances suscite celle-ci, dans le tambourin de mon ventre !...

Parmi tes pouvoirs qui sont grands : celui de m'ouvrir les jambes à distance, celui de me faire comble. À en déborder : j'en atteste mes larmes (de plusieurs sortes).

Depuis que nous nous connaissons, je m'avise qu'il y avait en moi une question que je me gardais bien de formuler, de crainte de devoir y répondre par la négative : « Est-il un homme qui me retournerait comme un gant, qui ferait... "éclater ma quille" et m'emmènerait "à la mer" » ?

Tu m'as promis l'océan, et je nous vois moins face au large, qu'en forêt littorale, sous le dais d'un ciel tendu de rumeur, allègres de l'odeur de résine, écoutant nos pas tasser le sable qui sinue entre les touffes de bruyère, cependant que nos mains deviseraient entre elles : tu sais te choisir tes complices, tes entremetteurs !

Je savais bien que je serais un jour justifiée d'être fille, femme ! Puisque tu m'as appris l'étendue, la diversité du mot *consentement*, fais que je ne sois jamais rassasiée de l'être. Et que dure ton obstination à faire de moi ton lieu d'asile.

Tu ne dis pas très souvent « je t'aime », en quoi tu es bien homme ; mais je ne m'en inquiète pas : la litote a de la force et du charme, et il suffit, pour vous rassurer, de l'un de ces jets de lumière intense, acide, où s'éprouvent les liens.

Ce n'est pas loyal de me faire rire, puisque c'est me retirer toute résistance, de quoi tu sais si bien profiter.

Pourtant, ne t'y trompe pas : j'ai à demeure, depuis que je te connais, une gravité de femme grosse. (Je les ai vues, chacune en majesté, chacune portant son ventre comme un ostensoir.)

☆

J'étais nette, sans ombre, et me voici – désir ! – retirée en moi, forcée d'impatience. Invaginée. (J'ose le mot !)

Je n'ai jamais plus conscience d'être femme que lorsque tu me manques. Ce que j'éprouve jusqu'en ta présence !

Je t'attends, allongée, nue. Cinq mots qui valent geste, épopée, chronique. Je t'attends, fourrée de teintes pourpres, au défaut de mon corps, mes lèvres humectées de l'eau… d'une guitare…

Je te dois d'aimer mes formes jusqu'à mimer parfois tes caresses, en ton absence. Mais ne t'y méprends pas : je leur repasse ta leçon, sans plus.

Quand, seule, j'empaume mes seins, ce n'est pas pour réprimer leur combativité (« Paix, mes colombes, toutes gorge et bec ! »). Ni pour les faire davantage miens. Ou mieux m'en enorgueillir.

Seulement pour m'assurer qu'ils sont fruits mûrs à souhait. Pour ta bouche.

Quand, mes mains sur ma poitrine, je feins de réprimer ma double culmination, je sens bien qu'elle flue entre mes doigts à claire-voie – et me devance.

Mais que le désir mette dans tes yeux une lueur d'étain, comme mes seins me tirent vers la terre !

On ne songe pas à s'étonner de mille choses pourtant très singulières. Étendue dans mon lit, j'ai mis, sans y penser, l'une de mes mains à mon enfourchure. Nul trouble ; le simple contentement qu'on a à voir les choses en place. Que j'imagine que c'est là ta main, et un ressac de chaud soleil me laboure le ventre. Et voilà mon corps qui se fait mémoire chaleureuse, impatiente – bondissante. Je te le dédie tel, alors, sans en distraire un cheveu.

Je sais à présent pourquoi le plaisir que je me donnais me laissait morose et démunie : il lui manquait la faveur, l'assentiment, les irisations que je lis dans tes yeux au-dessus des miens – seul miroir qu'il agrée.

Penser à toi me polit. À commencer par le ventre – qui n'en reluit que trop bien.

La forme que j'ai, quand je t'invoque ? Celle d'une pomme

ronde qui saurait qu'il est une paume à sa mesure où se loger toute, et où peser, peser – promesse de succulence.

Je vais te retrouver ? Bien sûr, mais c'est aussi *me* retrouver, puisque je t'avais laissé mon moi en garde. Ou plutôt qu'au moment de nous séparer, il avait résolument refusé de réintégrer mon corps.

(Je sais : c'est mal de verser dans la préciosité, mais une amoureuse a bien des excuses.)

Ah ! que je goûte ces instants où je ne sais plus lequel de nous deux exige de moi ! Ce sentiment, alors, d'être l'objet d'une effervescence… liquoreuse…

Je salue le jour, anticipe ses dons – mais j'ajoute à part moi : « Et il y aura la Nuit ! » (Avec une majuscule.) Il y aura tes doigts plus troublants de leur tâtonnement – et de me souvenir de ces contes licencieux où un homme qui convoite une femme se glisse en son lit, dans le noir, en contrefaisant le mari de retour de quelque voyage…

Ton pas, quand tu viendras, sera-t-il de qui s'apprête à soumettre, diviser, s'ouvrir, *exprimer* ? Et moi je te regarderais fouler le sol dans un entier consentement au ravage, puisque je me veux, dans l'amour, et le cuvier et la vendange. Avec, dans l'air, le mot d'ébriété.

Tu liras ma soif dans mes yeux brouillés. Sauras-tu voir le rire que j'aurai en ma gorge à me savoir démasquée.

Considère du moins mes bras de désespérée, mon trop lisse, mon étanche – et ces mains, chavirées de ce qu'elles savent avoir à faire d'essentiel !

Te rendre un juste compte de la profondeur de mon amour ? La parole y échoue, ma peau fait diversion. Qu'un certain gîte de velours incarnat y pourvoie : le voilà, depuis notre rencontre, commis à cet office.

Ayant à te revoir, je délibère moins de ma mise extérieure, que de ma lingerie qui, pourtant, t'occupera peu de temps. C'est qu'il importe que sous ta main, ma peau renchérisse, dans le soyeux, sur toute lingerie. De là, quelque rusticité dans mes dessous.

Et ne me dis surtout pas que j'ai des pensées frivoles, ou je devrais en conclure que tu ne sais rien des femmes !

Nue ! Est-il, dis-moi, un mot plus bref, qui ait un tel rayonnement ?

Sans doute est-ce ton privilège et ma nécessité que je me montre à toi ainsi – le corps accordé à l'âme. À cela près qu'avec toi, je suis renvoyée à la pure nudité de l'enfance. Mais n'est-ce pas dans l'ordre des choses ?

Jamais je ne me serai sentie aussi nue que devant ta faim de moi. Que nue dans tes yeux nus : la clarté même du givre, un limpide matin d'hiver. Il n'est de sourire qui ne s'en fanerait.

Et quel poids, alors, que celui de ma chevelure !

Pesante. Je suis pesante des beaux noms que tu me donnes, en femme jamais encore appelée. De ton sourire entendu, quand tu me convoites. Je le suis bien davantage encore de ta lenteur, de ta patience, dans la caresse. D'une encoche équivoque où me désassembler.

De ce moment où les sanglots délaisseront mon ventre pour obstruer ma gorge…

Pourquoi, quand je pense à présent à mes cuisses, l'image des blanches falaises en vis-à-vis de la Manche me vient-elle ? Sauf que, chez moi, à leur pied, s'ouvre l'abysse.

Viens te mirer dans le miroir à deux faces de mes cuisses internes.

Être, pour ton sexe, le seul étui, la seule *musse* qui lui siéent…

Je sais, mes seins sont des fruits et une femme qui m'aimerait lèverait vers eux des mains de cueilleuse. Mais, nous retrouvant, ce sont des mains de joueur de volley qu'ils te donnent.

Il faudrait récuser tout ce qu'à l'école on nous apprit de notre corps, récrire en femme les manuels d'anatomie, de physiologie. À mes grandes élèves, si j'en avais, je dirais :

« J'ai un corps, avec ses pleins et ses déliés, pour enseigner à l'homme l'écriture cursive ; j'ai des seins pour caresser son dos dans le sommeil ; un ventre pour être mémoire d'amants… » Et cent autres choses qui me vaudraient au moins un blâme, mais l'on sait de quel prix sont les combats pour la vérité.

☆

Toi, tu ne te jettes pas sur la bouche de celle que tu aimes, au plus pressé : tu me humes d'abord, tu laisses ma bouche s'éprendre de tes lèvres, tu t'empares de mon souffle – de sorte que je ne puisse plus respirer qu'en toi.

Quand il y a collision de nos lèvres, je pense à ces roses d'automne « plus qu'une autre exquises » : c'est toujours une floraison *inespérée* que connaît mon visage, quand tu m'embrasses.

Tes lèvres *ouvrent* ma tempe (ce qui doit s'entendre doublement). C'est l'une de tes plus délicates blessures.

– « Quoi, tu n'as pas de pendants d'oreille ? »

J'ai compris que cette amie ne savait pas les délices d'un lobe qu'*il* mordille.

Célèbre mes lèvres que le désir divise ; mes lèvres entre lesquelles se réfléchit le plaisir. Où je me partage, où je me redouble… Tu loues mes contours qui mordent le ciel, dis-tu, comme l'acide la plaque de cuivre… Célèbre aussi les feuillets d'une eau secrète, en un pli de terrain ; la confusion délicieuse d'une vulve qui se délite – comme petite madeleine !

Entre tes mains, je suis lisse. Sous ta bouche, profonde. C'est me parfaire amante.

Tu m'embrasseras, un jour, auprès d'une fontaine ?… (Et chaque mot ici importe.)

Tu me caresses comme, au fond d'une crique, on se déroulerait une plage – en toute propriété.

Quand tes mains me ramassent et m'épandent, dans la même prise – péremptoire ; quand sous ta paume, mon ventre roue,

mon âme migre comme limaille sous l'aimant.

Il y eut les allumeurs de réverbères. Toi, tu allumes partout – aux seins, au lobe de l'oreille, dans mes renfoncements – de petits soleils. Toi, tu me couches dans un champ de coquelicots.

J'aime te montrer un ventre uni, placide… Sais-tu combien il peut être douloureux, quand le sang s'y délabre ? Mais je préfère te parler d'une autre douleur, quand le désir creuse mes reins. Telle, qu'elle irradie jusqu'à la racine de mes cheveux.

D'un autre ventre dont je tire fierté : il peut défaire un homme !

Son incision ? Pour la greffe en écusson !

Un ventre pour, grosse de toi, ne jamais te donner le jour.

☆

Les femmes sont-elles si imbues d'elles-mêmes, qu'elles dédaignent de louer le corps de l'homme ? Je rendrai grâces à la barre de tes épaules comme à l'échelon même dans mon champ de vision ; au bouclier de tes reins quand tu refoules en moi un gouffre incarnat ; à ton torse sanglé comme une tunique à brandebourgs ; à des jambes qui te font – lenteur, mesure – une marche contemplative ; à des bras encore entre lesquels exhaler ce qui me reste de souffle, et c'est bonheur alors que d'y rendre l'âme !

Si ton sexe me fait une femme haute, c'est bien sûr que, par lui, la statue a une *âme*, la profondeur consistance.

Je connais, et parfois m'en effraie, l'étendue de mon pouvoir charnel : femme, je détiens la dimension maîtresse qu'appelle une communion à l'extrême de la soif : la profondeur. Là où, à force d'être pilé, le sel se mue en miel. Et plus longue, plus chaotique est la chute, quand la caresse a repoussé le fond de la galerie.

Ne t'y fie pas : cette femme qui, dans l'amour, n'a plus que des moignons, que tu cloues de ton axe, que tu vois se débattre autour de lui, ne pense pas que tu la prends. Mes jambes ont un mouvement pour s'ouvrir, un autre pour étreindre et retenir, pour t'engluer et t'absorber à la façon du drosera. Ville ouverte au fond de mon estuaire, je veux voir le conquérant défait par ce qui lui semble la soumission même.

Je serai chaque fois… mangée, et j'y consens, Dieu sait ! Mais au doigt du voleur de fruit, je passerai un anneau de chair pour me le rendre captif.

On bague les oiseaux pour connaître leurs mœurs, les suivre en leurs migrations. Je bague l'homme pour faire, avec lui… alliance !

Cependant que nos corps tanguent de concert, écoute, écoute la lame s'approcher qui va, d'un mouvement d'épaule, nous catapulter ! L'éclair d'une violente aurore déchire mes paupières, gagne celle de mon ventre battant comme un cœur en grand désarroi. (Unique, mais si vigoureux, le ventricule de mon ventre !)

Tu ne sais pas comme nous sommes inconséquentes. Je raffole des étreintes longues, presque immobiles, dans un quasi silence où chacun écoute la mutuelle imprégnation des chairs, cellule à cellule : elles m'irradient de plaisir ! N'est-il pas étrange, en conséquence, que je sois parfois tentée de te dire : « Prends-moi sans ménagements, en maître impérieux ou en soudard ! » ?

Et si c'était dans l'espoir que tu débusques, que tu réduises enfin la soif harcelante, dévorante, que j'ai de toi ?

Jamais ton art du legato ne paraît mieux que dans les enchaînements de l'*avant* et du *pendant*, du *pendant* et de l'*après*. Nul hiatus comme nulle… impropriété. J'écrirais bien un petit texte intitulé : « De l'amour traité en fugue » où l'on verrait que celle que tu composes ne tient pas toute en la strette.

☆

L'*après*, le redoutable *après* ? C'est quand je fus le mieux rompue, éparpillée, que je goûte surtout tes mains tant elles sont habiles à me rassembler, me jointoyer, me… chatoyer (et foin, ici, de la syntaxe !)

Ah ! qu'il y ait toujours, dans notre chambre, après le plaisir, la discrète allégresse des clairières en forêt, occupées, dirait-on, d'un sourire démesuré ! Tel, en moi, celui de l'unité restaurée, du sang pacifié.

☆

J'ai regardé dormir des enfants : tu as leur sommeil. (Ce limon maternel qui se trouble en mon ventre quand je te surprends endormi…)

Tu dors et je te veille, attentive à régler ma respiration sur la tienne, comme pour mieux assurer l'unité organique, viscérale de notre couple. Puis je m'endors, mais pour peu de temps : je ne m'autorise pas à vivre, auprès de toi, dans l'inconscience. Je joue alors à t'échapper à peine, mais ta jambe puis ton corps font mouvement vers moi ; ta main retrouve sur moi sa place, sa plage. Et que je goûte cette navigation quand, ainsi arrimé à moi, je puis donner cours à mon instinct de possession !

Parce que tu as le sommeil tyrannique, ce m'est un grand bonheur de me sentir captive tout en tissant un cocon autour de toi, sans bouger un cil ; un grand bonheur de ne savoir où je commence, où je finis – tout- érodée que je suis de ta mainmise et ta confiance mêlées.

Qu'ils sont à plaindre, ceux qui, dans le couple, ont des nuits parallèles !

Qui dira le délice, quand tu bronches dans ton sommeil, de prendre ta main et d'en coiffer mon sein ? Comme tu t'apaises alors, à l'image de l'enfant agité à qui vraiment on donne le sein...

Est-ce parce que tu fus comblé jusque dans l'inconscience, que je peux traduire par un « Chance !... » ton soupir, ton sourire d'aise du réveil ?

☆

Ce que j'aimerais, le matin, quand tu t'éloignes ? T'écrire au creux d'un fauteuil, seulement vêtue du pull de mon amour, large à souhait, que tu aurais oublié.

Ce serait prolonger le plaisir par ce qui me dévaste non moins : la tendresse.

Propos d'amant

Autant se faire une raison : voilà chacun de nous irrémédiable à l'autre. Comme les saisons, les marées, la pente des eaux courantes, l'étoile du berger, la faim, la soif qui nous fondent.

Tu es au cœur de la création, comme il se doit. Qu'est-ce qu'une femme qui n'est pas une capitale, ici triomphante, là encore asservie – mais une capitale ? Celle d'une contrée apparente, d'un empire invisible.

Tu ne devrais pas me dire des choses telles que : « Je ne me consolerai jamais de ne pas t'avoir connu à dix-sept ans – ou même plus tôt… », car tu sens bien que je demande, d'une voix altérée : – « À quel âge, au plus tôt ?… »

Il est vrai que tu ajoutes – pour t'enlever tes regrets ? – « Mais n'est-ce pas comme si tu me redonnais mes dix-sept ans ? »

Il est des *comme* qui vous rendent mélancolique.

Ah ! que tu sois, encore et toujours, mon beau pressentiment !

Sais-tu que le rire te va bien quand, si souvent, il dénonce la lourderie du rieur, la futilité de la rieuse ? Ah ! tout ce qui s'entrevoit par cette faille, de l'enfant que tu fus, de la complice – très larronne en foire – que tu es !...

Le rire te va bien, qu'il naisse de ta gorge jamais plus ronde ; qu'il fuse, irrépressible, de ton ventre exultant et porte alors le nom vigoureux d'orgasme.

Oui, tu auras des rides, et l'on verra, par elles, comme tu as ri.

Ce que je dis et fais, l'amour compris, est-il, comme tu l'assures, sous le signe de l'élégance ? C'est me prêter, même si tu es orfèvre, une vertu non commune. Je dirais de toi, avec plus de fondement, que quoi que tu fasses – que tu coures ou t'étendes, cueilles ou cuisines, parles ou te taises, toujours tu es *musicale*. Jusque dans les dissonances que le plaisir t'arrache !

☆

Il est, je crois, des arbres tropicaux qui portent dans le même temps fleurs et fruits. Ton corps est plus singulier encore : il arbore deux gros bourgeons floraux clos à demeure ; il rencogne sa seule fleur épanouie.

Tu es le lourd verger d'été, dans une ordonnance d'espalier. Tes seins pour affûter la bouche qui te convoite.

Sur ta carte de visite, devraient figurer, sous ton nom, ces simples mots qui valent tous les titres universitaires : « Maîtresse ès saveurs ».

Tu adhères bien plus que moi à la terre, lestée que tu es de tes seins, ton ventre, ta croupe, tes cuisses, tes cheveux… Sans compter, pour chaque part de ton corps, la charge de mes fantasmes !

Pourtant, que tu sembles légère quand tu t'encadres, dans la porte, en un étagement de seuils ; quand tu me tends les bras et qu'une harpe se filigrane sous mes yeux…

Tu n'as pas fait de danse classique, mais je crois te voir, sur fond de pagode, bras ondulant, poignets cassés, mains fluides et cabrées, essayant d'atteindre ce que tes doigts repoussent à mesure.

L'expression « à croupetons » me revient, et je t'imagine aussitôt en vendangeuse. Ou levant un bras pour détacher un fruit, ou mieux, sur une échelle, offrant aux fourches du cerisier une fourche inverse. Mais on sait bien votre vocation immémoriale de la cueillette ; vos accointances avec la baie et la drupe. (À l'homme, ce qui se gaule !)

Tu vis entre de beaux membres en une contrée de collines douces.

Quelle que soit ton attitude, qu'il est aisé de t'inscrire dans un ovale !…

☆

J'ai parfois des envies bien modestes : d'un bout de doigt, d'une pointe de langue, faire apparaître le grènetis de l'aréole ; poser ma joue sur ton ventre pour y sentir palpiter l'enfant-Amour ; m'enfermer dans ta penderie et me laisser gagner par le magnétisme qui y fait rage. Quand tu sortiras de la mer, lécher ta peau salée, tel ces ruminants auxquels on donne un bloc de sel gemme – et ce trouble qui me viendra comme si j'avais accès à ton sang !… (Après quoi, nous rentrerions et je te dirais : « Va faire la sieste :

tu es fatiguée. Je te veillerai puisque je n'ai pas sommeil. L'une de mes mains sur ton front ; l'autre à ton enfourchure… Tu ne devrais pas tarder à t'endormir. »

Et ce serait, chaque fois, vivre dans le luxe.

Je vous le dis par expérience, courtisans qui aspiriez à la faveur insigne d'être admis au coucher du Roy : le vrai privilège (parce que là se tenaient des fastes authentiques) eût été d'assister à celui de votre jeune femme ou maîtresse.

Tu changes chaque jour de lingerie, de vêtements ; mais, sous tes métamorphoses, la permanence de l'amande fraîche écorcée !…

À te voir dévêtue, on sait qu'il y a plus nu que les bassins. Et davantage encore quand tu souris.

D'une nudité qui a l'éclat satiné du blanc de seiche.

Que, nue, tu multiplies sans heurt les postures, et je vois tour à tour un massif de tulipes géantes, un ciel de montgolfières, une récolte de varech…

Que l'eau des fontaines, des vieux lavoirs, qu'un ciel de basse mer, vont bien aller à ton corps nu !

Dans ces coups de vent qui se déclarent sur le rivage, au soir d'un jour torride, je te vois, d'impatience, te défaire d'un coup de tes « longs voiles » (comme disent les poètes). Et quel assaut de nudité, alors, entre l'espace et ton corps !…

Si je t'aime les cheveux relevés, c'est pour ta nuque altière, à l'immatérielle minerve, où je débusque, qui m'étonne en toi, la stridence. Mais bien plus encore pour cet instant où, consentant à la faiblesse, tu dénoues ta chevelure – l'abandon gagnant alors de proche en proche.

Quelques-uns de tes cheveux s'immiscent parfois entre nos bouches ? J'y vois une manière de raffinement, comme si, dans notre baiser, nous nous étions ménagé l'ombre d'un obstacle.

Il y a des jardins suspendus. Ta poitrine est une fête *suspendue* où sont latents le mât de cocagne, le carrousel et les régates, et jusqu'aux salves de clôture.

Une fête votive – ou bien de dédicace ? C'est à coup sûr une chair d'apparat qui fait ici valoir ses droits à préséance.

C'est sur l'autel dédoublé de tes seins que j'élèverai, par prédilection, mes actions de grâces.

Quand tes seins de profil s'encadrent dans la fenêtre, sens-tu comme le ciel s'en caresse – ou s'en irrite ?...

Ils valent en soi d'être célébrés, ah, certes ! Mais leur sillon qui si bien guide le regard – vers le bas...

Est-il, en poésie, un blason du recoin fourré qui écussonne le bas-ventre des femmes ? L'ayant à composer, je dirais l'essaim réduit à des pattes d'abeilles enchevêtrées, à l'éclat de leurs ailes quand elles sont agglutinées à une branche d'arbre. Je dirais la sombre liesse de ta toison, le champagne brut dont on me porte un toast, l'infime et fabuleux crissement qu'entend le doigt qui en démaille la mousse...

En masquant, d'une feuille de vigne, le pubis féminin, les peintres avaient-ils conscience d'inférer, chez l'homme doué de sens, des images de grappe, de vendange foulée ?

J'aurais à te représenter avec décence, j'apposerais là une coquille Saint-Jacques, plus conforme à la configuration du bas-ventre, plus évocatrice de l'Origine, plus suggestive de ce qui se tient à peine en retrait, latent : un minuscule maëlstrom en polypier. Les côtes divergentes de la coquille mimant les plis d'un bref sillage.

Que tu sois assise, accroupie, allongée, repliée, c'est toujours, n'est-ce pas, autour du moyeu de ton sexe... De là te viennent l'aisance de tes mouvements, la grâce de tes attitudes.

À la jonction de tes jambes, en un rencognement riche de replis, étayé de commissures, ton Solitaire – de plus de prix pour moi que le Régent, le Koh-i-noor ou les diamants de la Couronne.

Si la conscience s'étend, à quelque degré, au monde minéral, le corail rose, la géode d'améthyste se rêvent-ils parfois moelleux et souple à l'égal de ton sexe ?

Que le seuil de la femme soit aussi récif, voilà, bien sûr, de quoi tenter le présomptueux qui est en nous.

Qu'alertes-tu, en moi, quand tu croises ou décroises les jambes, et que crissent tes bas dans le silence ?

Cette prégnance alors, de quelle perspective !...

Non la Neva, ni les Champs-Élysées ou le Grand Canal de Versailles. Mais celle que limitent tes jambes entrouvertes : à leur jointure est l'infini.

Tiens-toi debout sur le ciel, tes jambes un peu écartées, que je voie s'enfuir les rails qui vous emmènent au bout du monde ;

le V inverse des oiseaux migrateurs ; le sillage du navire de « L'Invitation au voyage » ; les rivages marins que l'on suit, sablonneux, rectilignes à perte de vue, et tout ruisseau, toute rivière que meut la confluence…

Dirai-je, après Lorca, que tu es une truite ? Mais à sang chaud, mais qui ne glisse pas ou si lentement, entre mes mains. Et, pour le dedans, plus truite (saumonée) encore qu'au dehors.

C'est au confluent des rivières que gît le sable le plus fin ? Mais non : à celui de tes cuisses ! (Qui valent aussi par leur jointure ivoirine.)

Tes cuisses internes ont la douceur du galet ardoisé. Et je demande :

– Pourquoi, cuisses plénières, êtes-vous si lisses au dedans ?

– Parce que nous nous polissons à chacun de ses pas !

Je sais où je vais : le chemin est fléché, ô cuisses mi-ouvertes ! Mais tout ton corps ne mène-t-il pas là ? Des sentes, des allées, des gorges, des levées, y fomentent la convergence.

« Très grandes drupes profondément bilobées. » Ainsi la flore définit-elle les fruits – dits « cocos de mer » – de certain palmier des Seychelles.

Devine ce qui, chez toi, répond à merveille à cette définition.

Quand, allongée sur le ventre, tu te cambres et fais saillir tes fesses, me vient une image baroque : le guéridon de ta croupe. Sur lequel il serait bien superflu de poser fruits, alcools, pâtisseries : leurs saveurs n'approcheraient pas celle qui me vient par mes paumes et mes bras, par mes regards que tes rondeurs exaucent.

Tu te répands, sous mes mains, en gratitude. (« Ah, j'étais femme dans les limbes ! ») Comme si tes seules formes, au repos ou dans leur écoulement, n'étaient pas, pour mes yeux, la plus constante, la plus raffinée des caresses !

Je suis, te caressant, aussi enténébré par tes formes que le sourcier qui sent monter en lui, par ses jambes, ses bras, la nuit du filon aquatique, de la nappe souterraine.

Ce que je vois seulement ? Ton ventre, ta gorge, tes pommettes, mener à tes paupières closes.

☆

Quand face à face, nous ajustons nos membres, nos peaux, nos souffles, nos bouches, nos sexes, jusqu'à ce qu'un sentiment d'égale plénitude nous gagne, n'est-ce pas une modalité des vases communicants ?

Roide est l'anguille sous la roche… de ton pubis ?

Je ne te « prends » pas : je te donne à partager la mangue que tu es.

On peut, comme tu le fais, mépriser les bagues aux doigts, quand on a un corps aussi bien bagué.

Ton corps dans le désir, dans le plaisir, n'est qu'un seul cœur en ses systoles, en ses diastoles.

Maintes femmes ressortissent, dans l'amour, à l'ordre roman. Toi, à l'ogival – et du plus flamboyant !

J'ai découvert avec toi que la tendresse dans l'*après* pouvait être un sentiment aussi violent pour l'âme que, pour le ciel, l'accroc d'un éclair.

☆

Il y a la nuit du dehors, indécise, difforme, et la nuit avec toi – de terrier soyeux, aux couleurs de vendange et d'orage…

J'ai partagé avec l'ange le privilège de te voir dormir. Une manifestation dont je ne serais pas surpris qu'elle relevât de l'alchimie. Du Grand Œuvre.

Et voilà bien la nudité limite, celle que suscite le degré extrême de la confiance.

Dévêtue, tu demeures, dans la veille, enclose en ta peau. Que tu sommeilles, et celle-ci se sublime laissant apparaître une nudité à ciel ouvert – où une menue forge avive la veilleuse qui l'éclaire du dedans.

T'écoutant dormir, je feuilletais mentalement l'album des « passantes » – ô Baudelaire ! – Et voici qu'avec toi, se produisit un arrêt sur l'image qui s'annonça indéfini. Et moi d'interroger :

« A-t-elle à faire, qui ne relève pas du quotidien ? Est-elle assez armée contre le plus commun des ennemis du couple – l'ennui ?

– Sa ligne interne est-elle résistante ? Est-ce une femme à faire sienne la fière devise : “Je maintiendrai” ?

– Sa voix est-elle exempte de ces inflexions qui laissent augurer l'impatience, l'aigreur, la sécheresse, l'agressivité des lendemains ?

– Saura-t-elle intégrer le temps à la façon de ce qui mûrit ou s'affine sur des claies ?

– Verras-tu longtemps, en filigrane de ses actions, ses attitudes, « l'amande fraîche de son sexe » ?

– La présenterais-tu non seulement sans crainte mais avec orgueil à ton ami le plus exigeant ? »

Un *Oui* suffit dans une salle de mariage, dit de confiance, souvent à l'étourdie.

Pour avoir répondu *Oui* à chacune de ces questions, je ne t'épouserai pas.

À CE POINT de son récit, l'auteur se désespère, qui aurait tant voulu écrire la phrase sacramentelle : « Ils se marièrent, eurent beaucoup d'enfants, et vécurent heureux le reste de leurs jours. »

Mais qu'attendre de ceux qui font fi des unions paraphées, voire sanctifiées ? Qui ne croient qu'aux amours... contournées ; qui pas une fois n'ont usé du mot *bonheur* trop rebattu pour eux, sans doute, non plus que dans leur égoïsme, celui d'*enfant*, comme si une femme pouvait s'accomplir sans être génitrice !

Aussi, l'auteur les abandonne-t-il à leurs errements : ils ne sauraient être heureux ! Tandis que ceux qui se conforment à la coutume, à la raison, aux sages dispositions de la communauté ; qui ne voudraient décevoir leurs proches ; qui pensent qu'il n'est de plus sûre geôle pour l'amour, que le cercle de famille...

II

Dans le métro

Assise sur un strapontin, une jeune femme de vingt à vingt-cinq ans lève son beau visage brouillé de larmes récentes vers un homme un peu plus âgé qui se tient debout devant elle, une serviette à la main.

Je crois discerner les visages futiles. Celui-ci ne l'est pas. Bien construit, d'une grande douceur, le teint comme pailleté d'une lumière argentée, il semble d'une entière bonne volonté. Mais on a pleuré ; la peau, sous les yeux, est détrempée. Et l'on retient visiblement les larmes qui s'amassent par moments au bord des paupières ; on ne les résorbe que par un sensible effort.

Ce visage est levé vers l'homme et voici que les lèvres se mettent à bouger. Aucun son n'en sort, sans doute, et le roulement du métro, de toute façon, ne permettrait pas à l'homme d'entendre ; mais je vois se former une interminable prière, une supplication pudique – qu'un muet, habitué à lire sur les lèvres, comprendrait sans peine. Une prière ? Il y a, dans ces mots sans couleur qui se pressent, adjuration et chant d'amour, et litanies d'un cœur aux abois. Au ressassement de qui se dit, encore et encore : « Il faudra bien qu'on m'entende enfin ! », se mêle la résignation du fidèle quand il s'adresse à son dieu sans en attendre de réponse.

Mais non, elle ne peut se résoudre à tenir la partie pour perdue, et elle poursuit son balbutiement inaudible – et que j'entends si bien : « Je suis prête à prendre sur moi tous les torts, à m'humilier autant que tu le voudras, mais écoute-moi, mais abaisse ton regard sur moi qui suis à tes pieds, qui me coucherais pour que tu me foules si tu me le demandais… »

Je la regarde. De quoi peut-elle être coupable ? Ni de frivolité, ni d'orgueil, de sécheresse de cœur ou d'infidélité. L'amour, la tendresse, la dévotion se lisent sur cet humble visage bafoué – qu'on a flagellé pour tout dire –, et qui se lève pourtant, quasi reconnaissant !, vers le maître.

Je la regarde avec le désir de prendre cette face en mes mains, de consoler, de disculper. Puis l'imitant, mes yeux se portent sur l'homme. Assez courtaud, fermé, dur, il regarde devant lui fixement. Il veut ignorer ce visage levé qui mendie sa grâce, ces lèvres qu'il a embrassées naguère et qui dévident à présent – comme bouche de douce folle – on ne sait quel soliloque absurde, exaspérant. L'amour-propre le fait se camper, digne et roide. Ces enfantillages auxquels on se livre ne méritent pas un regard. On a offensé le dieu. Celui-ci se détourne donc de sa créature, et l'abandonne aux ténèbres. La ligne de son regard est une parallèle au plancher du wagon, et elle ne déviera pas de tout le trajet. Il n'y a pas seulement sur ce visage épais de la dignité blessée : on se veut ailleurs, on ignore résolument. J'ai l'impression que si je lui disais « Comment pouvez-vous demeurer insensible à tant d'amour contrit ? », il me répondrait qu'il ne connaît aucunement cette femme. Mais je ne puis, même consterné comme je le suis, me permettre d'intervenir. Pour dire à l'un : « Ah ! vous n'avez vraiment aucun sens de la brièveté de la vie, ni ne savez votre chance d'être aimé de la sorte… » Pour murmurer à l'autre : « Vous voyez bien qu'il ne mérite pas qu'on aie du chagrin pour lui… »

Et ce serait doublement absurde puisque tout raisonnement achoppe, dès lors que le cœur est en cause. Plutôt, donc, que de tenter de convaincre qui ne peut l'être, mieux vaut se laisser aller à la stupeur, sans pour autant nourrir le moindre espoir de comprendre. Ainsi, hier encore, il y avait, entre cet homme et cette jeune femme, une aimantation réciproque qui faisait, de chacun, pour l'autre, un abîme ouvert où se précipiter avec délices, à pleine face du corps. Chaque peau n'avait de cesse de happer l'autre, de confondre son étendue avec celle-là qui, seule entre toutes, était en mesure de la rassasier d'un coup, avec quelle violence !… Chaque regard cherchait les racines de l'autre pour s'y perdre. Chaque bouche était oracle ; toute parole recueillie avait le goût des amandes douces ; elle possédait une nouveauté, une ingéniosité qui vous suspendaient aux lèvres aimées, ou vous conduisaient à relire inlassablement le moindre billet de *sa* main. Chacun était pour l'autre le *Credo* (et le *Magnificat* !) La vie profuse, fastueuse, pouvait s'étreindre à bras désespérés. Des plages n'en finissaient pas de s'étendre à vos pieds et de vous solliciter – et il fallait se raidir pour ne pas céder sans cesse à leur séduction, à la moelleuse couche qu'elles déroulaient pour vous. Seuls ensemble, face contre face et se soudant toujours plus étroitement, et partageant la gratitude éblouie de s'être rencontrés, reconnus, parmi des milliards d'êtres, jouant ainsi un bon tour à un destin par nature enclin à contrarier le bonheur. Seuls ensemble pour reconstituer la plénitude de l'unité, et qui s'étonnaient de leur faiblesse et de leur force, et de leur magnanimité. Seuls ensemble comme une île dont le temps se contentait de longer le rivage…

Tout cela, oui, et voilà que ces deux-là ont cessé à présent d'être complices. Que pour l'un d'eux au moins, le vertige qui le faisait intérieurement chanceler, à la seule vue de l'autre, a fait place à une lucidité affûtée. Cette femme, là, dont il détourne les yeux comme d'une pauvresse, ce qu'elle est de fait, cette femme n'est pour lui que chair froide, morte. Une vitre l'en sépare. Une distance infinie, à l'égal de son étonnement de l'avoir aimée. Il y a très longtemps, de toute façon. (On dirait que le temps, qui épargne ceux qui s'aiment, à la première intermittence du cœur se jette de toute sa masse entre eux.) Il ne comprend pas qu'il se soit laissé aller à aimer cette femme, cette passante, semblable à tant d'autres, importune, pesante. L'être qui vous allégeait, vous attachait des ailes aux chevilles, maintenant vous accable. Le regarder suffit à vous rendre très vieux, très las, très seul. Sans désir. Étrangement indifférent, toute tendresse tarie, envers toute chose. Le regarder suffit à vous réduire à vos limites – et comment ne pas lui en vouloir de cela aussi ?

Mais elle, ne comprend pas davantage. Qu'a-t-elle fait de si énorme pour mériter le châtiment suprême : l'exil du Jardin, l'espèce de damnation qu'on éprouve à être niée par Celui qui était pour vous face rayonnante, dispensatrice de tous biens, de toute vérité, membres durs entre lesquels s'ajuster comme fruit dans sa coque ? Et que c'était bon de lever les yeux, la face, et de sentir descendre sur vous la confiance et le désir !... Mais que s'est-il donc passé, que me voilà sans place sur la terre et que tout ce qu'il aimait en moi ne lui est plus de rien ? Qu'il est muré ou comme déplacé par rapport à lui-même ? Car il ne coïncide plus, non, ce qui le rend aveugle et sourd, sourd par toute sa peau, sourd à ces mots exsangues que forment mes lèvres : « Je t'aime je t'en prie je t'aime je t'en prie je t'en prie... »

Nous descendîmes à la même station et je les vis s'éloigner dans un couloir, lui poursuivant sa rigide trajectoire, elle, à son côté, un peu inclinée vers lui et qui sans doute continuait sa supplication d'enfant reniée.

Amour/toujours

L'enfance, en moi, ne se résolvant pas à mourir, je fus longtemps friand de contes. De ceux qui finissent bien. Quand jalousie, malignité, fourberie, traîtrise, cruauté, trouvent leur juste châtiment ; quand la fortune échoit à qui la mérite, et que l'amour surmonte les traverses, c'est toute la terre, désormais ronde et lisse comme un pamplemousse, qui n'offre plus de prises au malheur. Peut alors s'étendre jusqu'à nous cette contrée où l'on trouve, dans le mitan des lits, une rivière si profonde que « tous les chevaux du Roy / Pourraient y boire ensemble » ; des lits où faire l'amour « jusqu'à la fin du monde ».

Ah ! les conteurs ont une légèreté, une désinvolture sans excuses, eux qui pourtant savent d'expérience ce qu'il en est ! Despote éclairé, je les eusse fait embastiller pour propos fallacieux de nature à induire en erreur les âmes simples. Et la fin de l'histoire eût été ainsi modifiée : « Dans leur grande sagesse, les amants, désireux de perpétuer leur bonheur, se gardèrent bien de s'épouser et plus encore de procréer. » Ou, pour mieux frapper les esprits : « Dépourvus d'imagination, ils se marièrent, eurent beaucoup d'enfants, et furent donc très malheureux. »

Je ne lis plus de contes, mais pourquoi tairais-je l'insatisfaction, l'inavouable dépit que je ressens devant une œuvre de fiction qui contredit ce qu'attendait le cœur ; ce qu'il s'était disposé à accueillir, avec une confiance résolue, au long du roman, de la pièce, du film, et qui l'eût récompensé d'avoir craint ou langui ? Le fier héros, la touchante héroïne surtout, méritaient mieux ; on me devait une meilleure fin ; on a mis en défaut mon discernement, alors que ces deux-là étaient faits l'un pour l'autre. L'auteur est un maladroit qui ne sut pas agencer son intrigue, à moins que, par perversité, refusant de jouer le jeu, il n'ait pris plaisir à nous décevoir. Au nom de la vraisemblance ? Qu'ai-je à faire de celle-ci ? Comme si l'amour ne pouvait, par nature, déjouer toutes les embûches ! Ou ce n'est pas l'amour. Au vrai, cette histoire qui ne finit pas bien n'est pas crédible, ou il faudrait douter de la justice divine. *Amour* se doit de rimer avec *toujours*.

Des mots tels que demoiselle, arc-en-ciel, elfe et luciole, soleil ou verveine... ont une allégresse communicative. D'autres se veulent denses et dignes : à prononcer triomphe, absoudre, songe ou palombe..., nous sentons un instant fléchir notre vague clarté interne ; nous gagner le halo qui nimbe le terme.

Amour est de ces mots, comme *rumeur* – celle de la mer, s'entend – dont les sonorités vous rassasient d'emblée. Soulignée, dirait-on, d'un trait de viole de gambe, sa sourde vibration induit une complaisante tenue de la finale, amorce d'un roucoulement qui se voudrait indéfini : pour plein qu'il soit, le mot ne saurait contenir, en ses deux syllabes, la ferveur qui lui sied. Qu'on écoute, par les rivages, comment les grèves prolongent, développent l'ardeur de la vague qui feint de faire sa soumission !...

Dit en tous lieux, à toute heure, en des circonstances qui ne le justifient ni ne l'honorent, le mot ne vaut que prononcé à bon escient : il serait d'un coup happé, étouffé, par le tumulte marin ; il paraîtrait chétif, sans portée, dit sous un ciel béant, devant des horizons illimités, dans la lumière massive de midi. Ce serait l'aventurer que lui donner pour garants le stable glissement du fleuve, la véhémence d'un grand arbre dans l'ample étoffe du vent, le pétillement de la voûte étoilée, et tout ce qui, par son éloquence, exalte et désespère l'âme.

Il est, parmi les mots aussi, des essences d'ombre. À un sentiment volontiers ombrageux convient un mot dont le velours n'est jamais plus sensible que dans les marges du jour. On ne goûte pas assez, le pouvant, le crépuscule du matin quand les membres du couple se démêlent à demi, à l'aube, et que chacun, réoccupant son moi, reconnaît l'autre et s'émerveille qu'il soit bien là en dépit de la longue distraction que l'on eut (et qu'il était donc imprudent de cesser de veiller un bien unique – votre richesse même !). Nulle dissonance alors entre le mot prononcé à mi-voix et la pénombre de la chambre. À la confiance faite au proche grand jour, s'accorde celle de deux cœurs impatients quant aux saveurs promises. Si bien qu'« amour » est alors dit comme un mot de passe qui intègrerait salutation à sa propre chance, gré sans bornes voué à l'autre, promesse d'invariabilité.

Mais le soir sied non moins au vocable, quand il ne reste, du jour, qu'un impondérable limon en suspension dans les coins de la pièce – et l'on va devoir allumer une lampe comme on apporterait une brassée de mimosa. Quand le temps se recueille, qui fut si alerte, à la fois pressant et éparpillé. Quand deux êtres que leurs occupations avaient disjoints se considèrent à neuf, tout au bonheur d'avoir réchappé de quelque péril (de ceux que s'inventent les enfants) et d'être ensemble, sains et saufs, ressoudés par le sel. Et l'amour est alors palpable, même s'il ne se déclare pas, car il est des amants que le scrupule rend taciturnes tant le mot leur en impose, qui a, de quelque façon, affaire avec le divin ; qui doit tout au plus se murmurer avec la révérence que l'on doit au sacré – et qu'il est si doux de longuement couver.

L'imprudence, la présomption, commencent dès qu'on associe au terme *amour* son écho attendu, obligé, et d'autant que la rime n'est pas riche. N'importe, *toujours* flatte et l'oreille et un cœur que tous les démentis à la ronde n'éclairent en rien : par une exception que vous valent vos mérites, l'instant de grâce où les deux mots se répondent se perpétuera sans s'altérer, ou renaîtra à volonté dans sa nouveauté même.

La sagesse voudrait qu'on dît à celui qui assure vous aimer toujours, à celle qui affirme, en se grisant du dernier mot : « Je ne te quitterai jamais » : « Ne présume pas de tes ressources ! » Mais le doute n'est pas plus de mise que pour un article de foi. Au demeurant, et pour parodier Chateaubriand : « Qu'est-ce qu'un amour qui ne se veut éternel ? »

Douterait-on qu'*amour* et *toujours* sont appariés, voire indissociables, que les paroliers, les librettistes, et d'abord les poètes dont la voix fonde ou valide le réel, s'en porteraient caution, tout de même que de l'immuabilité des gemmes ou de la permanence des alizés.

Des lumières d'un bal, des séductions d'une plage d'été, de toute rencontre en un climat de vacance, fût-elle pollinisée par la plus noble musique, la nuit, sous des platanes, ou enfiévrée par le verbe d'un dramaturge – il serait fou d'inférer une vie commune à mesure haute. Ce que font pourtant des multitudes chez qui prévalent l'exigence du sang, l'aspiration du moi à être reconnu, flatté, justifié – jointes à une impatience d'achever, de consommer – et, partant, de ruiner.

Prononçant le mot *toujours*, je vois une crue de temps s'écouler, égale, insensible, les horizons pour rives ; un enchaînement – fondu – d'heures pleines, aisées ; j'entends un bruissement de campagne pour grandes vacances d'écolier à sarrau noir (les plus délectables !), le balbutiement illimité des eaux littorales à l'étale de jusant… De quoi me persuader que le cœur sera gagné par leur profusion et leur constance.

Appuyé sur une dentale qui le teinte d'autorité, de résolution, *toujours* possède un accent d'insistance que vient épandre la vibrante finale. Placé en tête de ma déclaration d'amour, il perdrait de sa force. Parce que je suis conscient de son importance, de ses pouvoirs, et soucieux de faire droit à la complaisance qu'il a pour lui-même (il est de ces mots qui *s'écoutent*, quand on les dit), je lui assigne d'instinct la place ultime – des points de suspension en guise de sillage. Qu'il scelle mon serment ! Qu'il comble, dans l'oreille aimée, l'attente, le suspens, que le mot *amour* avait ménagé.

Quel cœur vraiment épris tiendrait *amour* et *toujours* pour assignats aussi dépréciés qu'à la chute de Law ? Quel esprit captivé par l'Autre s'efforcerait d'anticiper l'avenir commun ? « Qu'en sera-t-il demain, des inflexions péremptoires, sentencieuses, qui lui échappent ? Du pli de sa bouche, quand je marque ma différence ? » ; « Suis-je si sûr de pouvoir la présenter sans gêne à mes amis ? » ; « Fera-t-il preuve d'autant d'humour, quand il n'aura plus à me conquérir ? » ; « De quelle qualité est sa ligne interne ? Son visage prendra-t-il avec le temps le mordoré du chasselas, de la mirabelle, ou bien l'aigreur, l'envie, la cupidité, la médisance, le réduiront-ils à son ossature ? » ; « M'imposera-t-il ses options, ses goûts, ses amis, ses loisirs ? » ; « Supportera-t-elle que mon métier m'accapare ? »

Mais ce serait réclamer de l'amour une clairvoyance qui le mettrait à mal.

La nostalgie viendra, chez les meilleurs, de ces cellules intemporelles des commencements de l'amour, que l'on pense expansibles à l'envi par une ferveur soutenue. Net, souple, frais, avide, on ne pèse alors plus que l'aigrette ou l'aile de samare. L'ombre des arbres, le va-et-vient de la laisse marine, la corolle de l'hélianthe, les fontaines de village, gouvernent seuls la durée, en assurent la continuité. Or nous voici engagé, immergé dans un temps fiévreux, grelottant, divisé, qui nous fait la jambe lourde, l'esprit harassé. Le même temps trivial, insidieux, qui appose une résille de craquelures sur les vases de faïence, le vernis des tableaux, prend un visage dans un réticule de rides ; il corrompt, crevasse, délite, à croire que l'état dernier des choses ne saurait être que sable, poudre ou cendre.

Aussi, le *toujours* que les deux amants se renvoient dans un balancement d'encensoir, avec la bonne foi, la fermeté d'âme de qui prononce ses vœux définitifs, ne sera-t-il plus, demain, l'interminable coulée unie, invariable, dont ils se croient partie intégrante, mais un enchaînement d'instants antagonistes, de perspectives contrariées, hachées par l'accidentel. Les deux protagonistes ayant le statut d'un fétu de paille sur l'immense houle du temps.

J'ai sous les yeux la relation d'un fait-divers, vieux de combien d'années, qui porte le titre : « Fidèle à un unique amour, la vieille demoiselle vivait en recluse depuis vingt ans. » « Jeune, très jolie, d'excellente famille, elle s'éprit d'un jeune homme sans fortune. Sa mère s'étant opposée à leur mariage, elle se retrancha du monde puis, demeurée seule, vécut portes et volets clos, sans chauffage ni électricité, ne sortant brièvement que pour sa subsistance. C'est dans cette manière de tombeau qu'on la découvrit morte de délabrement physique. »

Maints lecteurs ont dû avoir pour elle le sourire de commisération qu'appellent les extravagances : on ne se porte pas, sain d'esprit, à de telles extrémités.

Mais moi, je salue la mémoire d'un être qui rendit au mot *toujours* et son sens et sa plénitude. Qui, le prononçant, jetait sa vie dans la balance. Qui le fit réellement rimer avec *amour* – encore que nous sentions ici l'insuffisance de ce terme. L'amour est trop souvent « contingent » pour qu'on ne s'incline pas quand il se fait fidélité irréductible ; quand il accède, par sa violence à corps perdu, son intransigeance, le défi qu'il jette à l'ordre établi, à l'état de *passion*, dans la double acception du terme.

Quand l'esprit veut donner corps à la notion de constance infrangible, il invoque le diamant, l'essaim des astres et toute chose réputée pérenne. Ce qui est oublier que les gemmes ni les constellations ne sont éternelles, et que la seule réalité qui le soit se nomme Nuit. Primordiale, actuelle, ultime, une ténèbre qui s'assimile les mondes, enroule sur soi le Temps.

Si l'amour pactise le plus souvent avec le quotidien, s'il rentre volontiers dans le devoir, ceux que la passion a ensauvagés, eux, refusent farouchement la domestication. Contraints à la transgression par un ordre établi qui tolère mal qu'on le brave d'un bonheur insolent, ils vivent sous une menace diffuse qui semble se condenser au zénith : « La présente inattention des dieux prendra fin quelque jour. Ils nous frapperont du glaive ébréché d'un éclair. Ou l'un de nous seulement, laissant l'autre pareil à l'arbre que la foudre a noirci jusqu'au cœur... »

Car la prison où la société rêve d'enfermer les couples qui la méprisent n'est pas sans issues : l'éclair en est une, et la tombe immédiate ou différée. Et l'on voit bien qu'en dépit des apparences, la rime la plus riche à *l'amour* c'est, la légende en témoigne, *la mort*.

SUR UN ALBUM DE PHOTOGRAPHIES

« Grand vent d'été. Violence du pur, du d'or dans un été qui n'a pas été et ne fut que pluie. Mais tout à coup ce jour terrible de beauté, déjà automne. Grand tourment de grands arbres. Accès de détresse personnelle. Souvenir de forêts perdues. Déchirante bêtise. Je te connais, morsure, visage perdu. »

Paul Valéry, *Cahiers*

RETROUVANT ces lignes où s'esquissent les frondaisons de La Graulet et la figure de Catherine Pozzi, je rouvre l'album de mes propres visages perdus, dans l'espoir, jusqu'ici déçu, d'approcher l'énigme du délaissement.

J'en tourne très lentement les pages, le temps bref de reconnaître ; celui, indéfini, d'interroger à la façon de Rutebeuf : « Que sont mes amis devenus... ? » – à cela près que les visages sont ici exclusivement féminins ; que chacun d'eux fut le point de convergence de mes pensées, tout le visible et l'invisible y conduisant avec la constance et la résolution des eaux d'un bassin fluvial appelées vers l'embouchure.

Je ne retrouve pas toujours d'emblée chaque patronyme – qui n'importait guère, qui rattachait l'être aimé à une famille qu'il était sage de tenir à distance, prompte qu'elle eût été à parler mariage ; mais je me remémore sans peine et le prénom de chacune et la tendre appellation qu'elle m'avait inspirée, gage de dilection, terme qui avait la saveur d'un mot de passe à nous seuls réservé, à quoi s'ajoutait, pour celle qui se voulait neuve, le plaisir d'un baptême tenu pour originel.

Des visages évanouis ? Ils ont pourtant une précision, une permanence que nous n'attendions pas. Comme chacun d'eux... se ressemble, manifestant une miraculeuse fidélité à soi !... Leurs traits se perpétuent, intacts ; les sourires n'en finissent pas de dériver imperceptiblement. Nulle distorsion dans les linéaments que j'avais en mémoire, mais l'affirmation de traits propres à susciter l'amour, à justifier le mien.

Pourquoi, dès lors, ne suis-je pas davantage ému par ces portraits ? Aurais-je trop avidement contemplé chacun – revenant à lui encore et encore pour m'assurer, dans l'absence, que je ne chérissais pas une chimère ? Il n'est plus qu'un assemblage d'ombres et de clartés sur un bristol – le support ne se laissant pas oublier. Et je pense à ce que devient le chaume quand le soleil a humé la rosée qui l'emperlait : une humble paille courte et sèche.

Sans doute. Et néanmoins, à feuilleter l'album, chaque nouveau visage fait d'abord une lumineuse trouée arrière dans la cendre en suspension des jours révolus – et me considère, de très loin. Vraiment, il y eut un temps où souvenirs, présent, projets, animaient ce portrait dont l'apparente fixité relevait alors de la convention ? Devant une figure qui s'enferme avec entêtement dans ses stricts contours, que peut le regard, si les corpuscules du tact – qui soutenaient nos yeux – se découvrent atrophiés et comme brûlés ? Si notre poignet reste gourd devant ces ombres engainantes ; si nos paumes rechignent à caresser des galbes qu'on dirait de marbre ?

Immuables sont ces visages. Je les aurais donc, d'un déclic, préservés de vieillir ? La raison dit que non ; que ces photographies équivalent aux gravures anciennes où l'œil retrouve la beauté d'une œuvre que le temps a gâtée. La raison nous assure que ce front est maintenant telle une mer calme que sillonnent des vaguelettes parallèles au rivage ; que l'ombre d'une pincée de vibrisses s'attache à la commissure des paupières ; que deux ravines rabattent celles de la bouche. Quant à ce corps qui enseignait à mes mains les vertus de la litote, ah ! je crains de l'imaginer, toute ligne aveulie, distendue, tout galbe infiltré de graisse et d'humeurs. (Il eût, bien sûr, harmonieusement vieilli, auprès de nous ! Mais la pesanteur eut beau jeu de fondre sur lui quand il se retrouva sans nos caresses – et notre esprit ! Ainsi sont punies les femmes infidèles.)

Qu'elles nous paraissaient précieuses, les photographies de son enfance, de son adolescence, prises par ses proches ! Que nous nous plaisions à y déceler l'amorce de ce qui allait nous séduire en elle… Et de nous attendrir sur son sourire contraint parce qu'on ne s'aimait pas alors et que nul encore ne vous avait préférée. Aujourd'hui, ces clichés convenus, aseptisés, ne nous retiennent plus. Tournant les pages, nous nous préparons à retrouver les preuves manifestes de son passage en notre vie : ces gros plans d'un visage à la fois riche paysage et débouché à l'air libre du gouffre féminin ; ces nus surtout – notre privilège. Et que nous avons donc multiplié les poses – mailles du filet où nous tentions de la retenir pour notre seule délectation ! Comme si mille photographies en deux dimensions allaient restituer le relief, leurrer notre main !

Je m'interroge : n'y a-t-il pas de l'indécence à regarder, dévêtue, une femme qui nous est devenue étrangère, ainsi qu'à observer une inconnue sans voiles qui ne pourrait s'habiller, s'enfuir ? Mais quand il s'agit d'une traîtresse à qui nous devons avanies et tourments, la contempler à loisir, quoi qu'elle en ait, a goût de revanche. Elle est redevenue pudique à mon égard ? elle tiendrait pour une infidélité envers celui qu'elle aime, de se montrer à moi dans ce.... « simple appareil » ? Je l'y contraindrai ! Ne m'avait-elle pas fait don de son intimité ? Or, « donner et reprendre ne vaut », comme on sait. L'usurpateur croit jouir seul de ses formes, mais je puis m'en repaître, et dans le temps où elles étaient accomplies. Il se peut que ce corps soit sans mémoire : en être l'inventeur (au sens de qui découvre un trésor) vous donne à vie des prérogatives.

Mais qu'en est-il, au juste ? Ces nus qui furent pris dans une fièvre légère, où l'avidité de l'opérateur, le sentiment de sa chance, demeurent sensibles dans le piqué du cliché, ces nus ne nous émeuvent guère plus que ceux des magazines. Quoi ? même ce corps-ci, digne de figurer dans la peinture ancienne, du côté de Sandro ou de Cranach – un corps que j'ai butiné, étreint, sondé ; où j'ai bu à l'exacte façon du voyageur qui, à plat ventre, cherche des lèvres l'eau sombre et saline qui suinte dans un pli du désert ?

Rien n'explique que cette peau ne happe plus à la langue, ainsi que fait l'argile à foulon. Alors même que les portraits se raréfient, signe sûr du détachement, la pulpe des lèvres vogue avec la même fermeté, les seins conservent leur arrogance, la taille sa flexibilité, et mieux : la saveur du sexe s'est accrue au point d'infuser toute sa personne.

Nulle réponse ne me viendra du modèle. Mais de l'instant

que la photographie a figé ? Reconnaissant le décor – rivage ou prairie, chambre ou forêt –, je pourrais dire la saison, l'heure, l'état du ciel, la bénignité des airs, les complaisantes dispositions de la femme aimée. Et chaque fois, il en fut bien ainsi, ce qui vaut aux visages de capter une clarté de proche clairière, voire de lointain marais salant. De refléter la bonne grâce des alentours, leur discrétion à l'égard de ces deux-là qui se croient ignorés du monde, ensemble perdus, ensemble se découvrant à quel point appariés.

Ce qui paraît en ces visages sans apprêt où l'aise creuse dans les joues les parenthèses d'un sourire, relève les pommettes, épand sur le front une paresse latente – c'est la commune disponibilité de l'un et de l'autre. Résignée toute charge, repoussées toute servitude ou sujétion, et congé donné au reste de la terre, ils sont allés au *désert* pour mieux éprouver, flanc à flanc ou face à face, leur mutuelle adhésion.

Le loisir, la vacance, ont leurs représentations : l'étang, le lagon, un fil de la vierge au fil d'un insensible nuage, une plage aux teintes de la feuille de maïs sèche, et tout ce qui appelle un andante en sourdine, une roseraie en marge ; tout ce qui vous fait un regard à longues franges. Mais quelle image plus lisible de l'indolence, du consentement à une durée stagnante, liquoreuse, que ces visages dédiés à l'instant aimable, indéfini, qui a fait, de chacun d'eux, une sommité de plante ornementale ; et de l'album, une jonchée d'engourdissements béats ? Toute liberté offerte à une songerie pure d'objet, pour auréoler ces figures.

Si occupé que nous soyons, comme nous savons, dans les commencements de l'amour, ménager des *jours* dans la grossière étoffe – de bure ! – du temps humain ! Extraire des paillettes d'or – ces portraits mêmes – de la mince eau limpide qu'à présent seulement nous voyons glisser sur les visages.

Elle coulait alors et n'a jamais cessé de couler, mais ces images nous semblaient relever de l'Âge d'or qu'évoquèrent un Hésiode (« Ils vivaient comme des dieux, le cœur libre des soucis, à l'écart et à l'abri des peines et des misères »), un Ovide (« La terre [...] donnait tout d'elle-même. [...] le printemps était éternel »). Si ces clichés ne furent pas pris dans un jardin enclos, sur fond de parterres, d'arbres ronds constellés de fruits, comme dans les miniatures, une violente saveur était bien dans les airs, qui culminait, crépitait à la pointe des seins ; s'embusquait, massée, au confluent des jambes. Et le temps faisait cercle à la distance que nous impose la belle statuaire.

Une galerie d'heureuses oisives, que cet album ? Plutôt un collier défait dont chaque perle – de quelle eau ! – enfermerait l'un de ces instants qui vous font une bouche repue de bonheur. Nulle entrave à la ronde, mais une profusion de chemins, de sentiers, qui s'ouvrent devant vous ; le sentiment d'une secrète souveraineté ; la sensation de vivre dans un luxe diffus – tout ce que promet le poète dans « L'Invitation au voyage ».

L'erreur de ceux qui se donnent rendez-vous en quelque lieu où ils seront seuls au monde est de croire que demain, ils retrouveront, dans notre très commune condition, un tel instant d'entière licence, de longues perspectives, de sourd éclat, de vertige latent. Qu'ils convertiront, par la seule grâce de leur amour, le temps servile, fané, usé avant de naître, en la durée vivace, allègre des sources. Que le souvenir de leurs incursions dans l'Âge d'or leur sera talisman.

Or, si l'homme se résigne, sa conquête assurée, à ne plus présenter la femme aimée, nue de surcroît, à l'assentiment d'un versant de dune, d'une orée de forêt, la femme a, de ces échappées, plus de mémoire – sa sauvegarde ! Elle tient que, pour astreignant que soit le quotidien, on se doit de le conjurer par des intermèdes sous le signe de la surprise, de la fantaisie, voire de l'extravagance en fait de vêture. Et que l'Autre, qui ne la *voit* plus, la redécouvre donc, étonné, amusé, séduit par son sens de la cérémonie, son goût du travestissement, son art de l'effeuillage, et d'abord son génie de grande ordonnatrice de la tendresse.

Beaucoup ne pardonneront jamais à l'homme de n'avoir pas compris que l'exubérance, les excentricités d'un soir, avaient la même origine que les « fêtes des fous » du moyen âge, quand les foules continûment opprimées s'arrogeaient soudain le droit... d'être soi.

Qu'il se défie, celui qui accueille avec une indulgente condescendance ces sursauts de l'âme et du cœur menacés d'ensevelissement ; qui les juge saugrenus, puérils, et les décourage : il est tentant pour une compagne recrue de grisaille, empoussiérée d'ennui, d'inviter un autre homme à la conduire en des lieux de jouvence où se baigner dans un temps luisant de primesauts, dans le silence d'une campagne si reculée, que le dimanche paraît y régner à demeure, par larges et stables ondes.

Mais qu'il se défie non moins d'un retour, ensemble, en des paysages où ils allaient flanc contre flanc, si un enfant est à présent entre eux : le temps des amants déserte d'un coup ceux qui le trahissent.

Sur des lettres d'amour

On s'est écrit, pendant des siècles, des lettres d'amour. Aujourd'hui, dans le caquetage planétaire, dans la papillotante, la silencieuse cacophonie universelle, on s'adresse des messages aussi fugaces et sommaires que les signaux du télégraphe aérien. Cela tient du miroitement, du clignotement – et c'est assez pour des cœurs labiles.

Il n'y aura plus, dans un classeur, de ces correspondances que l'on reprend, l'âge venu, pour se convaincre qu'on fut vivant, glorieux, puisqu'une femme vous aimait. Qu'on fut jeune et belle, et convoitée, et célébrée.

On n'aura plus un sourire doux-amer – sachant ce qu'il en fut – à retrouver des assurances, des serments qui attestaient un amour incomparable en force et en durée.

Les séducteurs d'hier et de jadis avaient conscience des pouvoirs d'une lettre ; ils faisaient de celle-ci un usage retors. Par elle, leur parole allait peu à peu, au fil des relectures, circonvenir un cœur, troubler une chair : s'est-on jamais tout à fait pénétrée d'une lettre d'amour ? Aussi la rouvre-t-on pour en peser chaque mot, comme on vérifierait l'aloi d'une monnaie ; pour en interroger les blancs comme s'ils allaient nous en dire plus, qui nous eût échappé… L'esprit investissant la lettre ainsi qu'on presse un fruit pour en extraire tout le suc.

On relit pour faire répéter à l'autre ce qu'il est si doux d'entendre. Pour se persuader de sa sincérité. Ses mots sont les mêmes toujours : ils sont donc fiables. Ils l'obligent ! Ah ! lui écrire au plus tôt quelle commotion nous en reçûmes, et le lustre qui nous revêt à présent… Sans doute pourrions-nous l'appeler au téléphone, mais nous croyons en la dignité de l'écrit, en sa primauté sur la parole ; nous savons d'expérience que c'est notre voix la plus juste, la plus proche du chant, et partant, la plus enveloppante, que l'autre attend, anxieux ou confiant, pour s'en fortifier et s'en réjouir.

Longtemps, la lettre d'amour et le journal intime furent les seuls écrits des femmes. Seuls, ils se conciliaient avec un temps dépenaillé, un horizon réduit à de proches parois. En eux seuls, le moi se revanchait du quotidien. Et c'est ainsi que maintes femmes nous ont laissé, à leur insu, un autoportrait qui nous émeut à l'égal de ceux de Rembrandt où la vie intérieure transmigre jusqu'à nous. C'est ainsi qu'en marge de nos œuvres où la superbe est plus ou moins de mise, nous continuons d'entendre les soupirs et les plaintes d'Héloïse, de Juliette, de Marie d'Agoult, de Merline… – rappelant à l'homme affairé, compassé, qui les oublie, les droits prééminents du cœur. Et qui n'aime, dans un parc aux grands arbres, longer une bordure d'azalées, de pivoines, de glaïeuls, qui les fait valoir ?

Aujourd'hui, l'amour n'a plus même à présenter ses lettres de créance. Il survient sans escorte ni répondant ; il se déclare sans ambages. (Une oreille exercée entendrait, en écho, les mots de « marché conclu ».) Pourquoi le chamarrer, quand on vit dans l'instant ? Est-il beaucoup plus qu'une modalité du corps à corps ? Tenter de s'en faire l'interprète mettrait à nu son peu de nécessité, ou notre indigence. Aveugle par essence, qu'il soit muet de surcroît : ainsi nous fera-t-il mieux illusion. Qu'est-il besoin d'amers ? Ne savons-nous pas, nous aussi, naviguer au jugé ?

☆

Le papier a jauni, l'encre s'est altérée, mais à mesure que nous relisons, un faisceau de lumière perce le hallier très touffu de notre passé et le peuple d'ocelles : mais oui, il y eut bien dans ma vie ce moment qu'elle évoque. Nous avons vu, ce jour-là, dans une campagne reculée, l'automne subvertir par l'ouest et balayer d'un coup, un été en… surfusion. Mais oui, j'entends encore, aussi assourdissant, le crissement de ses bas, quand elle décroisait les jambes, lors de ma première visite ; je lis, sur son visage, sa gêne de ce qui lui parut une incongruité. Mais oui, elle avait une façon de s'entretenir avec la glace en cornet, au retour de la plage…

Chaque fois, une cellule du temps enfoui, limoneux, fait surface comme ces larges bandes d'un bleu anémié qui apparaissent sur une mer calme, au matin, et qui sinuent à peine. Chaque fois, mettant à profit notre complaisance, elle envahit le présent, en repousse les franges, en atténue ou en diffère l'instance, pour y éclore et s'y épanouir. Seuls s'étonneraient de cette floraison ceux qui ne savent ce que recèle, terne et squameux, un bulbe de jacinthe.

On ne relit pas d'anciennes lettres d'amour au grand soleil, quand le ciel est un lac d'altitude, mais dans un espace clos dont l'ombre estompe les arêtes, où le passé imposera sans résistance son décor, son climat, ses tons pastel, à la grisaille d'un après-midi finissant.

Avec un feu dans l'âtre ? Ah ! comment se résoudre, pour un homme, à brûler une lettre qui assure, au souvenir, véracité, précision, pérennité, et comme une *durée* qu'il doit à la lecture ? Ce serait se condamner à n'avoir plus que des images floues, instables, sans vivacité, quand la nostalgie incline en secret notre tempe, et que nous regardons s'allonger ces ombres qui mouillent les prairies, dans les beaux soirs.

Il ne nous déplaît pas, encore, de convoquer celle dont nous sommes séparé ; de la mêler à nouveau, à son insu, à notre présent. De lui faire honte, preuves en mains, de ce qu'elle est devenue après nous (qui n'avons pas trahi, nous !) : une femme que la vie conjugale a rendue commune, quand nous l'avons connue lectrice de poètes, éprise de Bach et de Haendel… Fraîche de ses ferveurs, et *ronde* et pesante soudain comme la pêche mûre à bout de rameau.

Ce qu'elle nous a écrit, autrefois, de ses désirs, avec une hardiesse dont elle n'avait guère conscience, ne nous donne-t-il pas le droit de l'engager dans quelque jeu des corps que nous mènerons à notre gré ? Le cri juste, la métaphore fondée, gardent leurs pouvoirs, en dépit du temps. L'évocation, entre souvenir et dessein, d'un simple geste (« Ma main se hasarde… ») suspend notre souffle – et nous voilà qui procédons à des ralentis, des arrêts sur l'image, à l'agrandissement d'un détail jusqu'à en remplir l'espace. Ce qui est se conduire comme nous l'aurions dû alors, si nous avions su combien l'instant était précaire et déjà condamné. Il nous arrive même d'infléchir le déroulement de la fête pour qu'elle soit plus réussie encore. Ainsi l'amant que nous sommes devenu pourra-t-il donner sa mesure et se rendra-t-il indispensable…

Nous n'aurions pas dû relire une dernière fois ce passage – que nous savions trouver, au demeurant, et sans doute n'avons-nous repris la lettre que pour lui : force est de convenir qu'il a cessé depuis longtemps d'être promesse ; qu'il se refuse à tout prolongement ; que sa reviviscence ne fut que d'un instant.

Soit. Mais qu'a-t-elle à nous dire d'autre, celle qui fait si bien la sourde oreille, quand nous la pressons de s'animer, de nous rejoindre ? Comme si nous ne le savions pas ! Mais il y a un « sombre plaisir » à s'en assurer. Aussi relisons-nous, pour émousser notre dépit, le reste de la page.

☆

Pourquoi avoir conservé ces lettres-ci dont l'écriture débridée s'accorde à une pensée virevoltante, toute chose effleurée d'un bout d'aile ? Parce qu'on y rencontre le scrupule, la loyauté ? Ou par vanité de se sentir aimé, bien que l'aveu sera sans cesse différé ? Et il y a de la perversité à feindre de ne pas comprendre à demi-mot ; à goûter, dans chaque nouvel envoi, la façon dont l'amoureuse réussit, une fois de plus, à ne pas se découvrir tout à fait.

Elle trace, de l'homme idéal, un portrait implicitement d'après nature, en lequel il serait flatteur de se reconnaître, s'il n'était celui des romans roses et des annonces matrimoniales. Me reprochant mon laconisme, mes silences, elle craint que je ne la juge médiocre. (Qu'hommage soit rendu à sa lucidité !) Jusqu'à ce que, revenant sur cet échange privé de pente, d'issue, elle pose cette question – à l'imparfait, ce qui me donne congé : « Qu'attendiez-vous de moi ? »

Mais rien, au vrai. Sauf que j'ai bien du mal à prendre mon parti de la banalité d'une femme, quand l'inanité, chez un homme, ne m'importe. Quant à expliciter le malaise, la mauvaise conscience que cette correspondance me laisse, après tant d'années…

Mais voici d'autres lettres pour me rappeler que si des femmes sont laconiques, il en est pour disserter sans fin de tout dans une prose lestée d'adverbes, encombrée d'épithètes superflues, et qui balance entre les « certes » et les « mais ».

– Qu'on nous épargne les raisonneuses impénitentes !, se dit-on devant ces épîtres à ras bord (telle y est la pullulation des mots, qu'on admire que les bords de la feuille parviennent à les contenir !) ; ces pages écrites sans relever la tête, avec un sérieux de rédacteur. (Mais comment l'humour y trouverait-il un interstice pour une esquisse de sourire ?)

Qu'une plaisante petite personne ait le démon de la ratiocination, soit ; mais celle-ci se dit amoureuse. Le cœur ne devrait-il pas s'assujettir l'intellect et bousculer par l'ellipse, l'interjection, le trébuchement même, une prose égale – et inflexible en ce qu'elle ne nous fait grâce de rien ? C'est un étrange amour, celui qui paraît ne jamais colorer les faits et gestes qu'elle nous rapporte d'elle ; qui ne nous associe à aucune de ses rencontres, de ses découvertes. Son moi serait-il cloisonné comme les grenades ?

Après tant de considérations oiseuses, un dernier paragraphe – qui fait figure de *nota bene* – vient nous rappeler que, oui, nous avons bien affaire à une amoureuse. « De race » allant de soi.

L'ironie ne serait pas de mise devant cette liasse-ci : la jeune femme tourmentée qui s'y exprime attend de l'amant qu'il écarte d'elle, par l'acte, la pensée de la mort qui l'obsède, qui toujours s'invite en tiers jusque dans le plaisir et n'est jamais plus prégnante qu'en l'*après*.

« M'en remettre à toi comme à celui qui *sait* ! N'être plus, sous tes mains, qu'une chair vermeille, une et jubilante, et non un corps dont je m'exile tant la peur de devoir mourir y corrompt ma joie !… »

Elle est de celles dont le moi créateur est si proliférant, si farouche le besoin de solitude, que l'homme ne sera jamais que toléré – puis bientôt récusé, car l'œuvre exige, hautes et brèves, des flammes successives. Partant, de nouveaux satellites, de nouveaux catalyseurs.

Nous avons beau relire : les propos érotiques, plus savoureux d'être naïfs, sont ici sans pouvoirs. Le temps aurait-il frappé cette chair d'interdit ? L'œuvre l'aurait-elle ennoblie, ainsi que fait la maternité ? Nous souvenant « de grands pays plus chastes que la mort », nous mesurons combien la seule angoisse d'être mortel, présente en ces pages, indélébile, suffit à annihiler en nous le trouble, et les regrets.

Les lettres de cette autre ont gardé assez de charme pour justifier le prix que je leur accordai. On s'y montre gourmande avec raffinement, ce qui est de bon augure pour l'amour ; on y évoque une enfance modeste mais que l'attention aux saisons, les leçons d'un maître aimé, suffisaient à rendre opulente.

Des feuillets mauves montait – monte encore – une musique en sourdine liée pour moi au bel agencement d'un intérieur feutré que régente une femme de goût aux gestes efficaces, savante en draperies, experte en bouquets de fleurs des champs. De ces femmes « beaux navires » qui se déplacent, entre leurs murs, dans un chuintement de flammes que le gros temps du dehors exalte, étire, effile...

J'ai d'abord cru qu'elle se disait « très ennuyeuse » par coquetterie : ses lettres le démentaient, disertes et sensibles quand, le plus souvent, la pauvreté du propos que nous masque la grâce d'une voix, d'un sourire, d'une attitude, jointe à notre désir, se révèle sans recours sur le papier. Je fus donc étonné que, sachant écrire, on eût une conversation à rendre l'espace floconneux, le temps efflanqué.

Réservait-elle son peu de vivacité pour ses lettres ? Notre seul véritable entretien fut traversé de migrations d'anges. Des multiples sujets que j'abordai, par courtoisie, il n'est pas un qui ne fît long feu. Et moi de voir pointer le museau du néant dans un paysage de lande, de lagunes, d'oued à bout de souffle.

Mes mains avaient tôt renoncé. Les éléments de mon décor quotidien semblaient interloqués : « À quels effritements, à quelle déroute assistons-nous ? » Le silence, si amène quand je suis seul, s'irritait de ce ton traînant, de ces propos de velléitaire accablée de mal de vivre : « Plutôt le bruit, le vacarme continus, que ces pauses où tu cherches à tâtons quelque prise et qui sont un déni de l'esprit ! »

J'eus recours, en désespoir de cause, à la musique. Je ne sais plus quel morceau je choisis mais il n'était ni de Schoenberg ni même de Messiaen. Sans doute l'une de ces œuvres triomphales – l'alléluia du *Messie* de Haendel ? – dont la fougue touche les âmes les plus simples.

Le dérisoire « C'est joli » qui tomba de ses lèvres, après la dernière note, fut sa condamnation.

« Et tu me laisses partir ! »

Cette fois, ce sont des lettres de grande vivante, sœur des femmes-torches qu'on voit, en scène, se consumer purement de bout en bout. Ellipses, invocations, points de suspension, d'exclamation – flammes et flammèches épousent un souffle qui ne s'apaise, malgré le calme d'une maison amie qu'elle a regagnée au soir d'un jour qui fut vaste de son beau temps – où nous nous sommes retrouvés. Et je revois, en un pays de collines, l'éminence déserte où nous longions des murs de pierres sèches fleuronnées de lichen ; où les chênes nains filtraient un vent tiède à saveur de causse, qui nous drapait dans la même lustrine.

« Je suis offerte », écrit-elle et l'on sent quelles délices elle éprouve à tracer ces mots, à vivre dans cet état. Offerte à l'égal de tout ce qui plaît au regard et qu'il voudrait retenir : une congère d'aubépine en fleur ; la marée montante, sous ses écailles de soleil ; le palpitant paraphe d'un lézard sur la pierre du seuil.

Réjouis-toi, homme, d'être aimé d'une femme fervente, généreuse, loyale et lisible – au vrai, si spontanée que tu n'aurais à supputer ses pensées. D'une femme dont la peau mate agrée à tes mains ; dont le corps haut et mince te serait espalier et barque, et qui se donnerait à toi comme l'eau de ton bain !

Fidèle encore. Et, de fait, quinze ans auparavant, elle t'avait dit au moment de s'embarquer pour servir une cause qui l'exaltait et que tu jugeais aventureuse : « Et vous me laissez partir ! »

J'essaie, tout en relisant ses lettres de me justifier. Et s'il y avait des jours où l'amour se montre par trop raisonnable (au point d'usurper son nom) ? S'il craignait l'effervescence, quand elle est dans un cœur de femme ? S'il se défiait des « Mouettes » et de leurs « grands désirs inassouvis » ? S'il était des destins faits pour se croiser, se recroiser sans qu'une pente fût assez forte pour les capter, les fondre en un lit commun ? Si se savoir désiré, ne pas douter qu'on se donnerait à vous, valaient possession ? Davantage, même, comme si l'union des moi s'y réalisait pleinement ?

Non, ce ne sont pas là esquives ou échappatoires : qu'en serait-il de cet amour si, voilà quinze ans, nous étions allés vers le plus facile, là où vont les êtres sans imagination ? D'instinct, je t'assignai une place à part, ce qui était te rendre hommage : moins haute, moins ardente, j'aurais eu moins de scrupules à t'engager dans… j'allais écrire : la bourbe de la chair ! À coup sûr, que d'autres que moi te déçoivent : je ne serai pas celui qui affadira la gorgée de mirabelle que tu es.

Tu as compris – je m'en persuade en poursuivant ma relecture – que c'était vouloir soustraire au temps deux moments de grâce : celui où, assise près de vous, une jeune fille aux longs cheveux, vous laisse deviner la dilection qu'elle a à votre égard ; celui où une jeune femme aux cheveux mi-longs vous dit, dans la gloire que le vent d'autan répand sur un jour d'automne : « Toujours, tu sembles avoir été là. »

Tu as compris. Tant il est vrai que parmi toutes tes vertus, celle-ci ne t'aura jamais fait défaut : la dignité.

Gratitude, gratitude à celle à qui l'on doit deux moments de grâce dans une vie !

Il y a du juge d'appel dans celui qui, relisant des lettres d'amour qu'il reçut, peut enfin trancher avec équité, à présent que les passions sont éteintes ; mais il est rare que l'entreprise ne tourne pas à son extrême confusion. « Quoi, j'ai pu attendre avec fébrilité des messages aussi succincts, pâles, prosaïques ? Des formules aussi convenues m'ont, sur l'heure et pour un temps, rassuré, réjoui, transporté ? Ah ! comme le besoin d'être aimé, la soif d'étreindre, de posséder, offusquent l'entendement, se l'asservissent ! N'était-il pas évident que nul commerce autre que charnel ne serait ici possible ? Certains de ses propos auraient pourtant dû t'alarmer – et d'abord qu'elle attendait tout de toi. Qu'en eût-il été, si les dieux n'y avaient mis bon ordre ? Conviens que tu l'as échappé belle… »

Et de me demander, au fil de mes relectures, ce que je pus bien répondre à celle qui, m'ayant envoyé de piètres vers, m'écrivit quelque temps après : « Je dois me défendre de tout vous adresser, car vous ne m'avez jamais dit : "Faites-moi lire la suite…" » À la plus insignifiante, la plus incurieuse de son espèce, m'annonçant qu'elle tenterait de lire *L'Être et le Néant* ! À cette autre, fervente des corridas. À celles qui se faisaient les apôtres de la constante présence de l'Autre, de la vie commune, tisane du soir comprise. Sans omettre celle qui laissait percer son amertume en ces mots : « J'ai le sentiment de parler au "bel indifférent" de Cocteau. »

Mais d'autres se voient réhabilitées en notre esprit. Sans l'avoir méconnue, j'ai trop regardé les ressources de celle-ci comme allant de soi, alors qu'il n'en était rien – ce que montrent tant de lettres où l'on discerne, sous les colifichets de l'amour, un essentiel, un irréductible dénuement. La femme dont je relis les lettres méritait d'être aimée ; tout homme bien né aurait pu l'*avouer*. Et pourquoi user du passé ? Il est des fleurs qui, en séchant, gardent si bien leurs couleurs, qu'un peu d'eau, semble-t-il, leur rendrait leur éclat.

(Il y a, de toute façon, quelque injustice à relever la pauvreté d'expression en tant de lettres reçues. Que répondrions-nous, à qui nous objecterait : « Vous ne savez dessiner, sculpter, philosopher, composer de la musique… Tolérez qu'on ne sache écrire. Vous déplorez que des femmes de qualité soient trahies par leur apparence ; vous y voyez de l'iniquité. Souffrez que d'autres le soient par l'écriture, et d'autant que le cœur n'a cure des figures de style. »)

« Je survolerai cette correspondance avant de la brûler ; elle n'en mérite pas davantage. » Mais me voici tel celui qui décida d'alléger sa bibliothèque et qui, ayant rouvert un livre, se surprend, une heure après, le lisant ligne à ligne – avant de le remettre en place. Non, ces écrits ne sauraient être parcourus : chacune de celles qui nous ont aimé doit pouvoir plaider sa cause sans que rien n'y manque. Elle a mis, en ces pages, le meilleur de soi avant que le quotidien n'eût fait d'elle – née frondeuse ou passive – une femme « flouée ». Que nous essayons de nous représenter, à partir de ses traits d'alors, comme on le fait pour les enfants disparus depuis des années ; qu'avec un soupçon de sadisme, nous aimerions entendre, un moment seulement, nous confirmer qu'elle a délaissé, renié, toute forme de poésie pour devenir… ce qu'elle était.

Que le juge d'appel ait à rougir ou non de ses attachements, la mélancolie lui est promise, comme à celui qui feuillette – et hume – un herbier.

Nous relisons des chapitres d'une histoire qui pourrait être nôtre, qui le fut probablement, mais tant de figures se sont interposées entre ces feuillets et l'homme que nous sommes ; tant d'attentes, d'émois, de vicissitudes, de décors, de paysages, tant de pensées, que nous ne savons même plus comment, pourquoi, la fête s'acheva. Si enivrante, pourtant, et bien sûr nonpareille ! Et voici que nous retrouvons serments, soupirs, projets, marques de dévotion, protestations de fidélité, avec la distance du lecteur d'un médiocre roman. À moins qu'à notre malaise, nous comprenions qu'ils nous paraissent incongrus, voire malséants.

Sommes-nous donc si peu fait pour l'absolu ? Ou le Temps se lasse-t-il vite de nous habiter, quand il a son instance de cyprès, son opulence de platane ? Nos yeux ne seraient-ils qu'un moment *fertiles* ?

Sans doute ; mais étions-nous réellement *deux* pour affronter le délitement du couple ?

Les femmes qui se hâtent, en s'éloignant, de brûler nos lettres, se privent d'un étrange plaisir – de revanche, de représailles : celui de rouvrir, longtemps après, notre procès et, jugeant sur pièces, de se convaincre à neuf du bien-fondé de leur départ.

Jardin public

Celle qu'il attend, dans ce jardin public où ils avaient coutume autrefois de se retrouver, est-elle toujours la jeune fille à la ferveur brouillonne, à l'enthousiasme en quête d'objet, qui l'agaçait de ses élans teintés de mysticisme ? (Et comme elle se grisait de mots relevés tels que droiture, foi, communion !...) Cependant que, dans ses éclats de rire trop hauts, inattendus, perçaient l'instabilité, l'absence de mesure, un gouvernement de l'être sans rigueur ni constance.

Il s'irritait alors, non sans en être séduit, de cet état de grâce où elle paraissait continûment vivre avec un sérieux dans la puérilité qui vous désarmait. Passe qu'elle s'échappe dans la campagne, les matins d'été, pour regarder, assise sur un meulon, les lapins se promener avec de petites haltes inquiètes, oreilles dressées dans sa direction ; mais elle cédait à toutes les invites de ce qui peut être escaladé, chevauché, parcouru en courant ; de tout ce qui propose ses bons offices à l'exubérance des jeunes filles aux allures de pouliche qu'on lâche. À moins que – il l'avait vue ! – *tombant*, à la lettre, de sommeil, elle ne s'étendît au pied d'un peuplier du quai bordant le fleuve et dormît là sans souci des nombreux passants. Fille de primesaut, fille à foucades, elle joignait le geste à la parole en faisant fi des convenances. Une confiance gourmande, le sentiment d'une perpétuelle aubaine, étiraient ses yeux vers les tempes, enchâssaient son sourire en des joues à pincer affectueusement entre pouce et index. On ne doutait pas, avec elle, que le bonheur fût un corps simple.

« Tout de même, une fille qui donne un nom à chacun de ses vêtements, ce n'est pas commun... – "Comment s'appelle cette veste de velours que tu portes ? – Diane ! – Et cette jupe ? – Chloé." »

L'aimait-elle, en ce temps-là ? Elle s'était, à l'évidence, défendue de l'aimer, tour à tour se déclarant déchirée de le quitter, et tentant de le persuader qu'il ne fallait plus se revoir. À moins que ce ne fût là une mise à l'épreuve de l'un et de l'autre. « Pour voir. » Mais plus sûrement redoutait-elle sa faiblesse, comme elle le lui avoua un jour – à quoi il avait mollement répondu, quoique d'une voix altérée, et plein du regret de ce dont il se privait ainsi, dans l'immédiat du moins, qu'il serait fort pour deux ! Tout en étant résolu, et il entrait dans son dessein autant de curiosité que de convoitise, à juger de l'étendue de cette faiblesse. De sa configuration.

Elle avait un jour, alors qu'ils devaient se voir, usé du téléphone pour prendre congé de lui. Elle parlait d'une voix brève, détimbrée, qui l'alerta. Comme il s'en étonnait, il y eut un silence – trop vivant, trop chargé de sa présence, de son souffle, pour qu'on s'y méprît : ils n'avaient pas été coupés ; elle était là, toute proche, qui se taisait ; il la *voyait*, figée. Quels mots au bord des lèvres ? Décontenancé, il hasarda l'expression de circonstance : « Un ange passe... » et il y eut un petit rire aussitôt noyé dans un nouveau silence qui les sépara davantage encore. L'image lui vint, de l'embarcadère qui s'éloigne, vu du bateau quittant le port...

Il perdit pied, put à peine bredouiller qu'il avait hâte de la revoir… C'est de *tout près*, alors, qu'il entendit de ces mots si extravagants qu'on doute de ses oreilles : « Mieux vaut pas… Adieu ! » Ce qui lui inspira un « Non » qu'il sertit de silence.

Il avait raccroché après un second « Adieu ! » sans appel. Marchant par les rues, dents serrées, visage tassé, il écoutait le désarroi prendre en lui ses aises. « Pourtant, c'était bien elle… Incompréhensible ! » Il lui semblait porter dans sa poitrine, vers la gauche, un fin stylet. « Je le sens à peine parce qu'il est en place, mais quand je vais devoir l'arracher !… »

Il marchait, la révolte s'organisant en lui : « Je vais lui écrire. Qu'elle n'a pas le droit ! Qu'il ne suffit pas de dire adieu pour que tous les souvenirs communs consentent à s'effacer ; pour qu'Apollinaire soit réduit au mutisme, que j'appris à mieux aimer en te le faisant connaître… »

Comment eût-il convenu que sa blessure était d'abord d'amour-propre ?

Plusieurs années avaient passé, jalonnées de lettres, de plus en plus brèves, de plus en plus espacées, auxquelles il faisait écho par devoir. Que répondre à qui vous écrit – à vingt-cinq ans ! – des phrases insanes telles que : « Je veux faire de ma vie une chose merveilleuse » ; « Je voudrais un amour plus profond que la mer » ; « Je veux faire une œuvre qui donnera de la joie aux hommes pendant des siècles » ? Et c'était décidément un grand mystère qu'une tête séduisante pût contenir de pareilles fadaises.

Il n'eût pu dire qu'il l'aimait encore : elle vivait loin de lui et cette pensée ne lui était pas intolérable. Pourtant, il écoutait avec faveur ce que lui en racontait un ami commun qui la rencontrait parfois et qui ravivait, à son insu, des souvenirs à l'acuité d'échardes.

Il retrouvait, dans ses lettres, avec rancune, sa vacuité fantasque, son insignifiance exaltée, dont, à l'évidence, elle ne se défaisait pas. Il s'en irritait ainsi que d'une faute contre l'harmonie, la cohérence. Comme s'il était permis, avec un pur profil soutenu par un cou gracile, et plus ciselé de faire pendant à la queue-de-cheval, de nourrir des attentes aussi dérisoires ! Mais elle continuait d'appartenir à sa constellation affective.

Sans doute l'aurait-il oubliée si leurs rapports avaient trouvé leur naturel aboutissement – charnel ; mais l'éducation qu'elle avait reçue ne tolérait aucune privauté dans les rapports amoureux. Or, il devait bien s'avouer qu'il n'avait pas renoncé à la... connaître. Mieux : qu'une telle victoire lui serait une revanche sur les esquives et les incohérences d'une coquette faite pour jouer Marivaux.

Il l'attend. Il ne se souvient pas qu'elle ait jamais été à l'heure. Quand elle surviendra, un peu haletante, elle aura l'air d'avoir échappé à un danger, à des poursuivants, et l'on en conclura, une fois de plus, que ce n'est pas de sa faute et qu'il faut lui savoir gré de n'être pas davantage en retard.

Des enfants jouent là-bas, près du bassin. Ce sont encore les vacances. De grandes plages scintillantes, par le ciel, reflètent, prolongent les croissants de sable qui doucissent les côtes des baies et des golfes. L'été se survit. Demain seulement, sur un signe du chef d'orchestre – qui se tient au zénith ? – les cuivres étageront leurs fanfares.

Si elle ne venait pas ? Il se souvient de ses dérobades de jeune animal tenté par l'apprivoisement, mais que sa sauvagerie native rejette hors de portée, à peine, de la main qui se tend vers lui.

Mais non : elle viendra. S'il est là, c'est qu'elle a souhaité de le revoir.

Quelle minute que celle où, alors qu'il avait décroché et se disposait à une écoute polie, un peu impatiente, elle s'était annoncée par le nom affectueux qu'il lui donnait autrefois, et qu'il ne comprit pas d'abord, l'ayant, au vrai, oublié !… Mais alors que l'esprit bronchait sur l'identité de celle qui appelait, tout l'être organique avait d'emblée accommodé sur cette voix ; avait redonné forme, consistance, couleurs à ce qui n'était, l'instant d'avant, qu'un filigrane.

Une part de son moi entendait des paroles inespérées – qu'elle avait appris qu'il se rendait parfois dans la ville proche de chez elle ; qu'elle serait heureuse de le revoir, qu'elle pouvait se rendre libre… – et cette part y répondait avec les nuances de surprise, de contentement qui seyaient en la circonstance. Une autre goûtait la chair des mots, leur timbre, les souvenirs qu'ils ressuscitaient.

C'était bien la voix d'autrefois qui lui parvenait, ferme et décidée. Cette voix-là ne lui parlait pas d'une rencontre possible, espérée : elle suscitait la reviviscence de tels paysages de parcs, de forêts, de berges à l'aube ; de telles heures partagées – et l'on eût dit que le charme qui frappait le Bois dormant venait d'être levé, et que tout recommençait à suivre son cours, les eaux comme les nuages, le fleuve comme le sang.

Le récepteur reposé, il s'étonna qu'une vibration se prolongeât dans les airs, comme l'oreille croit entendre encore chanter un cristal, passé le seuil de l'audible. La pièce avait pris une densité singulière. Lui-même se sentait lesté, mû par une résolution de conquérant, habité d'une victoire qui appelait des gestes parcimonieux, disposés avec l'application qu'on apporte à composer une gerbe de fleurs.

Il se surprit à se dire, presque à mi-voix : « Qu'est-ce qui m'arrive ? » À se complaire à reformuler mentalement la question – en se gardant de lui donner une réponse, de crainte, sans doute, d'alerter un cœur qui, tant de fois abusé, n'entendait plus être dupe. Peut-être aussi de devoir s'avouer plus docile, plus faible qu'il ne le pensait devant ce nouveau retournement. Non, il ne fallait pas nommer ce qu'il éprouvait : c'eût été lui donner corps, autoriser sa tyrannie.

En revanche, il ne s'interdisait pas de sourire des distractions fréquentes qu'il surprenait dans ses faits et gestes ; de savourer les images des choses amples, plates, rectilignes – rivages marins, perspectives de bassins, allées en forêt... – qui le visitaient avec insistance. « Des choses, pensa-t-il, pour la déclamation ! Redoutables, au reste, tant elles vous convient à des engagements solennels. Je fus donc sage de proposer le jardin public pour notre rencontre. »

Comme s'il eût craint de ne pas la reconnaître – les jeunes filles changent si vite en peu d'années –, il avait tiré d'un boîtier les photographies où elle justifiait le mieux le souvenir qu'il en gardait. « Comment ce visage, si proche encore du bourgeon floral, s'est-il épanoui ? Le profil a-t-il toujours cette stylisation de fleur de lys, ou de lotus ? Cette tête, à prendre dévotieusement entre ses mains pour en faire offrande au jour, est-elle moins occupée d'aspirations de midinette ? Qu'attendre “demain” – un demain indéfini – de la belle-que-voilà ? » Les photographies sont coites. Elles auraient moins d'ascendant sur nous sans leur immuable quant-à-soi.

Il l'aperçut, qui longeait la haute grille, près du boulevard, et il la reconnut en dépit de sa nouvelle silhouette : la masse des cheveux coupée, qu'il prisait tant, des mèches courtes, nerveuses, se disputaient le front, les tempes, encadrant un visage à peine plus plein, au même teint de pêche un peu pâle.

Elle l'avisa et ils se prirent une main, entre deux barreaux.

Elle avait son regard des meilleurs jours – donné. Pas plus qu'autrefois, il n'aurait pu définir la couleur de ses yeux, faute de connaître le nom de certaine pierre pailletée de noir. Elle dit : « Vous ne trouvez pas que c'est symbolique, cette rencontre de part et d'autre d'une grille ? » Et c'était là une parole en l'air, bien sûr.

Il gagna, proche, l'entrée du jardin. C'était aller, en parallèle, l'un vers l'autre. S'étant rejoints, ils ouvrirent leurs bras avec une spontanéité, une fougue qui le ravirent. Une embrassade de belle… santé. Il aurait dû penser : « De frère et sœur qui se retrouvent, comme dans *La Nuit des Rois*. »

Des années d'éloignement s'abolirent dans l'instant. Il aurait cru l'avoir quittée la veille, n'était le mûrissement qu'il percevait en elle et dont il augurait des pensées, des propos moins futiles. Et, de fait, elle paraissait moins fantasque ; ses rires étaient plus rares, jamais incongrus. Ce fut donc dans une clarté de confluent qu'ils se firent l'un à l'autre le récit de leurs cheminements séparés.

Avait-elle, comme lui, un sentiment grisant de nécessité ? Celui d'être les jouets d'un dieu qui, de toujours, les avait voués l'un à l'autre pour leur commun bonheur ? Avec ce qu'il fallait de traverses pour qu'ils eussent pleinement conscience de leur fortune ?

Il y avait des pauses, sur un banc, puis ils reprenaient de conserve leur navigation à l'estime, plus attachés à partager leurs découvertes qu'à relater le contingent… Parfois ils s'arrêtaient, se regardaient, comme incrédules, chacun s'assurant de la présence, en ce lieu, à cette heure, de l'autre. Pour se réjouir de l'aubaine. Jolie, elle l'était toujours, et amène : son visage était une source de sourires – mais on aurait aussi bien pu parler des sourires s'enchaînant, se propageant, d'une source profuse. Jolie et, ce qu'elle n'était à ce degré autrefois, savoureuse. De sorte qu'il lui semblait mordre – très doucement, tant l'exquis nous invite à refréner notre impatience – dans une pulpe fragile sans doute, voire périssable, mais friande, où la matinée avait part.

Midi vint et il évoqua pour elle la mer à midi (« le juste » !), puis ils se rejetèrent dans leur échange – inépuisable, eût-on dit – de souvenirs, d'appréciations, d'anecdotes...

Elle ne pouvait déjeuner avec lui. Ils se donnèrent rendez-vous pour l'après-midi, dans un autre jardin, et il prit son repas seul, toujours sous la magie de leurs retrouvailles, le cœur distendu de certitude.

Il devait, plus tard, se demander ce qu'il en eût été, s'ils avaient déjeuné ensemble.

Quand il quitta le restaurant pour se rendre au rendez-vous fixé, il dut s'avouer que sa griserie du matin l'avait quitté d'un coup. Qu'il ne retrouverait pas l'élan initial, ce que le baiser qu'ils se donnèrent rendit manifeste.

Tout en cherchant avec elle un banc inoccupé, il s'efforçait pourtant de rendre à sa voix les inflexions de ferveur, d'intérêt, d'amusement, qui lui avaient été si naturelles avant de s'être quittés. Mais il y parvenait si mal qu'elle lui dit, à deux reprises, qu'il parlait sèchement, ce qui accrut la conscience qu'il avait de son désenchantement (bien qu'il se refusât de l'admettre) et précipita l'altération de leurs échanges.

Le ciel s'était couvert ; la brise fraîchit. Le jardin lui sembla bruyant, hostile. Elle lui reprocha d'avoir changé depuis le matin, et lui opposa la permanence de sa joie, de son élan. Mais était-elle tout à fait lucide ? ou tout à fait sincère ?

Il entreprit de se justifier, donnant ainsi plus de réalité à sa mutation et la rendant plus corrosive. Et il se regarda s'enferrer, mécontent de lui qui jouait faux, mécontent d'elle qui le conduisait à des explications piteuses.

Ils allaient, irrésolus, disjoints, s'arrêtant, repartant, en quête de leur assiette. Qu'est-ce qui, encore, était réel ? Ses oreilles ne bruissaient pas du seul grondement des voitures, autour d'eux, mais du froissement, à ses tempes, d'une mince coulée de sable – comme dans les prémices du vertige ? de la panique ?

C'était une façon de débâcle intime à goût d'irrémédiable, ce qu'elle ne pouvait que percevoir... Qu'il est donc humiliant, s'étant cru amoureux, de devoir reconnaître qu'on s'abusait ; que le désir seul vous avait conduit à la revoir, avec l'arrière-pensée que le temps aurait émoussé ses défenses. On n'aime pas, quand on épuise en une matinée des années d'une vie féminine. Ou la nappe est de celles qu'un seul puisage assèche. Et, dès lors...

Au vrai, comment avait-il pu la désirer ? Il ne voyait plus qu'un visage désert, fané, dans une heure chagrine. Et lui aussi se sentait fané, et las, et triste. Toutes ces femmes – leur inconsciente insolence ! – et les efforts qu'il faut déployer pour tromper un instant, par elles, l'absurdité du monde – quelle farce !

La pluie se mit à tomber et ils se réfugièrent sous les arcades de la rue contiguë au jardin. Elle tentait de sauver, sans conviction, ce qui pouvait l'être ; mais lui, comme l'enfant qui piétine l'un de ses jouets tombé en disgrâce, s'employait à rendre irréversible leur déconvenue. À peine se retint-il de dire à voix haute le « Mais que fais-je ici ? » qu'il se répétait avec de plus en plus d'insistance depuis le début de l'après-midi.

Aussi, quand ils se quittèrent, ni l'un ni l'autre ne doutèrent-ils que leur « au revoir » avait toutes les couleurs d'un adieu.

Lettre à Françoise

« Chère Françoise,

on devrait bien commencer chaque journée par une action de grâces à ceux qui, par leur ingéniosité, nous permettent, d'un effleurement des doigts, de repousser les ténèbres, ou d'entendre, dans l'instant, les moindres inflexions de paroles dites à des milliers de kilomètres ; mais les multiples et menus miracles de nos vies ne nous sont-ils pas dus ?

Il est étrange que j'aie si vite "accommodé" sur vous quand, hier matin, vous vous êtes annoncée au téléphone. Car enfin il y avait dix ans que je ne savais rien de vous. Dix années depuis cette rencontre où, à demi-mot, vous m'aviez laissé entendre que, telle une Mélisande, vous n'étiez pas heureuse ; où je vous avais sentie, pendant l'une de ces minutes où chancellent les pensées, les sangs, tout un destin – plus que penchée vers moi : à demi versée ; et il m'eût alors suffi d'ouvrir les bras pour vous recueillir. Ce que je ne fis : vous quittiez la région pour suivre votre mari ; j'allais moi-même m'établir en une autre province. Vous ne pourriez même plus compter sur l'assistance d'un paysage à tous deux familier. (On ne sait pas assez ce que nos sentiments doivent aux alentours – ainsi d'une gemme que tel écrin exalte, que tel autre assourdit.)

Les quelques lettres de vous qui suivirent disaient peu, et vous m'aviez demandé de ne pas vous répondre – votre mari étant de ceux, naïfs, qui établissent un cordon sanitaire autour de leur couple. Si bien qu'il n'y eut bientôt plus de vous qu'un nom, une adresse en mon carnet – sur lesquels glissaient mes yeux : je ne suis pas assez vain pour me croire inoubliable.

Et voilà qu'après dix ans, mais qui s'abolirent dans la seconde, une voix fraîche surgit, aussi nette qu'à deux pas de moi. S'est-il trouvé des gens pour voir naître une source dans un décor que l'habitude a terni au point qu'ils ne le perçoivent plus ? Mais ce pourrait être un filigrane d'argent apparaissant dans un espace confiné, un bourgeon crevant un sol croûteux… Il n'est vraiment que la voix de certaines femmes pour introduire ainsi, en un lieu, la nouveauté. À la fois l'inattendu et l'inouï – reçus comme une aubaine d'autant plus goûtée, que nous l'estimons peu méritée. “Si je me souviens de vous !…” Au point de vous appeler par votre prénom, comme si ces années de silence avaient fait de nous des êtres proches, quasi des intimes de longue date ; au point de vous embrasser en vous quittant – ce que je n'avais certes jamais fait.

Pourtant, à peine eus-je raccroché, ému, étourdi de cette marque de fidélité, que je regrettai de ne pas m'en être tenu à une aimable réserve. À découvrir qu'on occupa dix ans durant, les pensées, le cœur d'une jeune femme, grande est la tentation de ne pas décevoir son attente.

J'ai si bien conscience que les femmes ne seraient pas si résistantes dans l'adversité, si longanimes, parfois si nobles dans le plus quotidien, si elles ne se nourrissaient, ne se fortifiaient de rêves – que je vous ai sans peine imaginée, après notre entretien, vous laissant aller dans un fauteuil, fermant les yeux, contenant votre cœur, en proie à une jouissance aussi violente que dans l'amour. J'ai parfaitement perçu le poids terrible que prit, d'un coup, votre corps ; l'heureuse lassitude de vos membres ; le trouble soudain d'une chair et avide et repue. (Il arrive que la vraie vie se mette à ressembler à ce que nous content les romans à l'eau de rose.)

La lettre que je viens de recevoir (je ne doutais pas que vous m'écririez, toutes affaires cessantes !) me le confirme : dix ans de rêverie, d'espoirs que l'on repousse et choie à la fois, ont fait de vous un gouffre de sentiments. À m'en donner le vertige. À me persuader que s'abîmer en une femme peut n'être pas une figure de style.

Mais était-il bien sage, je vous le demande, après avoir si longtemps nourri de leurres votre faim, de lui faire entrevoir d'authentiques nourritures ? Ne vous étonnez donc pas de sa virulence, de son ampleur, ni qu'elle se repaisse férocement de vous depuis hier.

Vous évoquez, et cela me touche fort, ces années interminables où vous deviez subir les étreintes d'un homme qui ne sut jamais que vous humilier. Et voici que ce ventre que le mépris, la détestation arquaient intérieurement en manière de bouclier contre l'intrus – ou pour rejeter le corps étranger ? – n'est plus, dites-vous, quand vous pensez à moi, que réceptacle… (Mais comment, désormais, allez-vous supporter qu'il vous touche ?)

J'apprends encore, par votre lettre, et m'en voilà confus, troublé, que je fus tout ce temps l'hôte invisible de votre logis ; que vous m'invitiez dans votre salle de bains ; que je présidais, devant la penderie, au choix des vêtements du jour ; que vous m'emmeniez jusque dans les boutiques de lingerie ou chez le bottier. Plus gravement, que je fus ce noyau qu'un de ces hommes obtus, indélicats, infatués de soi, ne parvient jamais à réduire, à briser chez sa compagne. Tout à la fois l'échappée, le recours, le baume. Le véritable dédicataire de vos sourires. La veilleuse obstinée dans votre pénombre indéfinie.

Ah ! je mesure la puissance – de graine de cèdre ! – de certains instants tel que celui où vous vous êtes sentie enveloppée de ma compassion ; mais comment n'être pas effrayé par les perfections dont vous me parez ? Qui, se connaissant, ne vacillerait devant une telle attente qui porte en elle la fougue, l'exigence, le goût de l'irréversible, la rage d'une revanche sur le sort, la hâte de jouir au prix de quelques dévastations – yeux secs et dents serrées devant celui qui vous maintint en exil du bonheur ?

C'est naturellement que je me suis montré, hier, proche, accueillant, affectueux ; mais je fus bien imprudent de croire que toutes les lieues qui nous séparent me le permettaient. Que se rompe un barrage loin en amont, et la chevauchée des flots ravage de bout en bout la vallée.

Aussi est-il à présent trop tard pour vous demander d'être… raisonnable. Pourtant, que d'obstacles à écarter, d'entraves à défaire pour pouvoir vous *établir* dans cette plénitude exaltée que vous connaissez à cette heure… (Et comment croire que votre présente griserie se perpétuerait au long des jours ?)

En dix années d'oppression – le temps que les enfants grandissent – vous avez eu tout loisir de m'idéaliser. Comme les photographies soustraient une figure au temps, c'est l'image de mes trente-cinq ans que vous n'aurez cessé de couver des yeux, au point de la rendre floue !

Je ne suis certes pas un vieil homme ; pas encore. Simplement quelqu'un que la lucidité ne quittera plus. Qui sait donc quelles forces, quel élan, quelle foi et d'abord quelle disponibilité, exigerait votre faim famine – vertus que je ne possède plus.

Qui sait ce qu'on peut attendre de la vie ; ce qu'il est vain d'en espérer, et comme elle punit les présomptueux qui croient à ce luxe qu'est le bonheur. (Un mot de femme, a-t-on dit.) Non, je ne veux pas être celui qui décevrait, une fois de plus, les attentes légitimes d'une femme bien née à l'égard de l'homme.

J'ai conscience que mes propos seront couverts par la clameur d'une âme, d'un cœur, d'une peau, d'une chair, qui, depuis hier, ont recouvré leur unité et leur détermination : "Quoi ? nous avons entendu, inespérées, les paroles que nous attendions – on ne nous avait pas oubliés ! – ; nous voilà neufs et jubilants, et il faudrait renoncer ? Autant faire vœu de clôture !"

Je consens donc, malgré la distance, à une rencontre, chère Françoise. Le temps pour vous de découvrir quelle sorte d'évidement, d'échancrure, vous avez, dix années durant, promenés sur les murs de votre geôle… »

AUDE EN TROIS TEMPS

I

QUELLE CONDUITE avoir, quand, au théâtre, le hasard vous place à un mètre de la femme à qui vous fûtes chevillé, des années auparavant ? Faut-il la saluer, imperceptiblement, avec une amorce de sourire, ou feindre de ne l'avoir pas vue ? (Ce parti vous paraissant détestable en regard de la place qu'elle tint dans votre vie.) Mais son impassibilité apparente ne vous dicte-t-elle pas votre attitude ? Et puis, il y a cet homme qui l'accompagne, auquel vous vous comparez. Plus jeune et, ma foi, séduisant.

Ah ! pouvoir la regarder tout à loisir avant que le rideau ne se lève et qu'elle ne soit plus qu'une silhouette ; et non de biais, furtivement, quand on la sent tourner la tête vers son compagnon... Sont-ce les lumières qui accusent, sur ce visage demeuré lisse, la dureté qu'on lui connut, quand le ressentiment l'animait ? Pourtant, dans la volée d'images qui m'assaillent, celles de sa plus grande douceur s'imposent à moi – et me voilà qui, les yeux secs, *pleure* sur nos débuts difficiles, tourmentés, où elle avait manifesté un rare sens de l'absolu. « Pourquoi ce temps d'amour farouche, éperdu, n'a-t-il duré ? C'est pourtant ainsi qu'il faudrait vivre ! Toute autre modalité de l'amour est compromission, victoire d'une société qu'il faudrait tranquillement braver, avec le seul souci d'être soi-même. Moi qui étais déjà encombré de souvenirs, ai-je assez mesuré le prix de ce qui venait de m'échoir : une fougue amoureuse que sa nouveauté rendait intransigeante jusqu'à la réclusion volontaire comme si, hors de nos rencontres, le silence d'une cella lui eût seul convenu ; je ne sais quoi de pantelant, d'extrême, dans le don, qui ressortissait à la transe sacrée... »

L'apathie de mon corps cependant m'étonne. À croire qu'il a oublié les proportions de ce Tanagra, ses formes qui vous faisaient une paume de potier, la saveur, le piment d'une chair si prompte à vous... échapper par le haut, à fuser vers l'extrême plaisir et à l'atteindre en un bond de gazelle. Mais je chasse ces évocations – indécentes, comme s'il se fût agi d'une morte ou d'une sœur. Elles sont de l'esprit seul, le cœur n'y a pas de part.

Je regarde, sans m'y intéresser, le spectacle de flamenco. Je vois que, sur la scène, on scande, presse, harcèle le temps ; qu'on l'effarouche par des interjections, des jetés de bras, des virevoltes de jupes... (Il en ruisselle !) Je regarde ; pourtant je n'ai d'attention que pour la pénombre de la salle qui me transmet si bien, par une sorte d'osmose, la matité de *sa* peau, si favorable à la caresse, quand certains épidermes sont tels des sols pauvres où ne croissent qu'herbes folles. Une matité – ô souvenirs ! – qui fait augurer de veloutés étroits, ourlés, profonds.

Mais le corps demeure inexplicablement amorphe, comme s'il n'avait pas reconnu celui qui le halait à distance, le bouleversait au plus près ; mais la peau n'a plus de papilles, à moins qu'elles aient perdu le pouvoir de migrer.

Et si, tout au contraire, ce corps ne se souvenait que trop bien du temps où l'amour physique, si longtemps opulent, était devenu strident, quasi douloureux, à n'être pas même la conjonction de deux onanismes ? Si la peau s'éprouvait encore et toujours couturée par tant de griffures faites au cœur ? Si elle m'enjoignait de m'éloigner de cette femme comme, d'instinct, les bêtes s'écartent des plantes vénéneuses ?

Le spectacle s'est achevé. Je *les* vois, de dos, gagner leur voiture. Un couple s'est substitué à celui que nous formions ; un couple s'affirme dans les yeux, les esprits des gens ; il reçoit de ceux-ci une manière de consécration tacite – et précaire. Quoi de plus naturel ? et n'est-il pas singulier de rentrer chez soi partagé entre l'angoisse et la nausée ; furieux de surcroît contre le sort qui vient d'interposer une image et inerte, et hors de portée, entre vous et toutes celles – exquises ou détestables, mais vivantes – que vous conserviez d'elle ? De quoi se sentir appauvri, rejeté dans un passé si lointain, que ce qui fut pourtant ardemment vécu, paraît n'avoir pas eu lieu. De quoi se découvrir très vieux, très las.

II

Plusieurs mois après, alors que je travaille, on frappe, mais du bout des doigts comme on ferait un signe discret pour attirer votre attention. Saisissement : c'est elle ! Vêtue de noir – couleur qui s'accorde à ses lignes strictes et souligne sa sveltesse. Ni le noir qui « sied à Électre », ni celui des îliennes de jadis : seulement une façon de trancher sur le ciel à la façon du cyprès qui se dresse derrière elle dans l'encadrement de la porte.

Sent-elle comme moi, à cet instant où nous nous considérons, incrédules, monter, de quelles profondeurs, de lentes larmes dont l'amertume même est douce ? Ah ! je lirai désormais avec d'autres yeux la parabole de l'enfant prodigue ; j'entendrai d'une autre oreille ces messages de parents dont l'enfant a fugué : « Reviens ; aucun reproche ne te sera fait. »

Ce n'est plus l'espace clos d'une salle, une pénombre épaissie de souffles : *la* voici debout dans le jour, comme déléguée par lui.

Le visage un peu émacié, aussi beau qu'au temps de nos fêtes, dit la décantation de l'être plus que son mûrissement – ce que mes mains confirment, qui se souviennent d'un corps plus enveloppé, plus moelleux.

Je l'ai attirée à moi ? ou j'ai foncé tête baissée dans cette ombre comme l'insecte sur la lampe ? Je n'ai pas délibéré, à coup sûr, de la prendre dans mes bras, de la soulever de terre en pivotant un peu, dans le mouvement du bercement. Ah ! comme la part masculine du moi béait, pour en avoir happé la part féminine avec cette vivacité ! Je suis celui qui se ressaisit d'un trésor qu'il pensait ne pas revoir ; celui encore qui vient de ravir une Sabine et ne songe qu'à la soustraire aux convoitises.

Quoi, nulle lueur de conscience dans cet accueil en aveugle ? Et si, par cette démonstration, je voulais persuader d'emblée la visiteuse qu'elle ne m'importe pas moins qu'autrefois – et ce, sans recourir, par prudence, à une parole dont j'ignore quel écho elle aurait ?

Non, elle préfère s'asseoir en face de moi ; et j'en conclus qu'elle est venue en observatrice – de moi, d'elle-même, de nous.

Pour l'heure, elle s'emploie à justifier son éloignement (« Pour préserver ton image »), à m'éclairer sur l'homme que je vis à son côté (« Le seul ami de mon adolescence »). La voix, bénigne, est celle d'un être de bonne volonté, peut-être d'un convalescent qui renouerait précautionneusement avec la vie, après avoir été malmené.

Je la crois vacante : serait-elle venue si un amour l'occupait ? Rappellerait-elle avec faveur tels de nos souvenirs heureux ? À l'évidence, elle n'a rien oublié, alors que tant de femmes se veulent sans mémoire, à peine ont-elles pris congé de nous.

Notre passé commun est ocellé de tels moments de grâce !... En ces minutes où nous accommodons l'un et l'autre, l'un sur l'autre, ah, puissent-ils nous venir en aide ! Chacun d'eux tient de l'insensible cumulus de beau temps, d'un creux de dune au soir, d'un lagon, d'une clairière ronde. Chacun d'eux est une perle à l'eau très pure dans le manteau du jour. Le temps le contourne – et le couronne.

C'est vrai – je l'écoute comme on regarde éclore des moires sur la mer calme – que dans le parc d'une demeure déserte, elle se substitua, nue, à la statue qu'on avait enlevée de son socle ; qu'elle reçut de moi, en apanage, maints et maints beaux villages de pierre forte ou de brique ancienne ; que, pour orner mon logis, les bouquets de rameaux, de fleurs à longues hampes, jaillissaient, accomplis, de ses mains... et que, chaque fois, silencieux, un peu en marge, je la voyais tenir à distance le temps qui use, délite, flétrit.

Et moi qui pensais être le seul à veiller sur ces enclaves que la conjonction d'un lieu, d'une heure, d'un désir, d'une saveur, ménage, en un miraculeux suspens, dans une durée vouée à l'oubli... Le seul à me pencher sur un puits pour y retrouver, conjurant la nappe sombre, un reflet obstiné.

Pourtant, il ne se peut que les souvenirs qu'elle évoque – et savais-je assez à quel point nous fûmes riches ? – aient pour elle autant de prix qu'à mes yeux. Il lui plaît de souligner la fantaisie, parfois la tranquille audace d'une situation, et notre inconscience d'alors, mais elle n'a pas, comme moi, les paumes, le bout des doigts pleins d'échardes, tant ces souvenirs heureux doivent à la chair. Vêtue, dévêtue, elle était la forme entre toutes à effleurer, à étreindre, à déposer – des couches, partout, proposant leurs bons offices –, en fardeau qui paraît de plomb à nos faibles membres.

La regardant, je comprends pourquoi je n'ai jamais contemplé ses photographies, depuis son départ, sans mimer bientôt, en pensée, le geste de polir, celui de disjoindre, en un jeu irritant, épuisant, pour vaincre son inexplicable inertie, sa souriante, mais insigne mauvaise volonté.

Quoi ? l'instant qui se condensait en ces ombres, en ces reflets si heureusement distribués, fulgure toujours au point d'exténuer notre présent ; voici qu'on nous replace d'un coup dans le lieu, le temps où elle était telle, et nous souriait – promesse d'avenir (ses yeux donnant sur un aval indéfini où nous nous voyions nous découper), et quelque maléfice la tient immobile, hors de nos prises ? En vain la convions-nous, d'un air engageant ; l'assiégeons-nous de notre impatience, de cette tension qui nous porte vers l'avant, dans une voiture trop lente à notre gré. Elle feint, alors même qu'elle nous regarde, de ne pas comprendre ; ce qui nous rend plus attentif à son sourire : n'y aurait-il pas en lui une lueur de défi ? À son front, siège de l'entêtement...

Nous concevons, certes, qu'elle se complaise à demeurer jeune et belle en ce jour lumineux, dans cette prairie, sur cette plage, mais le temps ne nous a que trop entraîné avec lui, nous ! Aussi, quand, de guerre lasse, un goût de défaite aux lèvres, nous renonçons à sertir cette image, à tenter de l'animer, c'est en en voulant à celle qui fait preuve d'un détachement incompréhensible ; en lui reprochant notre vieillissement : comme elle aura, sans un geste pour nous accompagner, laissé le courant nous éloigner d'elle !

Ma visiteuse parle et j'acquiesce, de temps à autre, pour masquer ma... distraction. Sans doute demande-t-elle aux souvenirs qu'elle évoque de l'éclairer sur l'état de son cœur ; mais non moins sur celui de sa peau, en femme qui sait combien celle-ci importe en la circonstance, même si elle n'est guère fiable. « Que reste-t-il en elle, de son éblouissement premier, en face de sa peau d'homme ? Est-elle encore captive de ces mains ? En attend-elle le soleil, le sel – et ses parures les mieux ajustées ? »

Elle parle. Je l'ai si bien vue se gouverner en toutes circonstances, et jamais mieux que dans l'inopiné, l'embarrassant, que sa présente maîtrise de soi ne m'étonne pas. Espérais-je, en la revoyant, retrouver chez elle la fougue des commencements, éteinte pourtant quand elle prit ses distances ? Rien ne bronche dans sa voix, son maintien – et je pense à tout ce qui sépare une œuvre picturale exécutée avec application, de celle qui fut enlevée sous le coup de l'inspiration.

Quel mobile l'a poussée à me revoir ? La curiosité pour la façon dont j'ai aménagé ma solitude ? (« Comment vit-il sans moi ? ») Ou la nostalgie de l'unité perdue, de paysages d'Arcadie où l'on est, de tout et d'avance consolé ? Un beau nom, que celui de nostalgie où l'on entend – vivacité de la langueur ! – un rebond, une volte de valse, pendant que notre nuque considère les franges indéfinies d'un sillage. Mais ce sentiment me paraît plus propre à l'homme qu'à la femme – laquelle choie le possible plus qu'elle ne fantasme ce qu'elle eut. Il ne se partage guère, surtout face à face – orchidée que l'on cultive sous la serre de ses paupières closes ; il ne se conçoit pas sans une sourde tendresse – universelle mais d'abord tournée vers nous-même.

Je voudrais en déceler des traces dans cette voix de bonne compagnie, égale et précise ; mais elle est absente de l'inventaire – après décès ? – que nous menons à cette heure et qui pourrait se résumer aussi bien en un « Si peu que cela ? » qu'en un « Tant que cela ! »

Parce que chacun de nos souvenirs heureux est singulier, unique (ou il ne serait pas de la nature de la perle) ; qu'il doit aux circonstances une part de son charme, je me garde de suggérer que nous revoyions une plage, une prairie, un village qui ne nous reconnaîtraient pas – tant y sont venus depuis ! – ; que nous ne reconnaîtrions qu'à peine, et comme leurs changements dénonceraient à l'un et à l'autre l'intermittence de son cœur !...

Saurions-nous, du moins, sans rien préméditer, nous constituer des souvenirs si neufs, si pleins, qu'ils prendraient rang sans disparate, dans le collier des anciens ? (Car il y aurait tout à craindre, s'ils n'avaient pas leur éclat.)

Notre foi est-elle assez assurée ?

En avons-nous le désir ?

Que nous aurons été raisonnables, en cet entretien : pas un instant, il n'aura manqué aux convenances ! Et comme chacun y a bien joué son rôle... De plus en plus lucidement de part et d'autre.

Je ne dis pas, sur le perron : « À bientôt », et moins encore : « Quand nous reverrons-nous ? » Je fais un emprunt à Racine, en le détournant :

– « Dans un mois, dans un an... »

Et la réplique fuse, avec le sourire de qui voit sa pensée parfaitement résumée :

– « C'est cela !... »

Le mot de la fin ?

III

Quelqu'un s'annonce, un soir, au téléphone, que je n'identifie pas. Aude est un prénom rare, sans consonne d'appui. Sa fluidité ne s'impose pas d'emblée à une oreille désaccoutumée de l'entendre, après tant d'années de silence. Mais c'est bien *sa* voix, aussi à l'aise que si nous nous étions appelés la veille.

Je redis si volontiers que les femmes nous chassent de leur esprit, après une rupture, et qu'il est vain d'espérer d'elles le moindre retour sur soi, le nouvel élu serait-il plus décevant qu'on ne le fut – que ce démenti m'est agréable.

Brièvement, toutefois, car, n'attendant plus depuis longtemps qu'elle se manifeste, j'ai bien le sentiment d'une intrusion. Voici qu'on me force à rouvrir l'armoire aux souvenirs, qu'on les en tire en désordre avec le souci, déjà manifesté lors de sa venue, de justifier son éloignement : « Tu ne m'as pas comprise, quand… Et je n'ai pas su te le dire… » De quoi je lui donne acte, peu désireux de disputer puisqu'il n'y a plus rien à sauver.

M'a-t-elle appelé par souci de son image, en ma mémoire ? Ainsi qu'on se souviendrait d'un lointain parent longtemps négligé ? Parce que son « meilleur ami » s'est absenté et qu'elle se sent seule ?

Est-ce par une *sympathie* réelle, qu'elle me demande si j'ai « refait » ma vie – comme on se « refait » au jeu, en quelque sorte ? Et sans doute pourrais-je éluder sa question : « Quelle réponse te ferait le plus plaisir ? », mais je l'assure que non, pour lui donner à entendre et qu'elle est irremplaçable, et que je suis fidèle, moi.

(Telle est notre fatuité d'homme, que nous verrions assez la femme qui fut dans notre vie faire vœu de chasteté perpétuelle : comment peut-elle supporter d'autres mains que les nôtres... ? Nos caresses n'étaient-elles pas incomparables ? Le plaisir que nous lui donnions sans équivalent ?)

– « Je ne veux pas que tu sois malheureux à cause de moi... » Que ce scrupule est donc touchant ! Faut-il jouer les inconsolables ? Répondre qu'on peut fort bien vivre sans elle, et qu'au reste la nostalgie a de grandes séductions, qui met votre cœur en porte-à-faux, qui vous étire l'âme vers l'amont ? Je sais, par chance, manier la diversion.

Elle m'enjoint, et j'y vois la vraie raison de son appel, de détruire ses lettres et ses photographies, et je pense à ces « liquidations après faillite », ou simplement aux ventes où « Tout doit disparaître ». À cette fière déclaration, encore : « Du passé, faisons table rase ! »

À la vérité, voilà déjà un moment que je contemple la lande, pas même plantée de genêts d'or, qui me sépare de notre couple. Car nous avons été cette communauté de vues, de goûts, de rejets, de savoirs et de secrets, de projets, de destins, qu'on nomme couple – le désir pour ciment, le plaisir pour saveur partagée, les souvenirs communs en guise de nappe phréatique. Nous fûmes les composants de cet être dont parle Rilke, qui englobe et transcende les deux amants. Ou, si l'on veut, une île dans l'océan des peuples. Minuscule ? Au rivage friable ? Mais ce fort imprenable, ou qui se croit tel, en son centre !...

Quoi, même nous ? Qui n'a vu s'effacer sans étonnement ni regret, certains visages dont l'ovale se révéla bientôt sans plus de consistance qu'un halo de lune, même si, pendant un jour, une semaine, il a bien pu nous paraître un filigrane d'argent ? Mais les circonstances de notre rencontre, la force de nos affinités, la sensation de l'unité enfin rencontrée, un sentiment – qui ne trompe pas ! – d'irrémédiable, d'irrévocable, celui d'une nécessité qui, à la fois, nous dépassait, nous emportait, n'étaient-ils pas autant de preuves et de garants d'un amour non commun ?

Il ne s'agissait pas de fusion, comme le croient les lecteurs de romans roses, mais d'une convergence de pensées, d'émotions, d'attentes, de desseins, de sucs et de sang ; de la conjonction de deux versants en une ligne de crête qu'il était grisant de suivre, un peu étourdis par le champ du possible, à nos pieds. En nous, encore, allait se perpétuer un confluent, car enfin voit-on deux rivières s'apparier, cheminer un temps de conserve, puis rependre leur pleine indépendance ?

Elle parle de son travail, diserte, prolixe, et je l'écoute : ne suis-je pas « au bout de la ligne » ? Plutôt en marge, au vrai, et qui regarde deux interlocuteurs apurer leurs comptes. Elle m'a, tout à l'heure, reproché de ne l'avoir pas comprise ; j'attends toujours la question qui la montrerait curieuse enfin de ce *moi* que Proust distingue soigneusement de l'être social, et que j'ai la faiblesse de croire ma meilleure part, la plus singulière. J'avais été, je demeurais pour elle un inconnu, alors qu'elle avait, mieux que beaucoup, les moyens de me connaître. À l'évidence, elle ne s'était pas départie, en dépit des années, d'une inconsciente hostilité à l'égard de mes plus fortes raisons de vivre. Où était la plus grave, la plus étonnante incompréhension ?

La conversation s'achève, où tout fut *joué* de part et d'autre. Une demi-heure aura suffi pour résumer, condenser, ce qu'un commerce de dix années eût été, si nous étions demeurés ensemble. Serions-nous si pauvres ? Nos vies, à ce point sans relief ? Et si, de ce qui nous importe, plus rien ne nous semblait devoir, pouvoir être partagé ? Seulement, seulement un prodigieux « pas envie de » qui laisse intacte la question : « Pourquoi ? Pourquoi ? » Intact, l'étonnement : « Ah ! se peut-il, ô Toi que j'ai "de si près tenue" ! »

Sans doute. Mais à l'entendre sans fin parler d'autre chose, de cette voix ciselée qui, si vite, pouvait avoir le tranchant d'une lancette, je me convaincs que notre éloignement ne fut pas sans motifs, et qu'il serait hasardeux de la croire changée, comme elle l'assure, si l'on rêvait de retrouvailles. Tant il est de modalités dans la solitude.

Il faut mettre en garde les quelques femmes qui seraient tentées de former le numéro que leurs doigts, des années auparavant, composaient avec l'agilité de la harpiste, quand elle arpège : leur voix, leurs propos pourraient raviver plus de rancune qu'ils n'éveilleraient de regrets ; ils pourraient laisser à l'interlocuteur un goût de cendre moins pour les bonheurs révolus, que pour cette image devenue floue en lui, qu'on vient de restaurer.

Que tu es rare, ferveur, dans ces voix péremptoires, ombrées d'acrimonie, qui jamais ne bronchent au souvenir d'un instant heureux ! Que tu es rare, tendresse, dans ces débits constants, assurés, où il n'est de place pour les suspens, les soupirs !...

Des voix de comptables, oui.

Si opportunes pour faire en vous le deuil d'un être.

Souvenir de Rachel

« Mon cher ami,

(et c'est étrange, mais j'écris ces mots avec, dans l'oreille, la nuance d'affliction que l'on met dans : "Mon pauvre ami".)

Ainsi te voilà amoureux – et de Rachel !...

Quand, au téléphone, tu m'as demandé ce que je pensais d'elle, je ne fus pas surpris outre mesure : j'avais compris, depuis quelque temps, par tes propos, qu'elle t'importait.

Tu as souhaité savoir quel souvenir j'en gardais et je t'ai réclamé un délai. C'est une autre affaire que de répondre à celui qui, avant d'engager quelqu'un, s'informe auprès de son précédent employeur, sur sa façon de servir !

Je voulais relire ses lettres, me remémorer nos différends. Nos bonheurs aussi, car enfin, dans ces années où elle partageait mon toit, il y eut des heures de vif agrément.

Sa seule amie d'alors m'avait parlé d'elle. Un homme aux dehors honorables l'avait recueillie et la tenait sous sa coupe. Elle ne pouvait sortir, recevoir, qu'en sa présence. La porte de l'appartement dont il avait seul la clé, ne s'ouvrait, avec parcimonie, qu'aux gens qu'il jugeait sûrs. Et c'est là, je te l'accorde, une situation romanesque, mais je crois que, de nos jours encore, Arnolphe a beaucoup d'émules.

Ma maison étant vaste, je m'offris à héberger la captive dans une aile. L'arracher à son geôlier ne fut pas aisé : une femme peut vivre avec un homme dépourvu d'égards pour elle, et craindre l'inconnu. Quant au stratagème dont nous avons usé pour lui faire recouvrer la liberté, cela est dépourvu d'intérêt.

Son sort m'eût-il retenu si elle s'était prénommée Hélène, Claire ou Madeleine ? Mais une Rachel avait été l'une des épouses de ce Jacob qui lutta avec l'Ange. À s'appeler ainsi, on se devait d'être, à l'instar des Ruth, Judith, Esther..., une femme ardente, à l'âme haute.

Un assez long temps se passa avant que nous ne fussions amants. Je ne l'avais pas tirée des mains d'un mufle pour me montrer importun. Il me suffisait de savoir que notre conjonction était inscrite dans les astres. Les conquérants dédaignent bien à tort les charmes de l'apprivoisement, les violences que fait à notre palais une maturation qui se prononce.

Quand le temps fut venu, je fis de son corps, avec son assentiment, une carte du Tendre. Au fil de nos "rencontres", je la... *découvris* peu à peu – le sein après l'épaule, le ventre après la gorge. Ce qui était retrouver, des mains et de la bouche, l'art des blasonneurs. Je connus, à boire à sa source, en écartant des pétales d'églantine, l'émoi panique du voyageur qui, ayant longtemps cheminé à l'aventure dans le désert, aperçoit enfin le puits où se transpercer d'une vie neuve, fraîche et brûlante.

Je crois qu'elle me sut gré d'avoir pris, pour la rejoindre, des chemins buissonniers.

Je le crois parce que j'ai relu ses lettres – que j'avais gardées, ne pouvant me résoudre à imiter les femmes qui font avec allégresse table rase quand elles nous quittent. À commencer par celles qui vous ont le plus d'obligations, celles que vous avez fait rire et jubiler, et qui n'ont pas même la reconnaissance du ventre !

Il y a, dans les premières lettres que Rachel m'adressa, durant mes absences, des cris d'amante si justes, qu'ils ont, à mon étonnement, tiré de sa torpeur… ce que tu devines. Et sans doute y réforme-t-on hardiment l'orthographe, mais une lettre d'amour ne doit-elle pas se lire avec l'oreille ?

Bien entendu, le ton de l'émerveillement, quand on se dit regardée, fêtée comme on ne le fut jamais, le cède de plus en plus à la vivacité à mesure que mes reproches deviennent fréquents. L'acrimonie dicte les dernières lettres, brèves et peu soignées.

Les femmes prolixes, intarissables, condamnent l'homme à vivre dans un espace continûment mis en pièces, dans une manière de fourré sonore sans échappées. Le silence voudrait-il y nidifier, qu'un piétinement de paroles l'empêcherait même de s'agréger.

Rachel n'est, dans une maison, plus bruyante, plus agitée, que n'est un chat des Chartreux. Sa voix a l'étroitesse et le charme d'un murmure de ruisseau. Il n'est de peintre, de poète, qui ne voudrait avoir chez lui femme si douce, si discrète, qui longe, effleure, incante, feutre à peine les airs, fait affleurer, en quelque recoin, une eau close, calme.

Vous revient-elle après quelques jours passés à la ville, en examens universitaires ? Non, elle n'a rien de particulier à dire. Les épreuves ? Ah, oui… C'est terminé, c'est tout. Et vous n'en saurez pas davantage à moins de ne pas craindre, en la pressant, des réponses données de mauvaise grâce, qui vous font sentir l'incongruité de vos questions.

Juge-t-elle superflu de partager ? ou n'a-t-elle rien à mettre en commun ?

L'expérience m'apprit qu'elle excellait dans les réponses ambiguës qui ne livraient d'elle que des miettes ; dans de semi-vérités propres à entretenir votre incertitude. Ses réticences, ses restrictions mentales, lui sont aussi consubstantielles que ses négligences, que son inertie quand vous avez manifesté une attente, si modeste fût-elle.

Comme elle se prévaut d'une grande exigence morale, on l'indignerait fort en lui disant que sa parole parcimonieuse n'est qu'une forme, entre beaucoup, de son absence de générosité – et qu'elle favorise grandement les calculs et les trames !

Sphinge domestique, elle fait, de la pièce où elle se tient, une île – inabordable en dépit des plages de sable qui l'auréolent. On la dirait *naïve* jusqu'à la simplesse, parfois. Je la crois née sournoise, sous des dehors de droiture qui abuseraient le plus sagace.

Sournoise et orgueilleuse.

Face aux reproches d'insouciance à votre égard, d'oublis répétés de ses engagements, d'indélicatesse, il lui faut à tout prix sauver la face. Tantôt par des mensonges d'enfant pris en faute, des arguments si dérisoires qu'on en a honte pour elle et qu'on se sent humilié qu'elle vous croie capable d'y souscrire ; tantôt par le silence de qui, injustement accusé, dédaigne de s'expliquer. Silence qu'elle justifie par quelque propos qui vous fait douter de vos oreilles : “Je n'ai pas envie qu'on me juge ; on ne me comprend pas”, avec cette variante : “Je n'ai pas envie que tu me donnes mauvaise conscience.” Ou encore, réduite à quia : “Tu dis n'importe quoi !” À moins qu'elle ne se découvre un grief à votre encontre – grossi à dessein pour qu'il équivale à sa faute – grief qu'elle avait eu le bon goût de ne pas relever, elle !

Irrité par tant de mauvaise foi, j'admirais cependant la variété des esquives, des dérobades, des subterfuges déployés. Je saluais à part moi l'une des supériorités de l'espèce les moins contestables. Et je mesurais la violence que lui faisait le moindre aveu, l'espèce de... détresse qu'elle en éprouvait. Soit qu'elle finît par vous crier : "J'ai tort, là !..." avec une exaspération qui vous donnait à entendre qu'elle le disait de guerre lasse, sans le penser aucunement ; soit que son "J'ai tort..." vous fût concédé dans un souffle, d'une voix inaudible qui défaille – et, pour un peu, on aurait eu pitié d'elle.

Elle est née orgueilleuse, mais, je le pressens, avec le secret désespoir de ceux qui ont des prétentions sans commune mesure avec leurs ressources, et qui le savent mais ne sauraient en convenir. Je doute qu'elle m'ait jamais pardonné de l'avoir conviée, un jour – insulte suprême ! – à une plus juste appréciation de ses facultés intellectuelles. Elle faisait, quand je l'ai connue, des études de psychologie – "science" qui, mieux que les mathématiques, admet l'amateurisme, la suffisance, le pédantisme. Aux termes d'initié dont elle usait avec moi, non sans une ombre de condescendance, je voyais bien qu'elle se considérait... de la tribu.

Prononçait-on, devant elle, le nom d'un écrivain, d'un peintre ou d'un photographe, qu'elle s'animait comme si elle n'eût connu que lui. Je me suis tôt avisé qu'il était sage de ne pas gratter, fût-ce de l'ongle, le vernis dont elle se paraît.

J'imagine qu'elle a continué de vivre sur ses pauvres certitudes, sur ses options qui devaient tout au viscéral, en se gardant de ce qui aurait pu les ébranler. Eût-elle montré un entêtement irréductible à les défendre, si elle n'en avait senti la fragilité ?

De même que le petit chariot qui, dans la salle de bains, portait un étonnant attirail de produits de beauté pour le jour, la nuit et... les crépuscules, disait à la fois son narcissisme, la part éminente faite au physique dans sa stratégie de séduction, et la conscience que sa joliesse était précaire, que sa richesse intérieure ne pourrait un jour s'y substituer.

Sans doute est-elle demeurée svelte, puisque tu goûtes fort la gracilité des corps. Et encore assez plaisante à voir pour se passer d'être belle. Soignée, récurée, ainsi je l'ai connue. Experte à vous surprendre heureusement avec les vêtements les plus ordinaires, comme s'ils lui étaient reconnaissants de leur donner leur chance, de les ennoblir.

Et pourquoi les légumes, les viandes, le poisson, les condiments, auraient-ils cessé d'être sensibles à sa bonne grâce, quand elle traite avec eux ? Sa cuisine légère et raffinée doit, aujourd'hui comme hier, vous laisser à peine en deçà de la satiété – ce qui vous rend plus dispos pour les jeux amoureux.

Et tu m'attends là, bien sûr...

De Rachel, j'ai d'abord aimé sa matité de brune, de latine ; l'aura soyeuse qui lui tenait lieu de contours ; sa voix... de souricette, lui disais-je ; ses seins qui avaient le bon esprit d'être adolescents ; une croupe à la rondeur de pleine lune, par fin de nuit d'été, sur la mer. Je l'ai aimée pour la douceur qui me poignait, à la caresser ; qui me rendait glorieux comme le sculpteur dont la paume quitte à regret l'œuvre achevée.

Ce sont là des raisons où priment d'abord les sens, ainsi que dans maintes inclinations ; mais j'ai prisé encore, à nos débuts, sa façon de régenter l'espace sans lever le doigt ; l'aise qu'on en ressentait ; une quiétude des airs où se perdaient vos soucis comme l'eau dans le sable.

... Jusqu'au jour où l'on s'avise que l'aimée est, à plein-temps, grande prêtresse de son seul Moi ; que son esprit ni son cœur ne lui dictent d'attentions, de gestes qui vous toucheraient. Et comme on s'en plaint, à la fin, elle vous répond que si on a tant besoin de preuves d'amour, c'est qu'on doute d'elle. Une étrange apathie la saisit quand vous manifestez le souhait le plus aisé à satisfaire. Qui devient léthargie si vous le formulez à nouveau. C'est un mal singulier, puisqu'il frappe une personne par ailleurs diligente – et qui n'a pas de mots assez vifs pour le manque d'égards dont elle fut l'objet avant vous. Un mal si induré, que vous renoncez, tant l'inertie qui se couvre de faux-fuyants vous semble plus vexatoire qu'un refus sans ambages.

Mais l'important est de se croire faite pour un grand amour – de midinette, à en juger par les magazines qu'elle lit. Dès lors, on peut bien ignorer la générosité, la prévenance, la sollicitude. Ah ! le monde est plein de gens qui aiment, à qui il ne reste plus que d'apprendre à aimer !... Ainsi, je le crois, de Rachel : mieux vaut ne pas essayer de savoir ce qu'elle vous sacrifierait. Se parant de toutes les vertus, comment concevrait-elle que des femmes – très étranges, au vrai – aiment l'autre plus qu'elles-mêmes, se montrent, dans l'amour, attentives, ingénieuses – sans se croire obligées d'être futiles ou colères, sourcilleuses ou dissimulées ? Des femmes qui, sans être bavardes, vous rapportent avec drôlerie ou ferveur ce qui les a diverties, émues, ravies... Rachel doit estimer que son charme la dispense d'avoir du cœur, et qu'il suffit pour qu'on s'attache à son minois.

"Mais encore ?", demandes-tu ; et je vois bien qu'il me faut raviver mes souvenirs d'alcôve !

Si tu n'attends d'une femme qu'Orifice où s'enfoncer moelleusement comme on avance une pointe de langue dans la crème pâtissière d'un puits d'amour, cependant que les mains étreignent quelque galbe aussi poli que l'amande de la noix de coco, mais tiède, mais élastique, l'onctueuse et ployante Rachel devrait te suffire. Au reste, elle est, en cela, semblable à d'innombrables femmes pour qui vous recevoir en parfaite gisante est une suffisante faveur. S'il fallait, de surcroît, se mettre en frais pour l'hôte d'un moment !...

À peine étendues, entrouvertes, une indolence incoercible les gagne. Les bras... leur tombent, leurs mains reposent à leur côté. Certaines vous regardent, de la rive lointaine où elles ont pris place. D'autres ferment les yeux, se retranchent en fruit que l'on confit et qui savourerait ses sucs... J'ai toujours vu Rachel trop mobilisée par la transfiguration de son moi, pour se départir jamais de sa passivité.

J'allais oublier : elle *chante* peu, mais juste, avec un dernier cri déchirant où tout un haut ciel s'étoile – comme un vitrail.

Que l'homme fasse l'amour à une manchote, voire à une femme-tronc, doit lui paraître dans l'ordre des choses.

Comment la lucidité s'immisce-t-elle dans l'amour ? Et j'entends bien qu'elle n'est pas moins prompte à cliver le regard de la femme. Car nous aussi décevons, et plus souvent qu'elles ne nous dépitent.

Sans doute avons-nous essuyé une déconvenue de trop qui, agissant comme le bain révélateur, fait apparaître en quelques secondes une figure de l'autre froide, *étriquée*, terriblement précise encore, comme si nous venions enfin d'accommoder, alors qu'elle bénéficiait jusque-là du flou de notre vision.

Cette fois, nous ne pouvons plus invoquer pour sa défense les "intermittences du cœur" : force est d'admettre que c'est, chez elle, affaire de nature, ce qui nous laisse sans espoir. Dès lors, nos griefs diffus se condensent au fil d'un soliloque acerbe qui porte jugement, condamnation, en ce qu'il généralise : "Il est vraiment des femmes qui vous donneraient envie de faire l'éloge des bavardes ; au moins celles-ci, à tort ou à raison, nous paraissent plus lisibles !... " "Les femmes qui vous disent volontiers : 'Un rien me fait plaisir', ne semblent pas percevoir que nous ne différons en rien d'elles... Ah ! quand l'indigence du cœur se conjugue à celle de l'esprit !..."

On se promet de se conduire à son image, de bannir de nos rapports les prévenances, les témoignages d'affection et jusqu'aux compliments. D'instaurer le laconisme, la taciturnité dans notre commerce, afin que ce climat insolite la conduise à un retour sur soi. Comme si nous ne savions pas que loin d'en tirer un enseignement, elle nous jugerait désagréable, maussade, ennuyeux ! D'autant que nous ne sommes pas plus doué pour les sentiments mesurés, les élans que l'on bride, qu'elle ne l'est pour les démonstrations d'attachement. Et que, tout en la souhaitant autre, nous nous sentons un devoir d'indulgence envers qui nous répète, avec quel accent de conviction : "Que deviendrais-je sans toi ?"

Le diable existe : je m'en convaincs à voir avec quelle ingéniosité, contre toute probabilité, toute vraisemblance, il déjoue les précautions des couples adultères, dessille les yeux de l'homme, de la femme trompés...

Je la croyais au moins loyale. L'écoutant un jour s'exclamer – c'était avant que nous nous aimions : "Ah ! jeter de temps en temps un grand éclat de diamant noir !", j'avais souri de cette outrance de roman de gare. Sans prendre garde au "de temps en temps".

Dis-moi : as-tu jamais découvert – par hasard ! – que la trahison menait ses trames sous ton toit ? Que tu n'étais que le truchement d'un tiers – qu'on invitait en pensée dans ton lit ? Si tu fus, comme moi, tel celui qui chercherait en vain une rambarde quand le réel s'effondre autour de lui, tu as vu, j'imagine, la coupable vaciller sous les accusations, la déroute défaire ses traits.

Tu as entendu une égarée implorer sa grâce – ou déclarer qu'elle te quitte. En bref, de quelque façon avouer.

Rachel a, dans l'épreuve, bien plus de dignité et vous épargne pleurs, supplications, promesses. Dans sa colère de se voir percée à jour, elle nie le flagrant délit avec une arrogance, une opiniâtreté qui vous laissent ébahi. Sommée de se justifier, elle invoque ensuite son droit au mutisme en usant de fières formules qui vous déconcertent par leur à-peu-près : "Mon silence est, pour moi, une nécessité." "Pour moi (elle affectionne l'expression), mon silence vaut mieux que toutes les explications que je pourrais fournir."

On voit bien qu'elle se tient pour l'offensée – par votre clairvoyance. Qu'elle n'a d'autre regret que d'avoir manqué à la vigilance. N'ayant encore rien avoué, rien dit qui vaille, elle vous déclare : "J'en ai assez de m'expliquer et de n'être pas comprise, ou de travers."

C'est qu'il s'agit de ne pas perdre le statut dont on jouit, tout en ne renonçant pas aux délices de sa liaison. Et cela vaut bien des dénégations stupéfiantes de mauvaise foi.

Je crains fort que tu ne regrettes de m'avoir interrogé – et après tout, peut-être est-elle devenue la plus fidèle, la plus expansive, la plus généreuse et la plus humble des femmes. Il te faudra, en tout cas, lui demander quel souvenir elle garde de moi. Et si je n'avais pas su discerner ses qualités de cœur, les ressources de son esprit ? N'est-ce pas d'un être sans fantaisie que d'opposer, comme je le faisais, aux méandres pittoresques de sa logique, la raison droite et nue ? (Ce qui est le moindre de mes défauts.)

Pour moi – comme elle disait – je te sais gré de m'avoir conduit à relire ses lettres, à me remémorer son passage en ma vie. Les traîtresses ont de grands charmes et certaines laissent vos yeux, vos mains – et votre sexe ! – inconsolables. Ce que je viens de t'écrire et que j'avais oublié, aidera-t-il les miens à faire enfin leur deuil d'une brassée de satin ? Je le voudrais sans être sûr de le désirer vraiment.

Je fus bien long et je m'en excuse : c'est que je te devais non *la* vérité, tant est subtile la frontière entre doux et doucereux, silencieux et sournois, fidèle à soi et fourbe, mais un portrait ni plus ni moins ressemblant qu'un crayon de Clouet.

Si tu donnes suite, comme on dit (je ne crois pas aux mises en garde quand le cœur, la chair sont en jeu), j'espère qu'elle fera honneur à son second amant. C'est un grand réconfort pour un homme que l'on quitte ou qui chasse une infidèle, de penser que le nouvel élu profitera de la science, de l'art, qu'elle acquit avec lui.

Je te souhaite donc mille félicités – que tu auras le bon goût de me taire.

Ton vieil ami affectionné,

Antoine »

Dans l'été marin

C'est l'été, l'été marin. De ma terrasse, je regarde un jeune couple enlacé, à l'écart de la plage, en me demandant pourquoi tant d'amours ne survivent pas à la belle saison. Mais peut-être ne s'agit-il ici que de désir ? Pariant néanmoins pour l'amour, je crois entendre la fille s'extasier, par toutes ses cellules : « Je suis aimée !... », cependant que le garçon murmure, avec résolution, qu'il l'aimera *toujours*. (Un mot qui vous ourle, vous veloute les lèvres.)

Plus qu'à demi nus, dorés, gagnés par le lieu et l'heure, ils gisent au plus bas de l'émulsion brûlante que font soleil et rumeur. Comme mille autres par les rivages, ce couple est en plongée. En apnée, plus précisément, et l'on s'étonne – on en suffoquerait ! – que le garçon puisse embrasser si longtemps la fille sur la bouche sans reprendre haleine.

Or, qu'ils demeurent ensemble et reviennent l'été prochain sur cette même plage, on les verra reposer sans fièvre, un ruban de sable sinuant entre eux, chacun requis par ses pensées, par son ennui. Ils seront jeunes et beaux, encore ; la mer aura ses mêmes expirations d'aise ; mais ni sur ce rivage, ni sans doute dans leur chambre, il n'y aura plus ce gouffre ouvert où descendre ensemble, paupières closes, dans un interminable accolement où l'on se boit l'un l'autre à longs traits.

Ah ! comment la clairvoyance, le détachement, peuvent-ils dissocier la masse aveugle d'un couple si farouchement soi ?

Je n'ai pas de réponse. Mais la maladresse de ce garçon, quand il caresse, introduit en moi le malaise, l'inconfort. D'un geste hâtif, à la fois appliqué et machinal, sa main balaie en oblique le dos de sa compagne avec une monotonie qui me fascine et m'accable : c'est sur ma peau qu'on passe et repasse par grandes zébrures ! Faite ni pour la glaise, ni pour le fruit, cette main ne convoite, ne savoure ; elle ne se soucie d'éveiller, d'alerter, de *saisir* ce que recouvre la peau. Elle n'est que la réponse rudimentaire à la question implicite du garçon : « Que faire d'un dos de fille, sachant qu'il *faut* le caresser ? » Et de fait, sans prises, étanche, jamais le corps ne prend autant figure d'achoppement. D'obstacle qui veut qu'on le contourne assidûment, avant qu'il ne daigne entendre le « Sésame ouvre-toi » qui le persuadera de vous livrer passage.

Ce n'est pas même la main qui flatte une bête ; à peine celle qui repousserait, en un glissé, des papiers épars sur une table.

Regardant ce couple qui se cherche à tâtons, c'est d'abord du corps féminin que je me veux la conscience : « Qu'il est donc grisant de se savoir désiré !... Nous avons des mouvements de faons qui lutteraient pour jouer, front à front... Ou son visage envahit le ciel et nous nous abîmons l'un dans l'autre par le puits étroit de nos bouches. Quel dommage que ma peau se sente comme assemblée de bric et de broc, quand j'aimerais que sa main la fît ronde, sans couture, et pulpeuse, et satinée... Que j'aie tant de courbes, de rondeurs, et qu'elle aille au plus court en suivant les mêmes chemins transversaux, voilà qui m'empêche de... ronronner. »

C'est l'été, l'été marin. L'heure est glorieuse et hirsute. Cette fille, jeune, vit peut-être son premier amour. Je suis encore le seul à percevoir, dans le tumulte des eaux, le soupir d'une peau à laquelle on ne rend pas justice. Mais « demain », dans le silence d'une chambre, après maintes étreintes qui l'auront laissée déconcertée, je crains que ce soupir ne devienne un geignement, et que la femme finisse par l'entendre.

Parce que le corps féminin aspire plus ou moins confusément à être tout entier reconnu, fêté, il ne peut, trop souvent, qu'endurer, dans les préliminaires de l'amour, un supplice analogue à la torture par l'espérance. Et que l'on voudrait recueillir votre témoignage, compagnes d'un homme sans ingéniosité, qui ne sait rien, et ne s'en soucie, de vos aires sensorielles, de leurs attentes spécifiques ! Qui tient pour suffisant d'accorder à vos seins, votre croupe, une caresse dépareillée, sans tenants ni aboutissants, ainsi qu'on rend une visite de politesse à la parenté : car si tenté qu'on soit d'aller droit au but, on sait se conduire avec les femmes ; on n'est pas un soudard ! (Encore que certaines, dit-on, ne goûtent rien de moins que d'être renversées sur une botte de foin et prises sans préambule.)

Irrésistible dépassement dans l'ordre de l'intime, l'acte devrait procéder de toute une *étendue* d'effleurements, de baisers, d'enlacements, d'étreintes… Il devrait couronner – sommité de cette inflorescence – un édifice de caresses élevé avec patience, continuité, discernement. Que l'homme s'en avise, s'il veut être reçu avec gratitude en une logette aux riches draperies d'écarlate, là où se mêlent la chair, le cœur et l'âme. Mais l'homme s'impatronise, après un bref rituel ; aussi les femmes de la Terre forment-elles la plus vaste des nations sous-développées.

L'usage, le vêtement, l'éducation, les écrits, ont délimité chez la femme quelques régions réputées seules désirables et dignes d'être visitées ; le reste du corps s'apparentant aux enclaves blanches des cartes anciennes qui signalaient les terres inconnues. Aussi, des foules d'hommes sans esprit, sans égards, font-ils de la sorte illusion à une compagne au corps compartimenté, pour une large part… aseptique, qui ne prendra jamais conscience de ce dont on la prive, ou verra là une manière de fatalité. Telle est la chance de maints amants.

Que certains cependant se défient, qui n'entendent pas la prière des papilles avivées par l'attente, la muette supplication d'une peau que le délaissement rend rêche, salpêtreuse ; d'une peau en pure perte puisque la seule main qui lui importerait fait d'elle un bien sans maître.

Ils ne mesurent pas, ceux-là, quelle brûlure cause à l'âme une caresse en vain espérée – caresse qu'on ne mendiera pas si l'on n'accorde de prix qu'au geste spontané. Avec, à la longue, un sourd étonnement : « Quoi ? ce galbe ne tente pas sa paume ? ce sillon, le bout de ses doigts ? ni sa bouche qui me les rendrait, je le pressens, savoureux ? »

Mais qu'ils se défient, oui, des rancunes qu'ils amassent – plus redoutables d'être tues – s'ils ne veulent pas découvrir un jour, en criant à la trahison, un billet d'adieu.

Dans ce couple neuf, j'habite la fille, et non moins le garçon. Déjà les rôles sont distribués. Il s'évertue ; elle se borne à accueillir. Une ou deux fois, elle enlacera le torse versé sur elle, cherchera de la bouche le visage aimé, et très vite reprendra sa passivité de terre assoiffée sous l'averse, de parterre au soleil. Elle aime, sans nul doute, mais, pour maladroites qu'elles soient, les caresses reçues la jettent dans une invincible torpeur, la rendent gourde. Demain, dans leur chambre, reposant sur le dos, elle tiendra pour suffisant d'entrouvrir des membres si pesants d'accablement heureux, qu'ils demeureront inertes. L'acte de se donner ne vous dispense-t-il pas de tout mouvement !... Aussi, la pensée ne lui viendra pas que l'autre aurait – qui sait ? – plaisir à être caressé en retour, non par de furtifs effleurements, mais avec une amoureuse curiosité pour son corps, où l'on verrait s'animer ces mains de brodeuse déposées sur le lit comme, au reflux, les coquilles ouvertes vers le ciel.

Les meilleurs amants ont, pour le corps féminin, une curiosité avide, indiscrète, que rien n'étanche durablement ; une fascination dont témoigne assez la littérature. Parmi les femmes comblées par l'amour et qui écrivent, je n'en vois guère qui aient entrepris un éloge de l'homme ; pas même de ce corps auquel elles doivent leur félicité. Et si nos compagnes n'étaient curieuses de nous que pour pouvoir répondre à ces deux questions, au vrai capitales : « Comment le séduire ? Comment me l'attacher ? » Si, par égotisme, par une condescendance plus ou moins indulgente pour l'espèce (conscientes qu'elles sont, qu'une forme subtile de supériorité, de force, leur appartient), elles jugeaient superflu d'avoir *l'intelligence de l'homme* ?

Maladroite, monotone, est la caresse du garçon ? mais il *parle* seul, dans le noir, à une masse inerte ! Comment une main que l'on réduit au soliloque, dans le commerce amoureux, ne ressasserait-elle pas – avant de renoncer ?

À m'en tenir à ces prémices, j'augure mal de leur futur dialogue charnel, et de leurs simples échanges au long des jours. Car elle viendra, l'heure où, privé du secours du tumulte marin, de la liesse des airs, face à face, dans le silence atone d'une chambre, chacun se demandera, en craignant de devoir répondre par la négative : « Hormis en ces ébats sommaires, avons-nous à faire ensemble ? À nous dire, qui n'ait trait au plus quotidien ?... »

(Il y avait bien pire, ô parents de jadis, que, pour votre fils nanti, d'épouser une fille sans fortune ; pour votre fille dotée, de se marier à un homme sans position sociale : c'était, pour un être riche de ferveur et de dons de l'esprit, de se lier à qui n'en possédait guère. En cela, oui, résidait la véritable mésalliance.)

Ce dos de fille est décidément trop simple, trop lisse : la main du garçon ne cesse, à passes résolues, de le prendre en écharpe avec l'obstination de l'éphémère heurtant le verre de la lampe. (L'ivresse est bégayante !)

Ils sont de l'instant – solaire, tonitruant, majestueux. L'océan, qui mime si bien la passion, parle pour eux. Mais l'heure viendra, oui, où l'un d'eux découvrira que ses yeux, ses oreilles l'abusèrent en ce jour de flamboiement liquide.

« Qu'avons-nous de commun, qui nous tienne lieu de tacites mots de passe ? Qu'avons-nous de distinct qui nous soit motif à humour et non source d'affrontements ?

« Je rêvais de dialogues, de résonances – de fructification, non de deux soliloques parallèles où chacun débite sa vie végétative, le plus souvent à part soi, parfois à voix haute pour échapper à la lumière crue du silence dénonçant l'inanité de nos échanges. »

« Se peut-il que j'aie tant souhaité le tête-à-tête, et que je tienne pour aubaine les visites, les réceptions, les spectacles qui s'interposent un moment entre nos deux solitudes, nos deux ennuis ? Ah ! comme, ensemble, sous le même toit, on peut donc mener une vie de subtiles esquives !... »

Amère est cette heure où les yeux se dessillent, chez ceux qui pensaient qu'un visage, un corps, un sexe, tiennent lieu, chez la femme, de cœur et d'esprit ; chez celles qui, misant sur leurs seules grâces physiques, crurent l'homme épris de leur moi, quand il n'en avait qu'à une part étroite d'elles... En nul domaine plus qu'en l'amour, le malentendu ne s'épanouit.

Se séparer, ah, certes ! Quand on le peut. Et ceux-ci, que désir et rumeur ont un moment englués, sont d'un temps, d'un pays où l'on se quitte comme on se prend. Mais innombrables, en ce monde, sont les vies passées sous le regard de qui vous a aimé et ne vous le pardonne pas – un regard au mieux résigné, teinté de commisération, au pire hargneux, affûté, si bien que vous vous mouvez parmi des épées dressées. À quoi font pendant des vies passées à considérer un être *prévu* jusqu'en ses moindres propos et gestes ; à n'en rien attendre jamais ; à le voir lucidement dans ses dimensions de pauvre diable... Qui douterait qu'il est maintes formes raffinées de l'enfer ?

Est-ce le mouvement de bras du garçon, en vain répété ? Ce couple me fait penser à quelque mammifère marin échoué, qui s'asphyxierait. C'est pourtant une autre asphyxie, pernicieuse mais sûre, qui le menace – et je voudrais faire à ces deux-là (mais ils ne m'écouteraient pas) l'éloge de la tendresse.

« Prolongement, substitut de l'amour, elle ne peut être, pour vous, qu'un sentiment noble mais tiède – l'alibi des êtres de bonne volonté qui se sont aimés et qui vieillissent de concert, dans l'estime et l'aménité, entre l'âtre et la pendule, les photographies sur la commode...

« Et si elle pouvait revêtir une ampleur propre à vous envelopper, vous submerge ? une violence – de beau désespoir – qui vous ferait crier par excès de douceur ? Si les amours, les passions qui durent avaient d'emblée, pour basse continue, cette tendresse qui point aux larmes l'affamé à qui on tend un quignon de pain ; celle que suscite la vue d'un visage entre tous, dont on ne serait jamais rassasié ? (Et ce sentiment d'*aubaine* qu'on éprouve chaque fois à le retrouver, comme s'il vous était, par miracle, rendu !...)

« L'amour est insulaire. L'amour est totalitaire, comme le feu. Qui ne saluerait, dans le gris des jours, le vivat d'une flambée de sarments ? Mais que l'allégresse est brève, quand le feu n'a d'autres ressources !…

« Le flot aussi, quand il se dresse et flamboie un instant, tient du vivat. Et vous percevez obscurément le heurt des vagues les plus proches qui, reprenant sans mesure celui de vos sangs, vous confirme dans votre exaltation, dans votre acharnement.

« Mais parce que j'ai parié que vous vous aimiez vraiment, laissez-moi vous inviter à prêter l'oreille au soubassement du tumulte ; à écouter – et d'autant que l'enfance s'en enchante (cette enfance qu'il faut toujours inviter dans l'amour) – le chuintement chaleureux, appuyé, irrépressible,

d'une nappe de lait. »

La peau

Je n'ai jamais pris pour une boutade le mot de Valéry : « Ce que l'homme a de plus profond, c'est sa peau. » Je vois, j'entends, je goûte par la mienne plus distinctement parfois que par les sièges de mes autres sens. Elle m'avertit d'une présence que je n'ai pas encore circonscrite et dont elle capte les dispositions à mon égard. Si l'angoisse la ternit, fût-ce au grand soleil, une ouïe subtile l'entendrait, dans l'aise, se démailler comme l'extrême nappe d'écume.

Le désir l'oriente d'un coup, lui assigne son office premier : avec vivacité et minutie, rejoindre, investir papille à papille, l'épiderme qui, entre tous, suscite chez elle un invincible tropisme.

Ah ! toucher l'Autre !... J'augure l'éblouissement diffus, l'assouvissement que j'en retirerais, où il y aurait saisissement, appropriation, assujettissement, velléité de vertige – ce à quoi l'amour partagé ne cesse d'aspirer. Toute distance entre les corps nous semble insupportable. L'abolir, à peine l'être aimé passe-t-il à notre portée ! Et l'on ne se lasse pas de happer, de presser contre soi, de relâcher à regret. Avons-nous si peu de foi en notre chance, qu'il nous faille sans cesse, de la main, de nos bras, nous en assurer ?

Jusque dans le sommeil, nos rapports sont d'arbre et de liane, du naufragé et de sa bouée. Et quand, à demi éveillé, nous suivons d'un doigt quelque linéament de *son* corps – comme le crayon repasse sur un trait –, quel apaisement nous en vient : dans les ténèbres mêmes qui ont partie liée avec l'ordre minéral, vers lesquelles vont les faveurs de l'indifférence et de l'oubli, une pulpe vivante, tiède, immédiate, nôtre par élection, nous assure que ce monde est exaltant, est délectable !

Notre peau en sait, bien avant nous, plus long que nous. Ne s'est-elle pas d'emblée entremise, à notre insu, quand nous avons rencontré l'Autre, alors que les moi, irrésolus, en étaient encore à inventorier leurs affinités ? Et de même, si nous l'écoutions, nous aviserait-elle, avant que nous n'en prenions conscience, de la fin d'un certain état de grâce.

Car vient le temps de l'étonnement.

Que s'est-il passé ? À nos débuts, à peine nos peaux se touchaient-elles, que nos limites s'estompaient, se muaient en confins *ouverts* dont l'avidité m'enjoignait d'étreindre toujours plus – dans l'espoir d'étouffer tout geignement ? Et nous nous jetions l'un dans l'autre en aveugles, engourdis, assourdis de notre sang, mais si assurés de la seule issue !

Or, voici que l'enveloppe charnelle a recouvré sa netteté d'avant notre rencontre ; que je sais, même et surtout dans l'enlacement, où je finis : nulle fusion ou confusion ne s'y amorce, et presserais-je davantage ce corps, que je ne rendrais que plus évidente la membrane étanche qui s'interpose désormais entre nous. Ainsi d'une principauté qui eût fermé sa frontière.

Stricte, quasi aseptisée, ma peau n'attend plus de cette autre l'éblouissement que vous donne une étendue saline s'essorant sous le soleil. Elle ne m'est plus promesse de violente félicité. Je me découvre, en sa présence, dans une étrange sérénité, une plus étrange satiété. Teintées de rancune : il me souvient d'avoir été vivant, ardent, et non pas semblable aux animaux à sang-froid quand ils hibernent. On a atrophié chez moi les invisibles tentacules du désir ; on a mis en ma gorge des saveurs de mâche, d'eau douce tiède. Ma peau a pris du recul, elle regarde – et la proximité de l'Autre la met à la gêne. L'amoureuse, l'amante, a maintenant goût de parente.

Nous serions-nous tant lustrés, que nous aurions usé les infimes aspérités de nos peaux qui les faisaient s'apposer l'une à l'autre avec prédilection ? (Les monnaies frustes émoussent le toucher, le rendent fade.) Et pourtant, cette femme fut-elle jamais plus désirable, à présent que sa carnation, l'imperceptible distension de ses traits, font augurer une maturation de mangue ?

Nous demanderions en vain à notre cœur pourquoi cette chair à la séduction intacte, accrue, ne nous est plus de rien. Contristé, un peu humilié, s'il est de bonne race, il se tait. Sommé de répondre, il invoquerait « la misère de l'homme », avec ou sans Dieu, et sa finitude essentielle.

Découvrant l'une de ces œuvres qui nous paraissent contenir toute « l'humaine condition » ; qui, relevant d'un temps hauturier, balaient notre durée exiguë, il nous semble ne plus pouvoir vivre sans sa fréquentation continue. Nous trouverions naturel que ceux de nos amis qui doivent la connaître, nous abordent par ces mots : « Ah ! *Phèdre* !... », « Ah ! *L'Assemblée dans un parc* !... », « Ah ! *L'Oratorio de Noël* !... » Mais force est bien d'avouer qu'aurions-nous le tableau en nos murs, disposerions-nous du meilleur enregistrement de la pièce, du drame lyrique, nous n'éprouverions tout à fait, à retrouver le chef-d'œuvre, notre heureuse exténuation de la découverte, qui devait à l'invasion organique, à l'astreinte sans parade possible que nous subissions, et qui se conjuguait à une exaltation de prosélyte pour nous jeter hors de nous-même.

L'admiration demeure entière, mais nos viscères y ont de moins en moins part, comme si, désormais, notre bouleversement était d'abord cérébral. À chaque nouvelle rencontre avec l'œuvre, nous vérifierons ses pouvoirs sur nous sans retrouver au même degré l'âpreté de notre communion initiale. Le temps pur, intolérant, que le tableau enchâsse, que la musique déroule, a perdu de son urgence, de son intransigeance. Notre présent l'altère, lui assigne le rang de souvenir qu'on raviverait. Le souvenir d'un aérolithe chu un beau jour dans le champ de notre sensibilité mais qui a figure d'acquis parmi tant d'autres.

Divers chefs-d'œuvre pourront bien jeter à nouveau notre moi à bas, sens égarés, âme pantelante : chaque fois le tout-puissant quotidien nous contraindra de nous ressaisir, de nous relever pour faire droit à ses exigences. Et c'est ainsi que chaque vie inclut une série d'enthousiasmes d'un moment, de « ferveurs retombées », d'élans qui tournent court, dont chacun dénonce notre versatilité.

Laquelle n'épargne pas même l'Autre.

Disgrâces

L'ÉTÉ S'ACHEVAIT et il n'y avait plus que nous deux dans le petit hôtel de Provence où je passais quelques jours avant de rentrer. Une Provence assombrie d'orages en gestation ou déclarés, tintante d'averses, et pour moi insolite.

Plusieurs soirs, nous avons dîné à distance en nous faisant face, sans rien nous dire que le bonsoir d'usage. Ni l'un ni l'autre enclin à réduire l'espace qui séparait nos tables. Mais je l'observais à la dérobée, je m'efforçais de l'habiter – une fois de plus fasciné par un visage ingrat, quand il est celui d'une fille. La fascination de ce qui est non-sens, ou du moins étrangeté déroutante : celle de l'immérité, de l'injuste. Non que son visage fût laid ; au reste, certains, disgracieux, nous attachent, d'où émane une sorte de séduction. Le sien n'était qu'ingrat. De ceux qui font dévier le regard. Pour lesquels tous les soins de beauté seraient vains.

Tout en feignant le détachement, j'interrogeais jusqu'au malaise ce visage appliqué de sage petite fille qui aurait plus grossi que grandi, qui se serait transformée non en jeune fille mais en une jeune femme déjà défaite.

Des lunettes sont souvent seyantes. Les siennes accentuaient la confusion d'une figure dont les rondeurs semblaient juxtaposées ; dont la peau se marbrait de roseurs fugaces. Et les cheveux mêmes, drus, raides, rebelles malgré la raie, eussent dissuadé mon regard si un trouble intérêt ne l'avait emporté.

Soir après soir, la réserve fut entre nous de rigueur. (Elle s'accordait si bien à la maussaderie d'une salle à manger d'hôtel quasi désert !) Jusqu'à ce dîner où elle arriva en retard, se justifiant auprès de l'hôtesse par sa passion de la lecture. La conversation s'engagea. Nous en fûmes très vite aux dix livres que l'on emporterait sur une île déserte, et son choix attestait la qualité, l'étendue de sa culture. Qu'elle dît encore aimer Bach et Mozart en entier, pouvait n'être qu'un propos avantageux ; qu'elle eût une connaissance très sûre de leurs meilleurs interprètes, apparaissait en revanche révélateur.

Je n'avais pas perçu, par son bonsoir quotidien, combien sa voix attestait la ferveur et la nouveauté. Parler d'eau de source serait commun. J'évoquerai donc la végétale Isabelle d'*Intermezzo* dans ses rendez-vous au crépuscule avec le Spectre.

Je l'écoutais, curieuse et apparemment réjouie d'avoir un interlocuteur inespéré en un pareil lieu. Je l'écoutais tout en menant un soliloque en sourdine. Elle, qui déplorait la démission intellectuelle de tant de jeunes filles après leur mariage, attendait-elle, jour après jour, ou s'était-elle résignée ? Avait-elle aimé – en pure perte, bien sûr ? Comment composait-elle avec le désir ?... Il eût fallu poser des questions indiscrètes qui ne pouvaient être que cruelles.

Quelle amante serait-elle en définitive ? Parmi ses livres préférés, certains faisaient bien augurer de la liberté, de l'audace qu'elle aurait dans les jeux de l'amour. Qu'il était donc tentant d'être celui qui donnerait corps à ses rêveries érotiques ; qui verrait se mêler, sur son visage transfiguré, stupéfaction, éblouissement et gratitude. À cela près qu'un tel visage semblait faire obstacle à toute chance de métamorphose ; que l'amour qui lui eût apporter grâce et rayonnement, qui l'eût mise au jour (de l'homme, des hommes) achopperait sur lui sans pouvoir passer outre. Aussi feignons-nous lâchement de ne pas remarquer semblables disgrâces ainsi que l'on fait cette charité à un infirme.

J'avais trouvé odieux, sur le coup, ce mot d'un écrivain qu'on interrogeait sur les femmes : « Que m'importe celle qui ne me fait pas penser à son sexe ? » Mais je sentais, à voir cette jeune fille, la triste vérité de son propos, dès lors, que par *sexe*, on entend tout ce qui relève de la terre promise, et qui dépasse infiniment, en ampleur et en qualité, le plaisir physique.

Et cependant, je l'imaginais, revenue dans sa chambre, forte de l'intérêt qu'elle avait suscité, qui, devant la glace, explorait son visage en supputant ses chances de plaire ; se souriait, jouait à se faire la moue pour le plaisir d'exercer sa bouche ; disciplinait des cheveux qu'on eût dit moins rétifs, quasi brillants…

Pascal suggère à l'incroyant de mimer les gestes de la dévotion : la foi empruntera les voies ainsi tracées. Et si cela valait pour l'amour ? La passion fond, irrépressible, sur certains comme la grâce divine sur les bienheureux et les saints ; mais il est des croyances et non moins des amours, qui doivent à l'humble application d'êtres « de bonne volonté ».

L'artiste produirait-il, s'il jugeait le monde accompli ? Sans prétendre à sa dignité, je ne puis voir une jeune fille, une femme de quelque mérite, trahies par leur apparence, sans esquisser en esprit les retouches qui instaureraient la cohérence entre l'être et le paraître.

N'avais-je pas vu s'épanouir telles compagnes d'amis ? et d'amis dont l'art d'aimer devait pourtant être sommaire ? Tel d'entre eux, pourtant, m'eût dissuadé d'entreprendre, lui qui, peu séduisant, peu sûr de soi, mais si tendre et scrupuleux, vit avec une femme sans attraits physiques. Et ses confidences me revenaient, où il tentait de justifier son choix : « De quel droit demander à une femme d'être belle, quand soi-même... ? Et j'ai cru que sa bonté, son intelligence, estomperaient à mes yeux les dissonances de ses traits ; mais je ne suis pas assez proche de l'ange pour aimer un être n'importe l'enveloppe. Et je sais à présent qu'un beau visage eût racheté le mien, l'eût introduit, excusé..., alors qu'il me faut imposer le sien, quand nous sortons ensemble... »

Je croyais l'entendre, en cette fin d'été, me parler de la cruauté de la belle saison, quand on croise des cohortes de femmes-tournesols « dans la palpitation de leur robe » ; quand les plages sont des étals de fruits-gorgés-de-sucs. « Et la piètre consolation de se dire que le hâle est un leurre, que ces grâces seront fanées demain !... C'est son visage qui la fait paraître sans esprit, quand les autres nous feraient croire à une vie intérieure captivante ! »

Comment, surtout, oublier ces aveux de détresse, d'accablement : « Les élans, les mots que ses facultés, ses dons, son cœur, appelleraient de ma part, renoncent, comme exténués, dès que je la regarde... Tu ne peux savoir ce que réclame de contention, de vigilance, le simple devoir de faire bonne figure à qui, par ses traits, décontenance votre sourire au lieu de l'affermir ; de quel effort soutenu se paie une douce pitié, indéfinie... »

☆

... Et moi aussi, soir après soir, je prends plus de goût à nos échanges menés de part et d'autre d'une table devenue commune. Est-ce parce que ta chambre est la plus proche de la salle à manger, que nous y poursuivons parfois l'entretien du dîner ? (J'essaie, en t'écoutant, de percevoir ce qu'une présence féminine, même temporaire, introduit dans un espace clos. Nul sous-vêtement n'y traîne – et c'est dommage ! – mais il y a des fioles sur la commode ; mais l'air est bénin, feutré par un parfum sans vivacité, et dans les coins d'ombre, gisent sans doute tes songes se la veille...)

Les jeunes filles que l'on interroge sur leur poète préféré nomment souvent Baudelaire. Déjà plus rares sont celles qui, à peine aurait-on invoqué « L'innocent paradis, pleins de plaisirs furtifs », vous demanderaient : « Est-il plus loin que l'Inde et que la Chine ? » Tu es de celles-là, et chaque nouvelle partie de tennis – le vers en guise de balle – accroît ma révérence à ton égard.

La poésie a de grands pouvoirs quand elle est celle de « L'Invitation au voyage », de « La Mort des amants », des « Bijoux », puisque te voilà dans mes bras et que ton visage s'éclaire, s'éclaircit ; que tes yeux brillent d'une manière de revanche ; que tes lèvres s'essaient en silence à former des mots jamais encore employés.

Te voilà, d'une masse, remise – le mot de *masse* s'imposant seul quand il vous faut vous raidir pour n'être pas gagné par le déséquilibre qui menace. Et c'est une chose de considérer un corps bien en chair ; une autre, d'en éprouver les formes indécises – irrésolues ! D'avoir confirmation, par la paume et les doigts, que sous la robe, ces bras sont déjà gros, cette poitrine lourde, la taille épaisse.

Mais que ma main, à cette minute, estime, suppute, quand elle devrait être happée, absorbée par ce qu'elle touche – un corps féminin ! – voilà qui n'est pas dans l'ordre, et un malaise m'en vient, teinté de rancune. Car je me souviens d'étreintes où la chair, sans se laisser oublier, précipitait si bien avec le reste du réel, que je n'avais plus, entre mes bras, qu'un ferme noyau à la saveur de sel et de pâte d'amande... Il est des galbes qui rendent votre main diaphane ; la mienne, débordée par l'abondance, l'excès, garde son opacité, son épaisseur.

Notre bouche commune est tout ce qui nous maintient encore debout. Suspendus. Mais comme le fruit qui sentirait son pédoncule céder. Aussi, le lit bas vient-il à notre secours.

Tu es étendue, et moi agenouillé près du bord de la couche. Une attention extrême fige tes traits, ferme ton visage, le renverse à demi. Tes yeux sont désertés, et je pense aux petits ports qui béent dans l'attente du flux. Je devine, à ton silence, à ta concentration, la prodigieuse expectative de ton corps partagé entre la soif de s'accomplir enfin et la panique de voir ses ombres débusquées ; et je crains qu'il ne bronche – des doigts d'homme ! – quand je déboutonne le haut de ton corsage. Mais non, et tu m'aides, avec une hâte singulière ; puis, te soulevant, tu défais l'agrafe pour libérer tes seins, comme si tu savais que l'homme y est malhabile.

Je prise assez les seins menus qui perpétuent le torse de l'adolescente. Ton soutien-gorge retiré, les tiens explosent de leur blancheur crue, dans la pénombre de la chambre ; les tiens, tout de suite tassés, prennent leurs aises. Prodigalité de la douceur, effusion de la candeur : vais-je comprendre ceux qui ne jurent que par les poitrines peintes par un Renoir, un Rubens ?

Ma main s'efforce de se montrer digne du présent qu'on lui fait et que mes doigts écartés ont peine à contenir, quand ma paume, à l'ordinaire, y suffit. Des seins sont presque coniques ; ici, tant de rondeur assiège la pointe, que celle-ci en perd son acuité. Que ma bouche, donc, la restaure !

Savais-tu que l'homme retrouve, devant un sein, le geste primordial de la succion ? (Telle est sa nostalgie de la plus lointaine enfance !) Mais non, et toutes ces sensations sont pour toi si neuves, que tu n'es encore, j'imagine, que la spectatrice d'un événement intime.

Peut-être même découvres-tu que le propre d'une main d'homme, quand elle s'est posée sur un corps de femme, est d'étendre indéfiniment le domaine conquis ; ainsi de l'aventurier des mers face à un horizon qu'il ne cesse de repousser.

Tu as défait la ceinture de ta jupe. C'est m'inviter sans ambages à poursuivre. Si fine est la peau de tes seins – il me semble voir, à leur flanc, des ramifications bleues –, que ma main planante effleurera ton ventre comme une jatte emplie de talc. Quelle part de la femme, plus que lui, épand, allège, éduque notre paume ?

Mais... mais ce que rencontrent mes doigts m'anéantit. Le rebord d'une plaque, dirait-on, et le relief en est sensible, et sa tiédeur n'est plus... lactée. Non, ce n'est pas vraiment rugueux, plutôt grenu. Il n'empêche que c'est l'image d'une écorce qui me vient, et non celle du bouleau : celle du chêne-liège !

Je retire ma main en souhaitant que la vivacité de mon geste n'alerte pas celle qui attend, confiante, les yeux à présent fermés, sans se douter que je suis dans l'impasse ; que tout en moi s'insurge à la pensée de devoir toucher – je cherche un équivalent : un plastron de tortue ?

Je ramène tes pieds vers ton bassin, pour faire diversion, ce qui relève tes genoux. Je descendrai ta cuisse comme on descend un fleuve, lentement parce que ses rives sont plaisantes, parce qu'il faut mériter cette mer des Sargasses où il se jette, et où l'on sombrera corps et biens.

Quelle *éminence*, qu'un genou de femme assise ou étendue ! Un lieu à foudre, telles ces roches qui ont la faveur de l'éclair ; un lieu à mainmise en dépit de l'alerte donnée. D'emblée, la convoitise de la paume d'homme qui le coiffe, gagne la charnière pour y semer le désarroi, y parler de reddition !

Mais le tien est aussi revêche que ceux des garçons qui ne

rêvent que plaies et bosses. Mais, infortune majeure, la face interne de ta cuisse – l'allée royale ! – est granuleuse à l'égal de ton ventre… Est-il concevable qu'on ne puisse aller au plus intime de toi que par des chemins d'argiles sèches – de latérite ?

Tu vis revêtue d'une cuirasse à laquelle ne manquent ni genouillères, ni cuissardes, ni pansière et sans doute ni garde-reins. Et, certes, je sais où se tient son *défaut*, qu'il serait si aisé d'atteindre d'un geste bref de prédateur ; mais je veux qu'on m'y mène de proche en proche, par des voies diverses qui toutes me semblent des routes de la soie. Je veux, la nuit, dormir au long de la femme aimée sans craindre que le contact fortuit de ce qui paraît bien appartenir à plusieurs règnes, ne m'éveille en sursaut.

Ma main pend à mon poignet ; mes doigts sont gourds. Je ne saurais poursuivre. J'évite son regard : si j'y lisais l'étonnement et l'inquiétude ? « Qu'est-ce qui ne va pas ? » Ah ! tout ce qu'il faudrait te dire, qui se presse en moi à cet instant – et que je t'épargnerai, par compassion !…

Tu ne sais pas que si maints hommes se bornent à donner l'estocade à un bas-ventre, d'autres attendent, d'un… déduit, qu'il justifie, qu'il honore leurs mains. Tu ne sais pas qu'il est grisant d'aller, quasi en aveugle (la caresse voile notre regard), à la découverte d'un corps de femme quand la finesse de sa peau toujours devance le bout de vos doigts, confond votre paume, et que ses formes délient votre poignet.

Bienheureux, ceux qui croient sans toucher ? Mais c'est en incrédule qu'il faut aborder le corps féminin. En homme qui n'en revient pas de sa chance, de son privilège, de connaître les sensations du sculpteur achevant une pièce parfaite par un ultime effleurement entre salut de bienvenue et mélancolique adieu. Et rien ne lui paraît pouvoir se substituer à ce mode de connaissance par le toucher, qui convoque en lui, pour les réjouir, et le goût, et l'ouïe la plus ténue. Car j'entends, par la caresse, le chuintement du sable fin, au revers de la dune, une coulée de grains de mil, la brève extase de la nappe d'écume sur la plage. Et c'est alors – nourritures mystiques ! – tout mon corps qui, devenu palais et gorge, se referme, avec ma main, sur chaque fruit du *verger*.

Ma paume se plaît à suivre les méandres qu'elle suscite, à napper les aires à peine renflées, à incanter les rondeurs, pour les enorgueillir... Mais qu'elle rencontre l'aléa, l'insolite, et elle cesse d'être limpide, ajourée, opulente ; elle se déconcerte et s'étouffe.

Tu ne sais rien de tout cela, bien sûr, et pas davantage le bonheur, pour une femme, d'être ordonnée, lissée de frais – *mondée* comme l'orge ou le riz. Le bonheur de vivre enveloppée de rivages voletants sous la brise, entre soleil et couvert, nourrie d'une clarté basse, grise peut-être ainsi qu'à l'approche de l'orage.

Tu ne sais, non, quelle sorte de nudité seconde, parsemée d'yeux de paon ouverts sur l'aube et la touffeur, des mains assidues lui dispensent, faisant d'elle une fille, une femme feuillue qui fructifie...

Tes yeux m'interrogent, et je suis tel l'élève qui ne saurait la suite de sa leçon, l'acteur victime d'un trou de mémoire – et ses tempes battent du silence de l'assistance.

Je fais si visiblement effort que ton regard vacille, comme interdit devant pareille incohérence. Comment battre en retraite sans te blesser ? Je m'entends à peine dire : « En vous voyant si désirable, j'ai cru..., j'ai espéré que... Mais, décidément, seuls les hommes m'attirent... Pouvez-vous me pardonner ? »

Je crois percevoir, dans ton silence, de l'hébétude. De l'accablement, surtout : « C'est bien là ma chance !... Pour une fois que... » Ton corps immobile, ton regard fixe me donnant congé, j'esquisse un geste qui souligne ce que la situation a d'absurde, et je me retire à reculons pour t'assurer que je ne me détourne pas de toi.

Demain, dès le matin, avant que tu ne sois levée, je quitterai l'hôtel.

☆

« Je peux desservir ? » Un rien d'impatience, d'ironie, perçait dans la voix de la serveuse pressée d'aller dormir : – Que faisait celui-là, son dîner depuis longtemps pris, à demeurer à table, les yeux dans le vague ?

De fait, j'étais seul. La jeune fille avait depuis longtemps gagné sa chambre – que j'ignorais, où je ne serais jamais allé, mon séjour se fût-il prolongé des semaines.

C'est que j'avais vu l'aimable créature l'après-midi, au bord de la piscine, et que je venais de prendre conscience, en ma longue rêverie, d'une des formes que revêt pour moi l'*insurmontable.*

Aussi quittai-je la salle à manger avec l'enjouement des enfants qui jouèrent à se faire peur.

À CLOCHE-PIED

« JE TE L'ACCORDE : elle est très digne d'estime et d'attachement ; elle passerait même en qualités ce qu'un homme raisonnable peut espérer d'une compagne. Mais elle aima la première et je sentis dès lors que, dessaisi de l'élan initial, je serais toujours peu ou prou le spectateur de notre couple. »

Saurai-je ordonner les confidences assez décousues que me fit l'ami auprès de qui je m'étonnais qu'il eût quitté une femme de grand mérite ? Que me soutienne la pensée de donner ainsi une voix à tous ceux qui, dans l'amour, cheminent à cloche-pied.

« Quel sentiment de toute-puissance, le torse arqué, "le pied sur toute chose", doit vous insuffler un amour qui se déclare au même instant chez l'un et l'autre, dans une reconnaissance, une élection mutuelles, irrévocables ! Et il n'y a plus, autour de vous, que des figurants muets, voués à tomber en poudre avec le décor, cependant que votre couple prend place parmi ce qui, sur la terre, rend le son le plus juste : le staccato d'un pic-vert en forêt ; à petits coups, le défroissement d'un papier de soie sous le souffle d'un enfant qui dort ; la note mate, fugace, que chaque nappe d'écume hisse, de son rebord ourlé, au-dessus de la rumeur marine… Ainsi scellés de certitude, qu'il doit être tentant de manifester les prérogatives imprescriptibles de la passion, en faisant fi des conduites réglées et des chemins de processions !

Et sans doute faudrait-il éconduire tout amour qui ne revêt pas les dehors d'une grâce doublement, simultanément accordée, bonne mesure faite à chacun d'humour et de générosité, de déférence, de gratitude.

Mais la vanité de se voir préféré à de plus séduisants que soi !… Elle, a su discerner en nous un ascendant qu'ont ignoré jusqu'ici ses semblables. Allons-nous dédaigner l'hommage qu'elle nous rend ? la faire douter d'elle-même et lui causer l'humiliation que ressent celui qui s'est mépris et se voit rebuté ? J'ai la faiblesse d'être né scrupuleux, d'éprouver malaise et crève-cœur quand il me faut décevoir une attente. Et sans doute aurais-je pu feindre d'ignorer indéfiniment ses sentiments – encore, elle me l'a dit, qu'elle eût été jusqu'à l'aveu le plus nu – mais je gardais le souvenir de ma confusion, de l'étrange et vif sentiment de culpabilité, qui me vinrent quand une épousée de fraîche date me dit avoir espéré des années que je l'aimerais, et ne s'être mariée que de guerre lasse.

Quoi ? Une femme à laquelle un large assentiment d'estime fait une discrète aura, jette son dévolu sur nous avec abandon et largesse, et nous l'éconduirions par des paroles que leur embarras pour paraître moins blessantes rendrait rigides, maladroites, et plus mortifiantes encore ?

Qu'était-ce, au demeurant, que cette conception – romantique, romanesque – qui tient pour seules authentiques les amours que la foudre a d'abord flagellées d'évidence : “De cet instant où une taie se déchira, nous nous sûmes l'un à l'autre destinés.” Car enfin, que de femmes apprirent à aimer celui qu'elles n'avaient pas choisi ! Déjà la chair, en nous, prompte à voir une aubaine dans la femme intérieurement penchée vers nous, est un bon leurre pour le cœur, et nos précédentes amours, autant que l'écrit et l'image, nous apprirent les gestes qu'on attend de nous.

Pourquoi ne nous prendrions-nous pas au jeu, après tout ? N'a-t-on pas prescrit à l'athée, soucieux de son salut, de mimer les attitudes de l'homme de foi ? Et celle qui nous aime a-t-elle jamais eu vent du "paradoxe sur le comédien"...

J'avais bien conscience qu'à différer sans cesse les mots qui eussent mis fin à l'équivoque, je rendais plus cruel, plus incompréhensible aussi, le moment où la vérité se ferait jour. Et je pensais parfois à ces noces où l'un des fiancés ne paraît pas, incapable qu'il est de faire sa reddition, de se renier à ce point, trouvant en lui, in extremis, le sursaut salvateur devant la nasse vers laquelle on l'entraîne.

Décevante, elle m'eût donné un prétexte à lui dire le vrai ; mais elle était bien la femme accomplie que ses familiers louaient, que les hommes considéraient avec une mine gourmande et un imperceptible hochement de tête. De sorte qu'en chaque nouvelle rencontre, mes gestes, les silences d'acquiescement par lesquels j'accueillais ses propos, les baisers qui tenaient lieu d'écho à ses serments, tout pouvait lui donner le sentiment d'un amour partagé. Simplement, celui-ci se manifestait-il, ainsi qu'il sied à l'homme pudique, par la litote, en chose qui va de soi.

Mais moi qui savais mes paroles, mes prévenances pesées au trébuchet pour qu'on ne pût m'accuser un jour, mon insincérité avérée, d'avoir dévoyé le langage ; qui me voyais agencer mes gestes avec une application épuisante, j'en appelais au dieu de l'inconstance pour qu'il la détachât sans déchirement de moi ; voire à celui des tribulations, des catastrophes qui séparent sans recours les êtres.

Longtemps (les cataclysmes sont rares et frappent en aveugle), je demeurai pour elle l'augure, le modèle, l'axe autour duquel graviter. Le souverain bien.

Et plus je me trouvais paré de vertus, plus – faute sans doute de l'aimer et d'en recueillir, par résonance, les bienfaits – je me tenais pour terne et commun, homme parmi ses semblables, non moins opaque et pesant que la plupart ; le lustre qui émanait d'elle se réfléchissant sur moi comme sur un astre mort.

Si l'on s'étiole à vivre sous le regard sans aménité de qui ne vous laisse oublier qu'il a pris, une fois pour toutes, vos mesures, il est à peine moins éprouvant de penser n'être que l'ombre de celui qu'on surprend dans le regard d'une femme qui, éprise de vous, nimbe vos faits et gestes d'une indulgence attendrie.

Et de vous étonner que tels de vos propos sans portée, tenus à la légère, aient été recueillis comme paroles marquantes, incontestables. Que vos opinions soient si tôt partagées, que vous saviez fort distantes des siennes ; mais sans doute l'amour donne-t-il la largeur d'esprit nécessaire à de tels… reniements, quand nous tenons si ferme à nos vues.

Il me souvient de ne l'avoir lu que sur la défensive, les lettres d'une très belle encre qu'elle m'adressait à nos débuts, puis quand nous étions éloignés. Elles auraient dû me faire ployer le genou, me courber l'âme, conduire mon cœur à faire soumission à l'amour si manifeste qui les emportaient de bout en bout. Or, je n'éprouvais que gêne de si peu m'y reconnaître (cette lettre devait s'adresser à quelqu'un d'autre à qui j'aurais bien voulu ressembler !), jointe à l'admiration toute littéraire que l'on ressent à lire Héloïse.

Nombre d'hommes comprendraient mal mes scrupules : est ingrat envers le sort celui qui dédaigne sa chance d'être aimé d'une femme qui lui fait honneur en toutes circonstances ; qui ne cesse de lui tendre l'un de ces miroirs veloutés par les ans, si bénévoles qu'on leur sait gré, quand ils nous hèlent, dans une boutique ancienne, en un salon de province, d'estomper nos traits. D'une femme, encore et surtout, qui porte en elle, diverse, étagée – la saveur.

Je savais d'expérience que, tout en prisant peu l'intelligence d'une partenaire, un homme, qu'il soit ou non amoureux de celle-ci, peut jouir tout uniment de son corps. Avec le même beau désespoir. Mais je ne pus jamais, dans nos jeux, assez m'enténébrer de mon sang pour atteindre à ces quelques secondes éblouissantes de noir oubli qui vous précipitent à la fosse. Et c'est très tôt, dès nos premières rencontres dans la campagne ou une chambre d'auberge, que je perçus que mon désir pour elle devrait compter avec ce rai de clarté quisans cesse clivait ma nuque.

Pourquoi nierais-je le plaisir que j'avais à me laisser happer par son visage frais et dense ? À le parcourir, à vive bouche tâtonnante qui bientôt ravage, pour s'y fixer, des lèvres mi-ouvertes ? À humer les arômes de sa tête de brune où retrouver, entre oreille et premiers frisons, quelque effluve exotique ?

Après venaient les passes, moins d'un magnétiseur que de l'homme qui, perdant pied, saisit, abandonne pour une meilleure prise ce qui est à portée de mains ; que de l'incrédule encore qui s'assure de la réalité de ce qui lui échoit.

Dispersion, essor et tournoiements de lambeaux de réel, reflux du monde environnant, paroles qu'on ne s'entend pas prononcer, instants rebelles à la mémoire... À gestes de fresquiste, je repeuplais une terre en jachère, y prodiguant ces espèces comestibles, délectables, que sont courbes et galbes, éminences et gorges, bassins et valleuses... Pourtant, quand je revenais au visage pour le rétablir dans sa primauté, je le retrouvais certes animé, extasié – le bord des paupières presque jointes ne laissant rien échapper d'un regard retenu ou plutôt couvé – mais la plus précieuse part d'elle-même avait perdu son pouvoir d'attraction.

Étaient-ce la fraîcheur, la densité de l'épiderme qui m'avaient d'abord masqué ses imperfections ? mon premier mouvement – de carnassier – qui avait interposé un filtre entre elles et moi ? Je voyais à présent, sans loupe, les rougeurs diffuses, les ridules, les éphélides… aussi précisément que sur une planche anatomique. Aux délicates, aux captivantes odeurs que j'avais goûtées à l'orée des cheveux, s'était substituée une senteur uniforme – de rose séchée ? Ce qui m'avait paru une trouée d'ombre où perdre mes propres traits m'opposait son opacité. Et je devais bien convenir que, ma brève griserie éteinte, ce visage était redevenu écran, sans plus de pouvoirs, de prestige, que l'une quelconque des innombrables faces féminines haut portées au long des rues. Convenir encore que je venais de jouer l'élan des retrouvailles, la tendresse, le désir. Et sans doute, du dehors, à voir la torche de notre couple parcourue des courtes flammes de mes gestes, aurait-on pu s'y méprendre ; mais je ne pouvais me duper : mes étreintes, mes caresses, mes baisers mêmes, me délimitaient. Nulle amorce en mon être de cette indifférenciation des moi que le toucher amoureux engage, parfois d'un simple effleurement. Mes membres, ma bouche, mon corps – ventre excepté ! – me demeuraient aussi distincts qu'à étreindre un tronc d'arbre.

J'appris, avec elle, que l'amant le plus expert ne saurait donner toute sa mesure, quoi qu'en pensent les libertins, que si l'amour anime chacun de ses gestes. Et comme, alors, il en module la pesée, tantôt les allégeant jusqu'à leur donner des grâces de liseron, de langue d'écume enlaçant un contour ; tantôt les chargeant d'une brusque autorité – saisissement ravi d'une chair qu'on astreint sans crier gare ! Comme l'amour nous inspire des enchaînements neufs, imprévus, propres à diffuser, de proche en proche, l'émoi, le feu ! "J'ai beau pouvoir peindre ton corps de mémoire, tu me demeures, parce que je t'aime, aussi obscure qu'à nos débuts, et je n'en finis pas, de mes mains, de te déchiffrer – avec une ingéniosité au vrai sans mérite tant est riche le réseau de tes sentes ; tant je sais d'instinct tes lisières, à commencer par celles qui sont communes à l'âme et au corps."

Je fus, avec elle, de ces amants de bonne volonté qui ne peuvent que leurs gestes ne tournent court, comme s'ils doutaient de leur bien-fondé, de leur postérité. De ces amants soucieux de ne rien laisser paraître du secret ennui qui vient de les saisir. – Et que surtout ne faille le tison dont je la besogne !

Honorer ce corps ressortirait à l'art ? vous procurerait l'exaltation, la joie de la création ? Je ne suis, devant lui, qu'un honnête artisan qui ne fera rien reluire – ou les reflets que je ferais naître se dissiperont à mesure. Passionnément épris, mes mains tenteraient de contenir, appréhender, s'assimiler ce qu'elles touchent. Je les vois au mieux disposer, mettre en ordre, conjurer on ne sait quoi. Le sentiment d'aubaine et, partant, celui de gratitude, leur sont inconnus. La fournée ne sera pas à mon honneur : éparses, des coupes, des vasques, des formes fuselées, quand je rêvais de la plus belle amphore qui fût jamais. Y aurait-il, pour finir, une sorte de contentement mutuel, que les termes de *noces*, de *féria*, de *féerie*... qui seuls devraient ici avoir cours, ne seraient pas de mise.

Être aimé de qui ne vous inspire que l'affection dispensée aux consanguins – et l'on pourra bien se leurrer avec les mots d'attachement, d'amitié, d'inclination, voire de tendresse, nous ne nous masquerons pas ce qu'il y manque alors d'*éperdu*, d'ardent comme punch flambé – et ce, tout en s'attachant à sauver la face, c'est vivre un incessant porte à faux : je me dois de paraître spontané dans la prévenance, la sollicitude, la simple écoute, jusqu'à en faire des réflexes conditionnés.

C'est aussi connaître la mauvaise conscience. Je lui donne si peu au regard de ce que l'amour est en droit d'attendre : exactement le "Tout terriblement" d'Apollinaire. Ainsi du temps que nous lui consentons sans partage (l'une des preuves d'amour les plus manifestes, les plus appréciées), quand nous nous trouverions bien d'autres loisirs s'il s'agissait de conquérir.

Si scrupuleux que nous nous voulions, il nous arrive de manquer de forces pour faire assez bien semblant ; pour donner, à certains signes qui nous sont faits, la réponse qu'ils appelleraient. Et de nous irriter sourdement contre elle, qui pourtant ne nous a rien reproché : elle n'est pas récriminatrice comme une Juliette Drouet. Simplement doit-elle nous juger en silence, et cela nous est insupportable.

Sa constance même nous excède, et son aveuglement : elle, dont l'oreille est fine, devrait bien sentir que je me laisse aimer – ce qui est plus couramment le sort de la femme, même si les plus rouées choisissent celui qui jettera sur elles son dévolu.

Mais rouée, elle l'est si peu, qu'en se déclarant d'emblée, elle a transgressé un code implicite, absurde, injuste, qui veut que l'homme élise sa souveraine sous le signe, même illusoire, de la nécessité. Et j'ai bien conscience que si tant de femmes se laissent aimer, c'est que la seule liberté dont elles disposent est de dire "Non". Un mot d'héroïne, comme on sait. Un mot d'amante-née, non d'associée ni d'intendante. Et quelle victoire, pour un homme – il en sera puni ! – d'obtenir un "Oui" qu'il doit à la résignation, la lassitude de l'âge, la peur de la solitude, conjuguées à un désir d'enfant. Parfois à la pure vénalité.

Longtemps, tout conspira pour entretenir l'équivoque : les égards que sa qualité réclamait en toute justice, mes scrupules d'homme que le cynisme révolte, une certaine fierté de créateur quand, à de certaines heures, plus belle de son amour, elle faisait penser à un flambeau – qu'on eût aimé brandir. Et, je l'avoue, ces coups de boutoir d'un sang rigide, vernissé, qui vous arrachent des paroles insincères par excès – lesquelles n'engagent pas la plupart des hommes mais qui me rendaient méprisable à mes yeux quand, mon désir assouvi, je me les remémorais dans le dégrisement de l'*après*.

Jusqu'à ce jour où je surpris des larmes dans ses yeux que rien ne semblait justifier, et où il me fut aisé de compléter mentalement ce murmure qui lui échappa : "Je n'y arriverai jamais !..." Non seulement elle avait conscience de n'être pas aimée à la mesure de son amour, mais elle désespérait d'y parvenir.

Alors commença, pour notre couple, un temps heurté. De soubresauts, de pesées, d'émulation dans la bonne volonté, de raidissements, de recherche d'un modus vivendi ; un temps que résume bien le banal "Ni avec toi, ni sans toi".

Nous y épuisèrent nos ressources ; aussi est-ce d'un commun accord que nous avons dit : Pouce ! »

La vie commune

Il est des couples ostentatoires : « Que l'on sache que cet homme en vue, riche et influent, et convoité, m'a élue entre toutes ! » – « Oui, c'est bien moi qui ai les faveurs de cette femme fort belle et très courtisée... » Ils ne m'importent : ce sont adjonctions de vanités qui appartiennent à la seule chronique. Sans doute encore suis-je trop ignorant de la façon dont l'amour s'accommode des lambris dorés, de la... bienséance de façade, d'un cérémonial dont il n'est pas l'objet. Luxe et puissance agréent à l'érotisme : ils en relèvent le crédit ; mais l'*ordinaire* amour, celui qui ne répugne pas à fondre sur les chaumières pour en être la seule richesse, que devient-il quand, d'aventure, il se fourvoie parmi les marbres, les tapis, les tableaux d'ancêtres ? Quand, opulence en soi, il doit composer avec l'apparat ? N'est-il pas enclin à se réfugier au sein de la domesticité ?

Mais ce sont là de vaines questions. Le jeune couple qui marche devant moi est plus digne d'intérêt. Il ressortit, par les bras, les mains qui s'étreignent, aux vases communicants. À la balance, par la ligne des épaules – et le déséquilibre du fléau suggère assez la densité de la femme. À une ogive encore, à considérer l'inclinaison des têtes l'une vers l'autre.

Ai-je tort d'inférer qu'on ne vit pas continûment ensemble ? Il me semble que subsiste, en ces contours, le vertige qui les fit basculer face à face, quand ils se retrouvèrent. Quand, s'accolant comme oreillettes et ventricules, ils purent s'exclamer : « Ne sommes qu'un seul cœur ! »

Ce qu'ils se disent ? Voici, « entre avenir et souvenir », soupirs et projets, ce que je crois entendre sous les propos sommaires, discontinus, que la marche, la circulation, autorisent.

« Mais oui, bien sûr, nous reviendrons en ces lieux où l'on se tient, unis, dans un rayonnement de terres, de chemins, d'horizons – qui vous font leur soumission… parce qu'on s'aime ! Nous reviendrons dans ces coins de campagne que le dimanche décante, où l'on est entouré de sources, d'eaux à bas bruit. Dans ce sentier de forêt où nous allions épaulés, quasi propulsés par le jaillissement végétal. Dans cette auberge, encore, où seuls convives, nous avons dîné en princes, la saveur de la flambée, dans l'âtre, s'épanouissant dans les vins…

Mais tu sais que les grands espaces nous font, même serrés l'un contre l'autre, des limites friables, incertaines, et que nous devons alors faire un effort pour préserver la cohésion de notre couple ; tu sais combien nos paroles pèsent moins dans le trop grand air et se disséminent à la façon des aigrettes… J'aimais les clairières en promeneur solitaire. Avec toi, je nous y sens exposés à un cercle de regards tangentiels, sournois, dont la réprobation m'est perceptible : nous troublons le quant-à-soi de tout ce qui se trouve là. Et comme nous n'avons d'yeux que pour nous – sauf, un instant, pour une coccinelle ou une marguerite –, nous manquons à la correction. Il me semble même sentir de la condescendance, chez les grands arbres : « Nous savons ce qu'il en est des humains qui, enlacés, viennent chercher refuge auprès de nous. Combien reviendront ici plus d'une saison ? Nous sommes la permanence ; ils sont épisodiques et variables… »

La voix est de l'homme, du pilote qu'elle tient pour sage en tout. Et comme elle a raison !… Ce qu'il va dire à présent, elle l'attendait « de tout son être ». (On ne rend pas assez justice aux romanciers pour âmes simples !) Ah ! qu'elle lui sait gré d'avoir perçu l'insatisfaction qui, depuis quelque temps, ombrait ses plaisirs ! Cela tenait du manque ; cela avait affaire avec la logique, la cohérence. Cela invitait à l'amertume, au soupçon : « Les jours passés sans nous voir ne lui pèsent donc pas ? Moins qu'à moi, à l'évidence. »

Aussi a-t-elle, à l'écouter, l'épanouissement de la terre d'été sous l'averse : le monde va bientôt être aussi lustré qu'un rivage sablonneux quand la mer découvre.

« Nous reviendrons nous perdre (pour rire) dans une nature de préférence désordonnée où tout vous fait signe afin d'égarer vos pas – mais ce sera pour mieux goûter, au retour, sains et saufs, notre logis commun.

Nous aurons vécu dans une mouvante profusion de lignes, de couleurs, de sons ? Comme tout va s'épurer, notre porte refermée ! D'un coup sera restaurée la prééminence de tes courbes ; d'un coup vont se condenser, s'organiser sur ton visage, les bribes du sourire qui se dispersait par l'espace. Sans parler de tout le pollen que tu rapporteras, ma belle abeille, de nos explorations. De tes maraudes : sont bien meilleurs les fruits que l'on a dérobés !

Se retrancher – ensemble ! – en un lieu fortifié propre à soutenir le siège des éléments et d'abord du plus hirsute : la nuit à senteur de sauvagine. Se retrancher pour accommoder sur le proche, le fini : le visage et le corps de l'Autre. Pour écouter, sans interférence, une voix gracile comme un filet d'eau à flanc de roche.

S'enclore. Ensemble. L'amoureux qui, la porte refermée, fait claquer le pêne, signifie à l'aimée qu'elle est hors d'atteinte de ses poursuivants – dont il sait, lui, qu'ils sont légion. Dès lors, il n'y a plus qu'à s'en remettre aux bons offices des pièces, chacune n'étant là que pour acculer le couple à un ultime retranchement. S'enclore pour *s'entreprendre*, pour recueillir – et s'en laurer ! – les cris, les râles et ramages d'une gisante aux prises avec son sang dont l'homme fit quelle flambée !

Le mot *réduit* appelle celui d'inexpugnable. Telle sera la demeure où nous vivrons en un resserrement de graine... à deux cotylédons ; en un climat de fruitier d'automne, et de ces greniers de campagne qui font une âme éperdue aux enfants qui s'y *découvrent*. Nous ne composerons avec nos semblables qu'autant que nécessaire. De la vie qu'ils qualifient d'active, nous ferons une parenthèse en nos journées : la seule qui vaille, poignante aux larmes, n'est-elle pas celle où, dans le climat de loisir de nos échappées, la convergence de nos ferveurs, de nos gratitudes, amène sur nos lèvres le mot plein de retenue d'*intimité* ?

À vivre continûment ensemble, nous éprouverons à tout instant le sentiment d'une élection mutuelle ; la sensation – hors de nos étreintes – d'un délicat effleurement. Il en est pour redouter la vie commune : qu'ils font peu confiance en leurs forces, en leur constance !... La soif qu'ils ont l'un de l'autre ne doit pas égaler la nôtre. Le temps qui leur échoit, réunis, peut-il se comparer aux riches Heures qui nous sont promises ?

Tu t'appuieras sur moi, bien sûr, pour cette traversée ; mais tu m'introduiras aussi, n'est-ce pas ? L'image de Nous que je préfère, c'est celle où, debout, adossée à moi qui étreins tes hanches de mes avant-bras – mes mains sous la mandorle de ton ventre ! –, je maintiens ma face dans le sillage de tes cheveux.

Je ne sais pas de plus belle figure de proue. »

Ainsi parle l'homme. Si je ne puis garantir l'exactitude de ses propos, leur sens, au moins, n'est pas douteux. Et la femme d'applaudir, qui se fait fort de capitonner les murs pour les assourdir, en effacer les angles, les rendre enveloppants : elle sait d'instinct ce que le langage populaire entend par nid douillet. Celui que l'on quitte à regret, où l'homme, volontiers vagabond, aime à restaurer son moi. En ce monde vibrionnaire, un espace à la patience à toute épreuve, soustrait aux aléas, auquel dédier de loin, pris que l'on est dans le... métier de basse lisse, une pensée reconnaissante : « Là-bas je me rassemblerai ; là-bas, ma peau verra de nouveau, par toute son étendue. Là-bas, mon cœur aura des mordorures d'amas de froment... »

On devrait mettre les littérateurs et d'abord les poètes, hors d'état de nuire ; les emprisonner pour propagation de fables propres à susciter déconvenue et amertume. Sans doute, quand le couple, au soir, regagne son *intérieur* – à croire que chacun n'avait emporté que son apparence – toute chose est-elle en place. Nul cadre ou ustensile ne s'est détaché du mur à la façon d'un fruit mûr ; les sièges ont poursuivi leur conciliabule. C'est à peine si, dans le vase, les fleurs ont bronché de leur destin pressenti. Mais dans l'imperceptible cillement d'aise du décor, quand les pièces s'éclairent, il y a tout de même ce reproche : « Que vaut l'harmonie, quand il n'est personne pour s'en pénétrer ?... »

Et voici que, de surcroît, ils découvrent que l'on quitte moins aisément ses soucis que sa tenue de travail ; que la clôture de l'enclave où être farouchement l'un à l'autre, est à claire-voie ; que l'intrusion du dehors va croissant et que l'extérieur vous dispute chaque jour davantage, pour les corrompre, les purs moments où explorer de conserve le spectre de la saveur ; que l'élan premier, fondateur, le sentiment de l'aubaine, doivent de plus en plus composer avec le quotidien. Que la prose envahit le chant.

Il y eut un temps où l'on avait le temps ? D'où tirait-on ces heures, ces jours, où rien n'était plus urgent que se rejoindre loin des regards, ou flâner de compagnie dans les rues animées – fil d'or s'insérant dans de la bure ? Séduire, conquérir échapperaient aux contraintes des horloges ? Ils susciteraient, en sus de nos journées, l'opulente durée dont ils ont besoin ? Pourquoi la rivière n'a-t-elle plus, en parallèle, de ces bras dits morts mais où l'eau étincelle du loisir du ciel au sien conjugué ?

Les jours du couple avaient naguère la densité, la cohésion d'une enfance épargnée par les tracas, les craintes, les maux. Les voilà grevés d'embarras, pollués de pensées disparates qui se chevauchent, encombrés de démarches qu'il faut noter, quand l'amour se passe si bien d'aide-mémoire. Non, les amants ne sont pas seuls au monde mais parmi des vivants positifs dont l'odeur d'un chèvrefeuille, la vue d'un carabe doré, n'ont jamais ralenti le pas. Non, il n'est pour eux de manne qui les maintiendrait dans l'étrange satiété des êtres épris, de ceux qui, combles de la pensée de l'autre, semblent ne connaître la faim ordinaire, non plus que le sommeil.

Il y eut un temps où, à la façon des enfants, on se lançait de ces défis saugrenus qui bravent les convenances ? Où l'on pouvait relever l'amour d'une touche de saugrenu, puisqu'il n'avait encore de gîte assigné, qu'il se complaisait dans l'horizontalité d'une lande, d'un pré, de ses ombres végétales, si longues, si prenantes au soir, qu'elles paraissent sourdre d'un équivoque arrière-pays ?

Que les murs, en revanche, que régit la verticale, ont tôt fait de ramener à la raison, de domestiquer – d'asservir ! – l'amour du couple qui s'en remit à eux ! La tente, la yourte, ont-elles de pareils effets ? La tentation est grande d'attribuer aux demeures gouvernées par la perpendiculaire, et qui tirent, du minéral, rigidité, impassibilité, les… vertus des fontaines pétrifiantes.

☆

Est-il sage, quand on goûte le galbe d'un visage, de l'examiner loupe en main ? La peau veloutée, aux fines soies de silice blonde vers les tempes, révèle alors ses ridules, pores, squames, taches de son, varicosités… Ce qui paraissait lisse a des aspects de relief lunaire ; l'aura de ce visage, de ce corps, procède d'une assise épithéliale assez prosaïque. Or, ce n'est pas la seule peau que la vie commune place sous une loupe à fort grossissement, sous un microscope, mais le moi de chacun.

Un geste, un propos de l'autre, nous avaient surpris, quand nous allions par la campagne, quand nous participions à ces festivités qui autorisent le débridement, mais l'espace ou le bruit les avait dissipés. Et puis, avions-nous bien vu, entendu, ce qui détonnait dans sa conduite et ne pouvait être que l'exception ou l'écart délibéré de qui, par son élégance intrinsèque, sait pouvoir se permettre une vulgarité sans qu'on se méprenne sur sa nature ? (Notre oreille ayant bien perçu les guillemets.)

Un logis est moins indulgent que l'air libre : il sertit, souligne les incongruités. De quoi l'autre n'a cure : « Ayant dû, au temps des préliminaires, me composer un personnage ; devant encore faire droit aux normes de la société, qu'au moins, chez moi, je me conduise sans façons. » Et chacun d'eux de découvrir, nuit après jour, qu'il vit avec un être inconnu, si longtemps qu'on se soit fréquentés. Parfois pour s'en réjouir, s'en attendrir ; plus souvent avec consternation, et l'amour, en nous, murmure alors, à l'adresse de l'autre qui ne le perçoit ou ne s'en soucie : « Ne fais pas, ne dis pas cela ! Tu brouilles, tu gâtes l'image que j'ai de toi

– et tu n'en as pas le droit ! » Et l'on se reproche d'avoir voulu ignorer ces signes que l'être émet à son insu – qui vont d'un clignement d'œil trivial, une grasse inflexion de voix, à un haussement d'épaules désinvolte, et toute mimique par quoi s'écaille ou se fissure la statue.

Parce que les intermittences du désir appellent celles de l'aveuglement, cruelles sont les minutes où le regard redevenu clairvoyant, le jugement se formule, plein de ressentiment, d'accablement, et d'une manière d'angoisse comme à s'aviser que nous vivons en un lieu moins sûr que nous le pensions. D'angoisse, voire de panique quand le défaut se nomme tare. « Ainsi, il est à l'évidence égoïste, indélicat, vulgaire, hâbleur, ombrageux, violent... » – « Elle est décidément frivole, dissimulée, susceptible, dépensière, vindicative... »

Dégrisée. Désabusé. Où sont les soleils fléchissants qui, sur un rivage, en haut d'une colline, en un penchant de prairie, faisaient, du couple, deux ombres jointes démesurées ? Quelques pièces d'habitation vous auront rendu à vos très humaines dimensions : sensiblement moins que la hauteur d'un plafond !

Désormais, pour des jours, des années – une vie, chacun sera, face à l'autre, tel celui qui, penché sur un bain de révélateur, regarderait s'agréger les ombres. Il n'importe au cynique de décevoir, ni à celle qui proclame : « Je suis comme je suis... » Mais, pourvu de quelque amour-propre, comment n'en voudrait-on pas au témoin de vos travers, indélicatesses, bizarreries, ridicules, petites et grandes lâchetés ? À celui ou celle qui vous juge, le regard maussade, la bouche close de dédain ?

« Pourvu qu'il ne raconte pas, une fois de plus, cette histoire qui ne rencontre que sourires gênés, de complaisance – qui m'humilient ! » – « Pourvu qu'elle n'intervienne pas en des domaines où elle n'entend rien, et que je n'aie, une fois encore, à rougir d'elle ! » Ainsi chacun est-il prévu dans ses propos, dans ses… réponses : on s'est tant observé, épié « à bout portant » ; on a tant déchiffré les moues de dépit et d'agacement, les soupirs, les réticences et les éclats de voix, les sourires qui se fanent (tel un oiseau atteint en plein vol) et ceux de l'incrédulité affichée, narquoise ; tant exercé son oreille à départager le sérieux et l'ironie, à discerner les faux-fuyants, à déceler les subterfuges – que l'on croit tout savoir de l'autre.

Lequel, pourtant, nous restera inconnu. Il est, dans le couple, plus inquiétant, plus éprouvant que les plaintes et les reproches : l'impassibilité d'un front. La stupeur de celui, de celle que l'on quitte sans crier gare en témoigne : nous méconnaissons la densité d'un for intérieur, l'aptitude d'un être à dissimuler, à ne rien trahir jusqu'à donner le sentiment de l'indifférence, de la résignation, de la passivité, de l'entière soumission. Que savons-nous, que saurons-nous jamais des pensées qui se massent derrière le calme et dur bandeau de ce front qui feint le détachement ? Le regard, quoiqu'il se veuille impénétrable, ou joue la distraction, nous livre parfois une bribe des sentiments qu'on a pour nous, mais nous achoppons sans recours sur un front qui se veut impénétrable ou qui mime la candeur. Dans cette redoute, siègent, inexpugnables, le quant-à-soi, l'à part soi, ce que le maître le plus acharné ne saurait réduire chez son esclave. Dans notre « Parleras-tu enfin ? » jeté à l'adresse de l'autre, passe toute notre exaspération devant ce qu'il nous dérobe de lui. Plutôt les griefs articulés, les accusations sans ambages, qu'une impassibilité qui vaut jugement, condamnation – que l'on dédaigne de nous notifier tant est grand le mépris où l'on nous tient. Et si le couple, par une confiance en soi bien téméraire, décida d'emblée de « tout se dire », la restriction mentale, le mensonge par omission, ménageront l'intégrité de l'irréductible rognon de silex autour duquel le moi s'organise.

« La bête à deux dos » glissait jadis, membres mêlés, dans le sommeil. C'était façon, ainsi à demi engagés l'un dans l'autre par le jeu des aisselles et enfourchures, de se convoiter, se posséder, se savourer jusque dans l'inconscience. Est-il, à présent, moment du jour où la lucidité l'emporte à ce point ? où chacun se trouve jaugé avec moins d'indulgence ?

La lampe éteinte, les deux gisants reposent en parallèle – et scrutent. L'obscurité de la chambre ? Leurs propres ombres, jamais plus présentes que dans les ténèbres ? Le silence minéral qui « prend » et les scelle, ensemble et séparés ? « Quelles figures convoque-t-elle à cet instant, sous ses paupières, pour les choyer ? Et pourquoi pas un aimable monstre à fourrure, comme la Bête du conte ? Ou mon meilleur ami ?... » – « Un homme ne perçoit pas, quand il n'est guère attendu ?... Quels sont, de ses fantasmes, ceux qu'il n'avouera jamais, je le sens bien, mais qui le rendent rancuneux ? » Sous un ciel sans étoiles, chacun tente de faire le point ; mais si obscure est la nuit, qu'il faudra continuer de naviguer à l'estime.

On croit de mieux en mieux connaître celui ou celle qui partage votre vie. C'est un parfait inconnu, une énigme entière, que la rupture ou la mort éloignera de vous.

☆

Quand, au théâtre, le dialogue est languissant, les propos convenus, l'action statique, nous éprouvons cette sensation faite de pesanteur, de stagnation, de lassitude et de léger dégoût qu'on nomme ennui.

Ceux qui optent pour une vie commune continue, indéfinie, n'ont nullement conscience qu'il faudrait, pour une pièce qui va durer des années, voire une vie, des dialoguistes-nés, tour à tour graves et cocasses, conséquents et inattendus, pour soutenir l'intérêt de ce spectateur qui, à la fois, participe des deux protagonistes et s'en abstrait – et qui est le couple.

Mais ne suffit-il pas que, dans la scène initiale, on se soit montré explicite, à la façon de cet Anglais déclarant à la femme qu'il venait d'épouser : « Sachez, Madame, que je vous aime – et tenez-vous le pour dit » ?

Or, prompt à s'alarmer, l'amour se nourrit d'égards, se fortifie de preuves : l'implicite instille en lui le doute, la taciturnité l'étiole. « Je me souviens de paroles irrépressibles qui me donnaient plein droit de cité, qui affirmaient mes prérogatives, et par lesquelles chacun d'eux me faisait allégeance. C'est à peine si, parfois, le plaisir leur arrache, par inadvertance, un cri ancien dont l'insolite les surprend, paraît les embarrasser – aussi compté-je pour rien, non plus qu'aveux infondés que la torture extorque, ce qui résonne alors comme une inconvenance du cœur. » (Mais la passion a des exigences déraisonnables ! Dès lors qu'un puissant esprit ne sut que répéter, en tête de ses lettres d'amour : « Mon cher petit Castor », force est d'admettre que l'invention langagière est, en ce domaine, chichement départie.)

Les deux acteurs, par chance, ne sont pas sans ressources. Chacun rapporte le soir, du dehors, de quoi masquer l'appauvrissement des échanges ; la parentèle se manifeste, qui sait d'expérience, qu'il y a, tôt, péril en la demeure ; des couples amis, à tour de rôle, sont conviés à jouer les comparses ou les témoins ; l'invitation qui leur est faite ayant valeur de supplique : « Ne nous laissez pas seuls ! »

Mais oui, il y eut bien un temps où chaque parole de l'autre était, pour le cœur, digne de mémoire. Où les silences avaient la substance du chant – l'oreille s'irisant non moins du non-dit que du dit. Où la confidence était, dans le dialogue, le registre d'élection – et la vie serait trop brève pour partager, dans une surenchère de lisibilité, tout ce qui se pressait à nos lèvres.

Le beau nom que celui de *présence* ! Et nous avons d'abord souhaité la sienne à demeure auprès de nous, tant le « Je suis bien avec toi » avait de conviction ; tant nous venait, de *sa* présence, à l'exclusion de toute autre, une confiance en nous, une sourde exaltation qui, jointe à une étrange bénignité, relevaient notre moi, nous apportaient le contentement que l'on a devant la mer à son étale de flux.

Une taie s'est-elle développée sur notre œil ? Notre cristallin s'est-il opacifié ? Le visage aimé est devenu pareil à ceux qui, en foule, nous longent et s'effacent sans nous retenir ; et le voici tel un astre éteint dont on verrait la rugosité.

Ce logis nous semblait bien trop vaste pour ces deux-là qui « n'étaient qu'un ». Une pièce – à usage de chambre – ne suffit-elle pas à un couple épris de soi ? Pourquoi un subtil encombrement règne-t-il désormais en ces pièces alors même que l'autre se tient hors de notre vue, sans doute à ruminer quelque ressentiment ? On manque de tact à ne pas sentir qu'en occupant indûment notre espace, on nous rappelle nos limites, et d'abord physiques, notre pesanteur, notre… épaisseur, et quelle étanchéité peut revêtir notre peau, face à un importun.

Que nous avions pris de soin à élire, à assortir chaque pièce de notre mobilier ; à établir la concorde entre les formes, les matières, les couleurs, les lumières, afin qu'elles nous infusent leur contentement !… Pourquoi n'est-ce plus qu'un décor en trompe-l'œil que nous ne voyons plus ? Un décor pour théâtre d'ombres qui nous baigne de son inertie, sa stupidité ? Comme un intérieur vous rapetisse l'âme, bride vos élans, quand nous attendions de lui qu'il nous soit cassolette, récipient de terre cuite où, à feu doux, s'exaltent les saveurs…

Nous voyagerons. En des lieux – ô Toscane ! ô Cappadoce !

ô Sahel ! –, en des villes dont le seul nom nous incline à une sourde allégresse ; dont l'aura semble une patine que tant de regards comblés, reconnaissants, tant d'exclamations de ferveur, auraient déposée sur eux.

Je nous imagine côte à côte, pupilles agrandies par la quête de la proche merveille, et nos flancs de se toucher comme on joint les mains, quand, nous apparaissant, elle nous nappe d'un coup de sa profusion temporelle. Côte à côte, face à un présent que tonifie la surabondance du passé, nous pénétrant de ce climat d'opalescence en insensible expansion où se tient le légendaire.

Nous voyagerons. À nouveau disponibles – enfance retrouvée des bois, des prés, des berges ! – la peau lavée de frais par de fastueux sommeils en des chambres à cretonne, nos journées s'ouvriront sur une de ces faims vastes, à vif, impatientes, où l'on se découvre prêt à en découdre avec la vie. Nous retrouverons l'avidité – à vous en manger la figure – des amants qui ont pris place, tête à tête, à une table de jardin et auxquels on sert le petit déjeuner. Une avidité qui englobe et le café, le lait, les toasts, et *son* visage – retrouvé, redécouvert – où la nuit a posé, sous les yeux, une attendrissante touche de mauve.

L'amour est volontiers présomptueux ; il ne craint pas de se confronter à la grandeur. N'a-t-il pas, de l'œuvre d'art, la singularité, la généreuse plénitude, et ce caractère de nécessité qui lui assure son irréductible cohésion ? Il ne pourra donc que se reconnaître dans les œuvres révérées ; qu'entrer en résonance avec les paysages « par les dieux composés » ; qu'en recevoir le… sacrement de la confirmation.

Mais l'œuvre d'art est possessive ; à la façon de l'aimant happant une limaille suffisamment proche, elle s'empare de notre moi pour l'admettre dans son essentielle solitude, à peine lui prêtons-nous attention. À cela près, qu'orgueilleuse, exclusive, elle entend traiter seule à seul avec chacun ; aussi hait-elle les essaims de curieux qui s'agglutinent un instant pour la dévisager.

Mise en présence d'un couple, elle sait trop que la ferveur dont elle se fortifie, qui, au vrai, la perpétue, ne sera pas égale chez ces deux-là. Elle, qui impose silence, craint leur mutisme – qu'elle ne sait interpréter : est-ce sa charge d'ineffable qui les rend cois ? ou l'étroitesse de leur spectre sensitif ? Mais elle redoute plus encore la parole dérisoire ou dédaigneuse qui va tomber de l'une de ces bouches, le « C'est joli... », le « J'aime assez... », indolents, réducteurs, qui lui seront injure, elle qui se sait inextricable nœud de forces et puissance radiante. Cependant que, sur le visage de qui est resté silencieux, passe une ombre d'abattement, de ressentiment, à prendre une fois de plus l'autre en flagrant délit de tiédeur, de parcimonie.

Au couple qui voyage seul pour son agrément, tout est pierre de touche : la musicalité d'un paysage concertant, un maître tableau des Offices, une modeste chapelle devant laquelle l'un voudrait indéfiniment demeurer, quand l'autre ne comprend pas qu'elle vous retienne plus d'un instant. Tout vous dénonce, patentes, la dissonance, la mésalliance. Chaque nouveau jour rend plus sensible la dualité de moi non miscibles. Ce qui pourrait se résumer ainsi : De la vertu dégrisante des voyages à deux, et d'abord du voyage de noces.

Et chacun de retrouver le havre commun avec le sentiment de mettre fin à une épreuve de l'ordre de la pesée, de l'examen, de la comparution, sans recours ni échappatoire possibles – où l'on fut jugé trop « léger ». Aussi n'aurons-nous plus affaire qu'à un monde à notre mesure ; et quelle ferme assise, que celle du quotidien, quand l'œuvre d'art met à mal notre assiette, nous somme et de nous taire, et de lui faire le présent d'une parole juste !

« Nous aurons un enfant, des enfants : quelle porcelaine de

la dynastie des Han, vaudrait une petite fille qu'on voit, jour après jour, tendre vers une gerbe de courbes fermées, enclose et jaillissante ? Qui ne donnerait l'écrasant Michel-Ange pour un garçon digne, demain, de prendre place dans le cercle dont Vinci circonscrit, membres écartés, l'homme aux proportions idéales ? Nos enfants seront des œuvres d'art traitables, qui ne nous humilieront pas de leur altière autonomie, mais répondront à nos élans – leurs voix filigranant les nôtres, tel, en ces Jardins d'amour des miniaturistes, un ruisselet. »

Ainsi rêve-t-on quand on n'a jamais vu les abords d'un atelier de céramique !

L'ENFANT

FRUIT QUI DE LA NAÏVETÉ, de l'insouciance, de la hâte, de l'inadvertance ; qui de la mauvaise conscience ou du conformisme, et qui du fatalisme ou du calcul, de la raison ou de la foi, et de toutes les sortes d'ivresse, l'enfant se voit grevé, avant de naître, de rôles aussi divers que ceux de gratification, d'échappatoire, de revanche, de substitut, de complice, d'otage, et plus communément de preuve d'amour.

« Mon amour m'oppresse, soupire l'amante, me fait parfois chanceler ; et toujours les mots qui en témoigneraient me semblent le trahir. Ah ! donner consistance à ce qui transcende nos chairs, dans l'acte, et qu'on nomme couple, par commodité !... Le sentir prendre corps en moi, insensiblement grossir jusqu'à en être comble !... Dépositaire du meilleur de nous, j'irais – dans une adhésion croissante à la terre – puisque je serais *tombée* enceinte... Et je passerais sur mon ventre rebondi une paume qui apprivoise, flatte, apaise, encourage. Et mon enfant m'entendra chantonner, le prendre à témoin, et tour à tour craindre et jubiler.

« Je ne me sentais pas, au début, travaillée de forces expansives, sauf de celles qui vous ouvrent les bras pour un vivat à la nature, les jambes comme on écarterait les mâchoires d'un piège – de velours ! L'acte me laissait pour un temps un ventre quiet, béat, où la saveur se résorbait sans ombre. À présent, à peine vient-*il* de se retirer, que je bée – de quelle insatisfaction ? Que n'ai-je su retenir, qui me déserte ? À quel acte manqué dois-je l'infime détresse qui sous-tend le reflux du plaisir ?

« Je ramène mes genoux vers moi comme pour réduire, étouffer ce qui est manque, frustration, mais c'est donner plus de réalité à mon… giron ; c'est exaspérer ce qui s'ennuie en mes entrailles (un mot, d'une prière, qui me fut longtemps obscur) ; ce qui aspire à se distendre à l'extrême, à s'arrondir pour enclore au plus près.

« Mon ventre ne se laisse plus oublier. Par-delà la plus vive jouissance, il prétend à un contentement et vaste et continu, seul en mesure de lui apporter la satiété. Le plaisir qui l'apaisait avive son insatisfaction latente, et je le sens comme aux aguets. Il ne défaille plus seulement d'une étroite et chaude et fourmillante impatience d'engainer, mais du porte-à-faux d'un inassouvissement essentiel. Les viscères les mieux enfouis se concertent, se disposent en vue d'une action d'éclat que je pourrais feindre d'ignorer si une *fibre* analogue à une corde de contrebasse, ne vibrait, ne palpitait jusqu'à l'obsession entre cœur et sexe.

« Plus mon amant flatte ma peau, lui prodigue d'assurance, plus la chair profonde, informe, s'ennuie. Comme si elle n'avait pas achevé de s'épanouir, des velléités de dépliement, de déplissage, la traversent, qui me prennent au dépourvu, me jettent dans une brève distraction où je me découvre et grave et plus vacante qu'une crique à marée basse.

« Est-ce cela, une présence d'absence ? Le mal d'enfant vous rend-il plus vulnérable à des mots, des spectacles en soi dépourvus de résonances particulières ? Et si mon corps attendait, de son complet épanouissement, des rapports plus délicieux encore avec l'eau, le soleil, le vent, les mets, le sommeil ? Un accord de nature insolite avec l'homme que j'aime ? Quand il vient en moi à foulées précipitées, j'anticipe le moment où il va se soustraire à ma prise, me laissant à la fois rassasiée et un peu interdite ; où il va se reprendre et redevenir moins... lisible.

« Ah ! trois saisons durant le forcer à demeurer en moi, pelotonné comme il sied à l'amour, plus choyé qu'il ne le fut jamais, se repaissant de mon être ! Préservé des soucis. Renouvelé... Jusqu'à ce que je le mette au monde, si démuni que j'aurai emprise sur lui, si forte de sa faiblesse, ensoleillée de ses sourires... Et, si c'est un fils, revivant une enfance dont je ne sais les commencements.

« Paix, mon appréhension de grossir jusqu'à la limite de rupture ; paix, mon angoisse de manquer ma grande œuvre, de ne pouvoir la mener à son terme : l'amour que je porte à cet homme appelle l'amplification, la transgression de mes limites, l'engagement dans une action longue, intense, un rien héroïque... »

L'amour l'écoute avec un accablement croissant : « Même celle-ci qui me servait avec fougue, ingéniosité ; qui se jetait à pieds joints dans le présent, même celle-ci que je croyais clairvoyante s'apprête à me trahir ! À croire que la passion dépose, dans le ventre des femmes, un ferment propre à la ruiner. Comment ceux qui s'aiment jusqu'à l'exaspération ne perçoivent-ils pas que l'enfant va brouiller la distance, combler le gouffre inhérents au désir ? Qu'il sera pour la femme un rassasiement indéfini ? »

L'amour connaît trop les cœurs pour douter de son sort quand le couple croira, en l'incarnant, s'être assuré de lui. L'avoir appréhendé, en quelque sorte. Jamais il ne se reconnaîtra dans cet enfant qui se veut la fin – sacramentelle – de toute union, et qui attend son heure en misant sur l'érotisme pour se donner ses chances.

Vraiment, l'amour devrait bien se montrer moins exclusif, moins ombrageux : il est tant d'affections à la mesure humaine, d'attachements qui s'accommodent de la tiédeur, de l'habitude... De l'ennui. Avec l'enfant, le couple se donne une réserve inépuisable de diversions, de *divertissement.* Qu'on dévoie, qu'on égare donc un long moment un amour qui a tôt fait de dénoncer vos limites aux yeux de l'autre, et d'abord votre vacuité ! Qu'on échappe à sa tyrannie quand il réclame encore et encore qu'on le serve, le fasse valoir par le langage, ses mailles, ses moires, ses ocelles : jamais, demain, en ce logis, la parole ne sera aussi prolixe et animée !... Et qu'importe qu'il murmure alors amèrement : « Pourquoi parlez-vous d'autre chose ? »

Lequel des deux a plaidé que l'enfant est la plus irrécusable des preuves d'amour ? Qu'il prolonge et pérennise le couple ? Il n'importe et *la* voilà *ferrée.* (Des femmes assurent avoir perçu la seconde où l'avenir jetait son grappin en leur chair, et en avoir éprouvé un ineffable plaisir d'élection – de Visitation !)

« J'attends un enfant » peut se moduler à l'infini, du lamento à l'hosanna, mais l'hymne est ici de rigueur. L'hymne à la courbe des collines, à l'évasement des estuaires, au velouté de la perle, à toute saveur, à tout parfum terrestres ; à la vie *féconde.* (Un mot fuseau renflé, sans aspérité, à prononcer de gorge, qui augure un temps ample et lent, prodigue en faveurs, de terre nourricière.)

Mais que le corps féminin est donc inconséquent ! La vie seconde dont il se languissait jusque dans le plaisir est désormais en lui, et le voilà qui s'insurge, et le cœur se soulève, l'estomac se révulse, vous laissant aussi disloquée qu'au bord d'un bastingage par gros temps. À croire que le corps, comme horrifié, tente de rejeter ce à quoi il aspirait. À moins qu'il ne pressente les désordres, les dommages que l'étranger va causer en lui et dans le couple.

Naguère, quand ils s'étreignaient en désespérés, l'amour n'avait cure de perspectives, occupé qu'il était par « le dur désir de durer » – au plus haut ; de perpétuer l'opulent présent. Désormais, le temps magnificent du fleuve en vue de l'embouchure se subordonne à celui d'un ruisselet qui entend bien saillir un jour de la grotte obscure où il s'amasse.

Naguère, les visages s'abîmaient l'un dans l'autre en une grisante dissociation des traits. L'enfant impose d'emblée des regards parallèles comme le sont le rivage et la frange marine qui ne se fondent qu'au plus loin.

L'amant qui s'enchantait des courbes de l'aimée pouvait les croire à son seul usage ; il doit convenir qu'elles enveloppent, protègent – séparent ; qu'elles sont celles d'une corbeille revêtue de satin, d'un nid pulpeux. Il se souvient d'un ventre solaire et délectable qu'on avait soustrait aux trames du temps ; d'une chair qu'il gouvernait sans partage. À présent requise pour une autre fin que le plaisir, divisée, soumise en son tréfonds à une distraction continue, elle n'a déjà plus la vivacité de réponse d'hier, quand un simple toucher la jetait dans une larmoyante intumescence.

Depuis qu'une graine s'y développe, l'amant considère ce ventre avec circonspection : les bouleversements qui l'affectent, si gros d'effets, appellent la révérence. (Ainsi d'un compagnon de plaisir que nous verrions élevé à une insigne dignité.) Les jeux amoureux veulent la grâce, la légèreté des créatures de Chagall ? La lenteur, la pondération conviendront de mieux en mieux à un corps entravé. Si la vie, en son sein, se démultiplie, se différencie avec virulence, une paresse, un engourdissement le gagnent. L'attente est son climat, où les pensées licencieuses ont peu de place.

Une part croissante de sa sensibilité s'intériorise. Celle qui, hier, faisait ses délices du soleil, de l'eau du bain, d'un fruit, d'un chocolat, d'un parfum, assimile à présent toute saveur agréable pour en charmer son hôte. Et pourquoi les caresses de l'homme en seraient-elles distraites ?

Car elle a un hôte – que son corps offusqué tenta d'abord d'évincer par force haut-le-cœur, puis se résigna à héberger. Entre les deux amants, un être infime mais de quelle avidité, s'est immiscé qui, de longtemps, ne leur permettra plus d'avoir des rapports *immédiats*. Si l'homme est encore admis en visite, elle ne s'en doit pas moins à l'invité.

Feindre d'ignorer celui-ci ? Vient un jour où l'amant le sent, avec gêne, regimber : leurs ébats ont un témoin, et on ne sait pas toujours, dans les spasmes de ce ventre, ce qui relève du plaisir et ce qui est sursauts d'un fœtus… éperonné.

La passion s'arrogeait toute liberté charnelle, toute intrépidité ; mais il est des privautés qui choqueraient le témoin. Ainsi s'instaure un commerce conjugal accordé à la pesanteur, à la passivité de la femme, à l'heureuse torpeur des maturations.

L'amant poignait le ventre au plus droit, mais l'hôte veut des égards. Il faut, dirait-on, le contourner à demi pour gagner le point reculé de la chair où l'amante vous attendait. Et comme il nous semble éloigné, à présent, ce point de mutuelle illumination ! Où se tient-il, même, quand elle repose sous la coupole de son ventre ? Quand, bondée de vie, protégée de tout regard lascif par un tendre bouclier, elle se déplace aux accents d'une pavane qu'elle et son hôte sont seuls à entendre ? Quand l'homme la surprend effleurant son ventre d'une paume de pâtissière fort aise d'avoir choisi une si bonne levure ? Et jamais le lieu des délices ne paraît à l'amant plus incertain que lorsqu'elle l'invite à sentir bouger l'usurpateur. Il a si souvent guetté, pour s'en réjouir, les soudaines convulsions du ventre étale – telle, au fond d'une anse, la bousculade des eaux à l'heure du flux – qu'il ne voit pas sans malaise ces signes de quelle fermentation ?

Une compagne lucide, scrupuleuse, a conscience de l'effacement progressif de l'amante, en elle ; de la conversion de sa chair à une autre fin ; du renoncement de son sexe à être encore une fleur de droséra. Aussi, dans la rue, tout en arborant son ventre comme un ostensoir, a-t-elle un regard pour les femmes découplées, alertes, auxquelles il ne se peut que l'homme qui marche à son côté ne la compare – avec un feint détachement.

Les jalouse-t-elle ? Désencombrée, elle reprendra place parmi ses congénères, elle partagera leur souci de plaire à l'homme mais, pour l'heure, son ventre la requiert. Se raidissant à peine pour maintenir l'équilibre, elle a pour lui les regards enveloppants que nous avons pour la panse d'un vase, la débonnaire pastèque, la lune à son plein, l'horizon océanique, les confins d'une plaine – et qu'il y a donc de contentement à être ronde comme la Terre, et lisse de surcroît !

Qu'il y a de fierté à connaître des sensations que l'homme le plus intuitif ignorera toujours ! Être une poche de mer chaude, liquoreuse, où une vie distincte et dépendante de la vôtre, croît – en se gorgeant de vous – dans une satiété continue !... (Discerner, la nuit, dans son ventre, des phosphorescences de fonds tropicaux n'étonnerait guère la femme gravide.)

L'homme ne saura non plus quelle saveur ont les dialogues à une voix qu'elle poursuit jusque dans le sommeil, dirait-on, avec son commensal. L'amant le plus ardemment aimé n'entendit jamais ces inflexions qui, à la fois, caressent et rassurent, s'ombrent d'inquiétude (« Que voilà longtemps que tu n'as bougé ! »), de feints reproches (« Sois sage un peu : tu me distrais par trop ! ») Il se sent, se tient à l'écart d'un roucoulement de femme glorieuse, amoureuse de soi, à l'écoute des ondes que son propos développe en elle, des échos qu'ils suscitent. Et ce sont là paroles comme la soie du cocon que sa chair tisse autour de l'enfant à naître.

Et que celui-ci quitte enfin son séjour, tant le corps est devenu gourd, pesant, embarrassant, inhabile aux tâches les plus communes (comme reine en la ruche !) alors qu'on n'aspire qu'à ranger, enjoliver ; qu'à rendre douillet l'espace qui va porter le nom – placide, ployant – de foyer.

L'amour originel fuit les lieux où les ventres se déchirent – comme les œufs des ovovivipares ! – à moins que le scalpel ne les balafre pour la vie. Il n'a qu'aversion pour l'agitation, même ordonnée, qui entoure la parturiente ; les injonctions dont on la fouaille ; ces convulsions qui ne sont plus de plaisir comme en témoignent des hurlements de bête qu'on achève ! Il exècre la chair fripée, grimaçante, rougeaude, gluante, glapissante, qu'on extirpe dans un chaos de cris, de sueur, de pleurs, de sanies – et qui clame l'arrachement à la chaude pulpe nourricière, la blessure du grand jour acide, l'exil de quel paradis ! Car le jaillissement d'une durée neuve en notre temps élimé se fait le plus souvent dans un climat d'hallali, d'agonie. Et Anna de Noailles le justifie en quelques vers : « Et toute mère, sans remords / Triomphante et pourtant funèbre / Voue une âme aux longues ténèbres / Et met au monde un homme mort… »

L'écartèlement a d'un coup pris fin dans une prodigieuse déflagration de la vie enclose, dans une résurgence de la saveur que l'angoisse tenait depuis des heures sous le boisseau. Ah ! que l'air est allègre, et docile et délectable, en ce corps exténué ! Douceur d'entendre qu'on fut un brave petit soldat ; fierté d'avoir subi avec honneur un rite de passage ; grâce reçue d'un accomplissement – d'une absolution ? Sentiment, encore, d'une nouvelle virginité…

Ce bonheur incommunicable, qu'elle n'a pas, du reste, le goût de partager, lui donne, dans la pièce, l'éclat d'un solitaire.

L'amour primordial tient pour une contrefaçon le visage extasié qu'elle tend à son enfant. Ce bonheur est insolent : à la seule passion est due semblable jubilation moirée de gratitude et d'incrédulité ! Ah ! c'est à croire qu'elle a converti l'expulsion de l'enfant – ce viol à rebours avec quelle effraction ! – en un coït de quelque dieu !

Plus conséquentes sont les femmes qu'une naissance laisse ébaubies, désemparées de leur ventre flasque et comme béant de la part d'elles-mêmes qu'on leur soutira ; de leur basculement dans un autre âge : celui, désormais soucieux, de leurs parents. Ce sont là des femmes qui s'éprouvent dépossédées de cette enfance que la passion d'hier perpétuait ; révoltées par les nouvelles atteintes à leur liberté d'être soi ; harassées d'âme autant que de corps de leur enfoncement dans le quotidien. Et de pressentir quelle interminable suite de deuils très intimes elles devront souffrir – et taire : une jeune mère se doit d'être radieuse, et de se renoncer pour son enfant. Le chœur des matrones ne le leur laissera pas oublier, alors qu'elles auraient plutôt le sentiment d'avoir commis une manière de forfait en devenant mères – ce qui serait faire écho à Cioran : « Avoir commis tous les crimes sauf celui d'être père. »

Grâces soient donc rendues aux mères de vocation qui nous ont valu tant de Nativités où un nouveau-né qui jamais ne crie ou ne pleure, lève sur sa mère enamourée des yeux neufs béats de confiance.

L'homme ne figure pas même en donateur du tableau : spectateur de ce tête-à-tête fervent, complice, ébloui – désespéré, il se tient hors du cadre. On ne s'immisce pas entre deux êtres qui ont tant à se dire, et d'abord à faire connaissance, à se reconnaître plutôt, comme dans les commencements de l'amour, précisément quand prévaut l'étonnement, l'émerveillement d'êtres si accordés et que, par le jeu de dialogues sur le mode puéril, chacun se fait le petit enfant de l'autre.

Quand l'heureuse mère prend l'homme à témoin – en femme qui vous trompe sans vergogne –, elle ne fait qu'assigner un rôle de comparse, d'utilité, à celui qui fut, au début de la pièce, un protagoniste, voire le héros.

Il la regarde vaguement humilié : la neuve souveraineté qui la nimbe ne paraît pas que dans son visage en incessant essor, mais dans la fluide exactitude de ses gestes pesés aux plus fines balances, quand ses propres bras lui paraissent empêtrés de lianes ; dans la dextérité de mains seules capables de manier vivement, sans risque, une coupelle de jade. Et il se demande si l'amante eut à ce point, avec lui, de ces gestes qui coulent de source et que leur précision rend transparents.

Parfois, souvent, il s'étonne, chez elle, d'un savoir inné, laconique, agissant. Avec mélancolie, il se murmure qu'elle avait moins de divination pour ses désirs d'homme ; qu'elle aurait bien dû appliquer à leur amour d'antan la vigilance, l'ingéniosité qu'elle déploie pour son enfant.

« Donner le sein » est une expression de mère, non d'amante, et l'outre candide à peau diaphane qu'elle dénude pour allaiter, n'est pas le fruit qu'elle portait en gloire sous son corsage ; qu'elle tendait aux paumes et à la bouche de l'homme : pénétré de son nouvel état, le voici *réservé*.

L'homme qui en usa – jusqu'à le dévoyer ! – avec une liberté qui, il le voit bien, n'était pas de mise (mais comme elle tressaillait pourtant quand une main péremptoire se refermait sur la masse pommelée !), l'homme observe la scène : qui, de la mère ou de l'enfant, se repaît le mieux de l'autre ?

Sa bouche, sa langue étaient plus expertes en succion, mais il ne se souvient pas d'avoir atteint à l'unité organique que mère et enfant manifestent, à ce degré de symbiose aux couleurs d'aurore et de voie lactée. Non plus que d'avoir jamais quitté ce sein avec la placidité des gens repus : il s'en détournait plus ensemencé de soifs qu'en l'abordant.

Devant ce conciliabule éperdu, la coulée de *son* regard vers l'enfant, les yeux que lève celui-ci sur la fontaine de félicité, l'homme en conclut qu'elle s'est donné un nouvel amant. Il jurerait que cette bouche menue alarme, émeut son ventre autant et plus que ne faisait la sienne. Que son visage présent a la lumière même que lui donnait le lent reflux du plaisir charnel. À cela près que son sourire extatique d'alors lui dure et qu'il nappe de mansuétude cet enfant à la mamelle.

(« Qu'ai-je à faire, maugrée l'amour, d'une chair de femme qui a goût de lait ? »)

Les Nativités nous abusent, qui fixent un moment tout de grâce dans le climat d'imposante bénignité propre au sacré. Le peintre aura à peine achevé son tableau, que ce nouveau-né va hurler avec une détermination, une constance qui vous glacent et vous laissent d'abord décontenancé : quel désespoir, quelles terreurs peut-être, s'exhalent de la sorte ? Il faut que la souffrance soit extrême pour tirer de tels cris de si peu de chair...

Pour de longs mois, l'homme et la femme vivront sous le signe de l'inopiné, du sursaut, du rappel à l'ordre, de l'anxiété. De l'urgence. « Ceux qui s'entraînent doucement dorment » assure l'antique chanson de toile ? L'enfant hachera leur sommeil de cris et d'appels ; il le rendra précaire et comme aminci par l'expectative. Un sommeil à son étiage.

Quand l'un des deux s'éveillait, « hier », dans le noir, il écoutait avec ravissement le souffle de l'autre : « Je ne suis pas seul au monde ! » – « Il est là, et vivant, et qui m'aime ! » Et chacun, le monde étant en ordre, de se rendormir dans la tiédeur commune. L'amour à leur chevet.

L'oreille de l'amante était alors, dans le sommeil, telle la fleur de nymphéa flottant à la surface d'un étang – ô Giverny ! Celle de la mère, émaciée par un guet continu, est coque de cartilage qu'un ruisseau capricieux soutiendrait.

Requise. En ses pensées, en ses gestes, la voilà requise par un hôte plus possessif, exigeant, tyrannique, d'être démuni. Vouée à un surcroît de tâches serviles, de médiocres préoccupations. À une recrudescence du plus quotidien. Divisée, bientôt dépenaillée, mais consciente d'accomplir une œuvre qui la justifie et qu'elle seule peut mener à bien.

En cette affaire dont elle est l'ordonnatrice, l'homme fait plus ou moins figure d'apprenti : celui qui dégrossit le marbre, prépare la toile et les pinceaux. Elle peut bien lui dédier son ouvrage, il sait que face à un dilemme, elle choisirait sans hésiter cet enfant – ce qui serait se choisir –, dont elle sait tout depuis l'origine, quand l'homme n'est qu'un visiteur intermittent dont une part lui échappera toujours.

Sa souveraineté sapée, battue en brèche, il se surprend à nourrir quelque dépit, quelque ressentiment quand elle s'absorbe en des échanges sans fin de sourires, mimiques, babils – qui l'excluent. L'usurpation est diffuse mais constante : l'enfant est désormais *premier* dans les pensées, les soucis, les soins, la sollicitude. Dans l'agencement des journées, l'incertaine quiétude des nuits.

Une littérature édifiante fait de l'enfant un trait d'union. Quel meilleur ciment ? Quelle plus sûre sauvegarde, face à l'égoïsme ? Est-il plus belle ogive que celle d'un couple penché, tempe contre tempe, sur un berceau ?

Fiché dans le couple, un coin, bien plutôt, et qui maintiendra de plus en plus l'homme et la femme à distance – et ce n'est plus, certes, celle qu'ils introduisaient parfois entre eux pour se considérer, en êtres qui n'en reviennent pas de s'être rencontrés.

Une vie qui aspire âprement à son autonomie écarte les vies conjointes à la façon dont on repousse, avec vigueur, alacrité, des battants de volet. Se prévalant de sa fragilité – puissance de la faiblesse ! – l'invité accapare l'attention, envahit l'espace, met à mal le silence, se révèle despotique, absolu – et jaloux. Tels ces déshérités que l'on recueille et qui s'impatronisent, gouvernent votre maison – et séduisent votre femme ! (À moins qu'on n'y mette bon ordre, il poussera bientôt la porte de votre chambre et réclamera une part de votre couche.)

Le temps n'est plus où, amoureux, l'on était seuls sur la terre, et glorieux, et immédiats : la déflagration de cette mise au monde n'en finira pas d'infléchir de son souffle vos regards, vos desseins, votre destinée.

L'amour est par nature entier, intraitable et, comme le feu, insatiable. Défi jeté à la face des honnêtes gens, il n'a cure de prudence ni de respectabilité – ou ce n'est pas l'amour. Il ne saurait demeurer dans un logis où l'on n'a d'yeux que pour l'intrus ; où l'on bêtifie à l'envi, où l'on se récrie devant des grâces mièvres, où l'on publie les hauts faits de la puérilité.

Où sont les belles coulées de loisir, telle, en sa gaine de platanes, la perspective d'un canal ? Un temps loqueteux prévaut, en ces murs, entre affairement et vigilance. Où, les silences de mutuelle contemplation des amants quand la parole faillissait, défaillait devant la levée en masse du désir, ou simplement l'émerveillement que l'autre fût, l'irritation qu'on ne pût se l'incorporer, se l'assimiler ?

Étaient alors seuls tolérables, seuls bienvenus, les cris – qu'il faut aujourd'hui réprimer – de la femme en gésine de plaisir ; tandis que ces piaulis intempestifs qui, vous rappelant à votre devoir, vous instillent mauvaise conscience, feraient fuir l'amour des commencements s'il ne s'était depuis longtemps retiré pour fondre sur de nouveaux couples qui l'assurent qu'eux ne le trahiront pas. (On peut être farouche, intolérant, et naïf !)

Mais il est temps de réhabiliter l'enfant ! Si la passion l'exclut – laquelle, par chance, épargne la plupart des humains – il est une permanente diversion pour les couples de circonstance, sans nécessité, ou fondés sur un malentendu. Quel être « de compagnie » masquerait, mieux que lui, votre désert intérieur, l'inanité de vos échanges ? Il vous permet de parler... d'autre chose dans les éprouvants tête-à-tête domestiques ; il incarne et justifie la distance qui s'est établie avec l'autre, le statut « honorable » que vous assignez désormais au conjoint. Pourquoi l'âme, le cœur prendraient-ils le deuil, quand rien ne méritait d'être sauvé ? Quand l'ennui commençait de déliter une statue qu'on avait crue immuable à l'égal du *Baiser* de Rodin ?

Il faut réhabiliter l'enfant qui sert d'alibi aux femmes velléitaires et nourrit maintes bonnes consciences – ô mères exemplaires qui n'entendez pas le laisser ignorer à qui vous doit la vie ! Mères manœuvrières que voici, pourvues de serres, parées pour les éventuels affrontements avec l'homme. L'aubaine même !

Un temps vient, pourtant, où les meilleures font un retour sur soi. À tant regarder l'enfant, elles auront cheminé côte à côte avec cet homme – sexué ! – qui bouleversait votre être quand il vous faisait face. Une navigation de conserve, exactement. À devoir se ramifier, se disperser en de multiples rôles, la glorieuse cohésion que vous donnait l'amour n'est plus que lézardes. L'enfant n'aura édifié son moi qu'en mettant le vôtre en pièces. Dans ce logis traversé d'appels, de cris, de geignements, de jérémiades, où il faut sans cesse écouter, débattre, s'entremettre, convaincre, réprimander et consoler, il n'est plus de refuge pour les silences de décantation qui vous affinent, vous lustrent ; les silences miroirs d'eau calme où se mieux connaître et, pourquoi non ? se savourer.

Faire halte, enfin ; se soustraire à la perpétuelle instance du présent et retrouver les jours d'émoi fiévreux ou languide où l'on se sentait désirée, où l'on se voulait toute pulpe pour un homme dont le seul prénom vous était gemme et talisman – quelle femme de vocation devenue mère n'a remué ces pensées en se découvrant, dans la maison qu'elle avait peuplée, plus seule que jamais ?

Licite est l'égoïsme de l'enfant, de celui qui-n'a-pas-demandé-à-naître ; incongrue, déplacée, l'aspiration d'une mère à se vouloir à nouveau femme, à s'employer à restaurer son couple mis à mal par une longue… distraction.

La glace qu'elle se résout à interroger longuement pour mesurer ses chances, rend ses arrêts sans aménité : « L'épaississement de tes flancs, de ta croupe, le fléchissement de ta poitrine, un air d'abondance mal distribuée, témoignent que ce corps garde la mémoire du fruit qui le lesta et en fit une masse énorme, rebondie. Ton sexe même se souvient, qui fut monstrueusement distendu par un "Oh !" d'effroi. »

Elle interroge ? Comme si elle ne savait pas que la main de l'homme ne retrouve plus les lignes tendues, les galbes stricts d'*avant* ! Que le désir qu'il avait d'elle s'est émoussé ; que leurs jeux amoureux ont été tacitement délaissés… Affaire de climat : la gravité des Nativités se concilie mal avec la peinture d'un Boucher ou d'un Fragonard. Affaire de commune lassitude. Affaire d'un langage pour le seul quotidien, sans guipure, et qui ne sait plus que la prose.

« Que pense, de notre assagissement, ce compagnon laconique, absorbé, qui ne me toucherait plus si je ne l'y conviais –

quand ce n'est pas moi qui, fourbue, pleine d'acrimonie, élude ses avances ? Je crains qu'il ne partage mes nostalgies, mon inavouable rancune pour l'enfant, mon vague sentiment de m'être fourvoyée, mon ternissement d'âme. J'ai peur qu'il ne soit plus heureux – et je ne voudrais pas le perdre ! »

Il y a du pathétique dans les efforts de certaines pour recréer, le temps d'une soirée, les dîners « en amoureux » de leurs débuts. Qu'avec la chaleureuse complicité des flammes de l'âtre et celles des chandelles, de la musique à dessein étouffée, des mets, des vins et des parfums, cette femme coiffée, fardée, à la tenue aguichante, surprenne l'homme et le séduise à neuf ! Que renaisse l'âge d'or des attentes impatientes, des dialogues folâtres, des fastes charnels, des sommeils en long et en large, des réveils où l'on se rend l'un l'autre grâce !... L'âge d'or des plages où vos pas si proches laissent une broderie d'alvéoles ; des enclos retirés où l'ombre des haies vous engage à la rejoindre. Que nous soit redonné le loisir afin que nous connaissions de nouveau la pleine saveur des saisons, la ferveur à longues franges, et l'insouciance !

Est-elle dupe quand, les yeux brillants, elle fait parade d'animation, d'enjouement, quand elle se hasarde à des mines espiègles ? Lui ne l'est pas, qui perçoit trop bien ce qu'il entre de préméditation, de calcul, dans cette mise en scène. Qui décèle en l'entreprise la panique devant l'âge, un sursaut pour conjurer l'affadissement du couple. Qui éprouve un malaise comme à subodorer un traquenard.

S'il est courtois, s'il éprouve pour l'autre une manière de compassion, l'homme feint de jouer le jeu ; il complimente, se dit charmé ; il pose sa main sur la main baguée : « Tu m'étonneras toujours ! » Il pousse la charité jusqu'à dire : « Tu es très en beauté, sais-tu ! », en se retenant d'ajouter : « ce soir ».

Il feint, trop lucide pour ne pas voir en cette soirée – très réussie, vraiment ! – un laborieux intermède qui, demain, au réveil (l'enfant se chargeant de cet office !) leur laissera un goût de cendres pour avoir mimé avec application ce qui suppose spontanéité, fougue, démesure. Aliénation.

Sous les chatoiements des flammes, les sourires disposés à bon escient comme les fleurs sur la table, sous les propos badins – une veillée funèbre de l'amour.

Croyait-elle faire illusion à celui-ci ? Ne savait-elle pas qu'il rompt plutôt que de consentir à de certains accommodements ? « Cette femme a cru pouvoir honorer plusieurs dieux ? ce couple n'est plus à mon service exclusif ? Qu'ils en soient punis ! Que la tiédeur soit désormais leur lot, et le détachement, et l'animosité ! Je fais confiance à l'enfant pour dissuader sa mère de se vouloir à nouveau femme : sa tyrannie, son égoïsme, sa jalousie, égalent les miens. Sa malignité naturelle y fera merveille. »

Quand le désir d'enfant qui se love en la femme revêt un caractère d'urgence – et c'est affaire, à la lettre, de vie ou de mort ; quand il se subordonne toute autre aspiration, pourquoi ne pas répondre à une essentielle, immémoriale inclination ? La concorde intime, le bonheur étale qu'on en retire, ont leur prix. Et la dignité, la décence qui s'attachent à vous ; la déférence absolutoire qu'on vous accorde.

Mais que les femmes éprises d'absolu et qui souvent « ont à faire », se persuadent que la maternité ne *sublime* pas l'amour, comme l'assurent de bons apôtres, mais le démantèle. Qu'elles sachent que l'amante plénière ne survivra pas, dans le couple, à celle qui ne fut pas mère à demi.

L'amour pourra demain fondre sur chacun d'eux, mais pour les disjoindre tout à fait. Et l'un et l'autre de connaître enfin – séparément – l'exaltation et les tourments d'une *authentique* passion : « Dire que j'ai cru aimer !... C'est à présent que je me sens au comble de moi... »

Une passion si ardente qu'elle ne manquera pas de raviver, dans une chair oublieuse, dans un cœur présomptueux – un désir d'enfant.

La bouderie

Un mot dit à la légère ou parce que le seul approprié nous a manqué, vient de fermer le visage aimé. L'air, dans la pièce, s'est fait d'un coup atone. (Ainsi de l'espace, quand le bord d'une mer de nuages sombres offusque le soleil et que l'éclipse va durer.) Nous n'avons pas voulu déplaire, mais ce visage figé dont les couleurs ont reflué – et comme il nous paraît terne, soudain –, ce visage atteste l'affront.

Et voici que, dans l'instant, par mimétisme, le nôtre en devient gris ; que toute indulgence le déserte : « Quoi ? se vexer pour si peu ? On a donc si peu d'humour ? S'il faut peser chacun de ses mots !... Je lui montrerai que, moi aussi, j'ai de la dignité. »

Il y a maints silences. Celui qui vient de « prendre » comme les eaux d'un lac sous le blizzard est, selon l'expression familière, « à couper au couteau ». Mais il est bien question de familiarité : dans le mutisme du déplaisir, on se doit d'être guindé, cérémonieux. Sensibles, au demeurant, sont le raidissement des murs, l'inimitié des meubles, le mauvais gré d'objets tout à l'heure encore bénins, serviables.

Ce qui, à l'ordinaire, allait de soi, se hérisse de réticences, d'arrière-pensées ; ce qui coulait sans heurt voit son lit encombré, obstrué. Chacun s'emploie à passer le plus au large de l'autre, ostensiblement, comme d'un contagieux ; chacun navigue entre d'invisibles écueils, par des chenaux sinueux. On s'évite du regard, mais on s'épie, à la dérobée : « Comment supporte-t-il – comment vit-elle – la relégation à laquelle je le (je la) soumets entre ces murs ? Ce bannissement que je prononce à son égard ne semble guère l'affecter ! » Et de découvrir que l'autre, qu'on savait pourtant si tendre, est capable de dureté de cœur.

Le logis est devenu une cellule où chacun est à la fois captif et geôlier. Une commune contrition en ouvrirait la porte, mais que l'autre fasse d'abord amende honorable ; je verrai alors quelle conduite tenir.

Les paroles échangées n'ont plus trait qu'aux affaires courantes, à l'indispensable information de chacun, et un étrange formalisme les affecte où le mode impersonnel prévaut, et le recours à l'infinitif. On userait du « vous » si on ne craignait le ridicule. Non, certes, du *vous* de déférence, de révérence, mais de celui qui instaure et maintient la distance, ou qui marque le mépris. Les questions posées, relatives au quotidien, glacent le commensal tant on y perçoit l'effort pour les extraire d'un bloc de silence interne puis pour les imposer au compact silence extérieur.

Parler de silence interne est, au vrai, impropre : une incessante rumination du grief de l'heure nous occupe, une présentation des faits tout à notre avantage (nous en prenons à témoin un équitable ami – qui nous approuve). Oui, nous sommes bien l'offensé(e), fût-ce de cet air de victime que l'autre arbore. Et c'est alors que d'anciennes rancunes nous reviennent, que les jours paisibles avaient occultées et que l'actuel différend ravive avec une précision, une acuité qui nous les font paraître inexpiables – et quelle faiblesse fut la nôtre de les avoir enfouies, et comme on nous en sut peu gré !

Plus rien désormais ne saurait venir au secours du couple. Ni les souvenirs, ni les projets. En vain voudrait plaider pour lui la foule des jours, des nuits, plus savoureux d'avoir été accueillis côte à côte : le mot d'avenir appelle la dérision ; le passé s'emploie à nourrir les rancœurs ; le présent est celui des champs de ruines si vastes que les bras vous en pendent.

Nous voilà stupéfait, quasi scandalisé : notre couple était donc si vulnérable qu'un mot malencontreux, un seul, l'a fissuré de proche en proche et avec quelle promptitude ! L'a jeté à bas, au point que des mots de répudiation ne détonneraient pas ici. Et peut-être le silence, où l'un et l'autre se drapent, est-il aussi de précaution : qu'il serait tentant – grisant – de gagner le registre de l'irrévocable, de franchir le point de non-retour !... Et chacun sent bien que les ombres démesurées des beaux soirs se sont dressées – en cyprière – et qu'elles balancent autour, audessus d'eux.

Et le soir vient, et l'épreuve du dîner pris gorge contrainte, les yeux dans son assiette, avec la hâte d'abréger le vis-à-vis, et cette mastication de mets insipides, pour se réfugier dans les ténèbres de la chambre – après une toilette qui se déroulera avec une ombrageuse pudeur d'adolescents.

Parce que, dans le noir, on perd moins la face, une main s'avance vers cet autre, là, dont la seule respiration, limpide, parcimonieuse, nous assurerait qu'il ne dort pas, si nous ne le devinions tous sens exacerbés.

Des bouts de doigts atteignent notre flanc – messagers circonspects à l'humilité craintive. Et sans doute espérions-nous ce geste ; il n'empêche qu'il dérange notre bonne conscience, qu'il attente au moi tout de dignité résolue où nous nous complaisons. Qu'il nous embarrasse, nous indispose.

Nous sommes bien conscient que l'autre dut se faire violence pour nous déléguer cet émissaire, nous ne vivons pas moins sa démarche comme une intrusion. Ce contact relève de l'attouchement – implicitement obscène. Il est prématuré : la concorde, en moi, n'a pas achevé son mûrissement. Faut-il que l'autre se sente coupable pour s'abaisser de la sorte ! Qu'il continue donc de méditer sur sa faute ! Son repentir, au reste, est-il bien sincère ? Faire si tôt la paix n'encouragerait-il pas la récidive ? N'y verrait-on pas un signe de faiblesse de notre part ?

Se reculer donc à l'extrême bord du lit, le corps creusé pour que la main se décourage. Et le réveil nous trouve amer, mécontent de nous, de notre rigueur devant son geste conciliant ; du mot inconsidéré que nous avons dit et qui pouvait, de fait, prêter à confusion – et comment nous-même l'aurions-nous reçu ? (Cependant que l'autre se demande s'il valait de s'offusquer d'une parole qui, somme toute…)

À l'évidence, il faut mettre fin à une situation informe, inhabitable, où pensées, sentiments, sensations, se sont coagulés ; où chaque inspiration doit être arrachée à un air inerte ; où le mobilier et jusqu'au moindre ustensile nous condamnent l'un et l'autre par leur muette désapprobation, au motif d'une sorte de rupture de contrat entre eux et notre couple. Le mot de *fuir* effleure nos tempes avec trop d'insistance pour qu'à notre tour, et quoi qu'il nous en coûte, nous ne donnions pas à l'autre des gages de notre apaisement.

Mais voilà qu'on se heurte à un visage plus fermé, plus hostile que jamais, durci qu'il est par le ressentiment de la main dédaignée. L'âpreté, l'acrimonie de la voix qui nous répond, qui nous rejette, à la fois nous effarent et nous scandalisent. Nous venons de nous adresser à un inconnu, ou à une étrangère, et l'on nous réplique du ton de qui se débarrasse d'un importun qui l'accoste, dans la rue. « Je suis donc un tel objet d'aversion ? À la lettre insupportable ? De grands pans de l'édifice que nous avions ensemble élevé s'écroulent en silence autour de moi. Les rambardes les plus assurées se dérobent sous la main. L'or n'est plus que sable. Tout s'évanouit de ce qui me masquait mon essentielle solitude. Pour un peu, j'aurais ce cri d'enfant perdu ou humilié : "Maman !" »

Sortir. Sortir rageusement en ayant soin de faire claquer la porte, et marcher à grandes enjambées pour ne plus s'entendre... blasphémer contre l'autre ; pour se convaincre que la lumière existe encore – car ce logis est devenu un tunnel à l'improbable issue. Sortir pour échapper à la nasse où deux êtres se sont pris et s'entremordent, chacun pensant devoir à l'autre sa réclusion ; deux êtres en voie de pétrification, à commencer par le cœur, et dont la peau s'asphyxie, dont les sens s'atrophient – oreilles bruissantes d'un *rien* minéral, regard en rétroversion, toucher de grand brûlé...

Et plus le temps passe, plus s'affirme l'ensevelissement sous d'immatériels gravats. Au point que chacun doute de jamais retrouver l'air léger, bénévole, que les souffles accordés se partageaient : la respiration s'est faite si rétive ! (Comme à se trouver à découvert quand la plaine, à perte de vue, attend le premier éclair.)

« Vraiment, nous pourrons un jour deviser, rire, folâtrer, nous étreindre, et projeter, et choyer le passé, comme si ce séisme intime n'avait pas eu lieu, alors que nous voilà gourds, salpêtreux, affrontés, et seuls, si seuls, l'un en face de l'autre, tels deux arbres si proches qu'ils emmêlaient leurs feuillages, et qu'on eût ébranchés ?

« Et dire que nous nous croyions préservés de semblables désastres – bien trop avisés que nous sommes, et de trop bonne volonté, pour jamais tomber dans le piège que l'amour-propre tend à l'amour !... À tout ce que nous éprouvons, s'ajoute le dépit de nous être conduits, comme au sein du commun des couples, en enfants susceptibles qui, pour une vétille, cassent les jouets qu'ils chérissaient. En quoi nous nous sommes montrés aussi petitement humains que la plupart. Aussi peu dignes du bonheur.

« Devons-nous croire que la nécessité qui nous jeta l'un vers l'autre était illusoire, ainsi qu'il advient si souvent ? Ou que le temps gerce inexorablement les couples, comme il fendille tableaux et porcelaines ? »

Celui ou celle qui s'étonne et s'interroge de la sorte, ne sait donc pas qu'une cause infime peut avoir de prodigieux effets ? qu'un coup d'épingle – ô Richard II ! – peut abattre une forteresse ? À commencer par les donjons les mieux fortifiés que l'amour édifie.

De la lucidité

Était-ce au petit matin ? (Des vérités, longtemps nymphales, vous éveillent un jour sous le signe de l'urgence.) Ou bien un soir où l'on reposait les yeux grands ouverts, étonné d'avoir si peu sommeil ? (D'autres évidences attendent, pour s'éployer, l'heure des grands nocturnes.)

Voici qu'il nous souvient d'avoir connu le monde éthéré de Chagall, d'avoir eu part à ses figures de lévitation oblique, à ce *ravissement* général qui emporte bêtes et gens. Et de mesurer notre Chute, à nous trouver désormais pris dans les engrenages pondéreux d'un Fernand Léger. Mais l'on pourrait aussi bien parler d'une transmigration de l'oasis à la steppe ; de la plage suave à l'œil, aux éboulis du pied de la falaise.

Que redoutable est le moment où les constatations s'articulent en nous avec une aisance, une autorité qui nous les feraient formuler à voix haute, si nous ne voulions épargner l'autre qui, peut-être, n'a pris conscience de notre ternissement.

Mais il suffit que, pour l'un, l'accommodation soit achevée : les traits de l'autre ont à présent l'incisive précision des profils de médailles ; ses qualités ne lui sont plus comptées : elles sont bien le moins qu'on puisse attendre. Ses limites, en revanche, apparaissent rédhibitoires, incompatibles avec ce à quoi l'on aspirait ; de nature surtout à entraver notre accomplissement.

Que de conjoints pourraient esquisser un *Traité de la lucidité* ! Ils y diraient leur stupéfaction à découvrir ce que le désir physique, le refus de la solitude, la naïveté, la vanité, la vénalité, leur avaient dissimulé : l'être dont les contours leur étaient lignes de sources ne possédait pas de… nappe phréatique ; il leur semblait *fructueux*, et ils se voient voués à une disette endémique – encore qu'une étrange satiété les gagne. Non celle du repu qui laisse enfin la saveur nimber, de son sillage, sa bouche close, mais le rassasiement… par avance que nous donne la vue, à l'infini, de la fadeur.

Questions, exclamations, alterneraient en un pareil traité : – Qu'avons-nous à partager ? Comment ai-je pu croire que nous nous accorderions, nous compléterions ? Que fais-je à ses côtés ? Et quoi bâtir ensemble ?… Quel harassement du corps, quel affaissement de l'âme, me sont venus d'un coup ! Que la vie se révèle rétive et comme l'âge se rappelle à moi, que j'avais quelque temps oublié ! Les plis de ma bouche empreignent en moi l'amertume ; mettent entre parenthèses des lèvres qui se souviennent à peine d'avoir été voraces. J'ai vraiment aimé ce visage qui, dans son halo d'*ailleurs* tel que vous en donne un grand vent, faisait écran entre le reste du monde et moi, et que voilà réduit à un évidement au travers duquel je vois comme par une échancrure d'ancienne feuille morte ? Nous qui voulions abolir la distance entre nous, qui avons pu nous croire immédiats, d'où vient que nous soyons si éloignés, nous toucherions-nous, et dans un tel oubli de nos commencements, que notre commune présence en ces murs soit inintelligible, sauf à se considérer comme deux voyageurs que les aléas de la route contraignent à partager la même chambre ?

☆

À distance ; nous sommes à distance et jamais plus que lorsque nous nous effleurons, par inadvertance – et que la peau, alors, se fait étanche ! Le Nous immatériel qui fondait notre couple s'est résolu en deux entités jointes partie par l'estime, partie par l'antagonisme. En deux solitudes en quête de diversions. Pour avoir pris ses mesures, nous en voulons à l'autre de se montrer si en deçà de notre attente. Nous nous découvrons au cœur le dépit de celui qui fut dupe. Mais, parce que la cruelle clarté du quotidien n'épargne personne, il nous est non moins insupportable de sentir que chacun de nos dits, faits et gestes dédore un peu plus notre image ; que nous sommes l'objet d'une déception majeure et, plus humiliante encore, de la condescendante indulgence qu'on a pour les enfants. Et, de fait, n'était-ce pas puéril que de croire notre soif de l'autre inextinguible ? que d'aspirer à la fusion des moi, à la façon dont deux vagues s'accolent pour en former une seule, plus haute, acérée, triomphante, que chacune ?

Un instant, avant de se résorber dans la masse.

Il faudrait ici se faire le chantre de l'habitude. Dans la proliférante forêt des situations, elle aménage un sentier balisé qu'il suffit de suivre pour « passer d'aujourd'hui à demain ». Sans encombre, avec des gestes si aisés, si bien en place, qu'ils en deviennent transparents. La simple attention qu'on leur porterait gripperait leur enchaînement ; ils cesseraient, alentis par la ferveur, d'être impondérables. Qui s'en remet à l'habitude se voit certes émondé – comme les arbres bordant la route – mais allégé d'autant, et dispensé de se montrer jamais ingénieux et ingénu, divers et imprévu. La seule menue monnaie du langage suffisant à son commerce avec ses pareils.

Providence des mariages de raison, l'habitude met sous le boisseau le plus singulier de l'être ; elle émousse, affadit, ternit, dissipe, et demeure ainsi le ciment de tant d'unions contre nature – et quelles, à l'expérience, ne le sont pas peu ou prou ? Elle assure au couple une vie en tous points conforme ; une vie *commune* à souhait. Et maints s'en satisfont, qui n'aspiraient qu'à s'en remettre aux modèles éprouvés ; qu'à se démettre de leur devoir d'*illustrer* leur vie, jour après jour, et d'abord par une attention dévotieuse à la Création.

L'amour neuf se rêve cachot où soustraire l'autre au monde ; retrait, réduit charnel où se l'assimiler à loisir. Au vrai, il est avide et prodigue : chacun y fait assaut de largesses pour honorer le dieu ; chacun est prêt à lui faire « abandon de tous ses biens ». Il y a, chez les moi respectifs, une exaltation de Nuit du 4 août, l'allégresse d'épousailles des confluents. Et le poète, de prédire de telles noces perpétuelles : « Plus tôt seront Rhône et Saône disjoints / Que d'avec toi mon cœur se désassemble. »

Sans doute. Mais quand l'amour *s'établit*, se range ; quand il va si bien de soi qu'on néglige de le prendre à témoin, le restaurer, le faire reluire, si bien qu'il cesse de légitimer le couple et de l'absoudre ?

La plupart composent sans peine avec le joug du quotidien, ses servitudes mesurées propices à la vacance de l'âme, à la vacuité de l'esprit, à un lent, un insidieux enlisement de l'être. Sages ou fatalistes, ils feraient leur la définition de l'amour que donne Nicolas Grimaldi dans son *Traité des solitudes*, « ce mélange de désintéressement, de sympathie, de compassion, de pitié, de générosité et de tendresse ». Mais d'autres sont un jour tirés de leur léthargie par le sentiment d'un péril diffus, ainsi qu'à découvrir une lèvre d'eau, une langue de feu à leur seuil. S'ouvre alors, pour eux, qui se tiennent pour fourvoyés, le temps des nostalgies.

Leur regard, souvent fixe, néglige les fenêtres du logis : les vues qu'elles découpent sont trop liées à l'étiolement du moi. Il échancre plutôt les murs de perspectives agrestes, marines, où recréer le climat des commencements. Et quelles trouées, font, dans la pierre, ces quelques mots :

« Ah ! que reviennent – c'est se sentir vivant ! – ces heures que mon impatience rendait languissantes, quand j'attendais que deux bras décisifs me saisissent avec la fougue heurtée qu'on a pour retenir celui qui se noie ! Que je connaisse à nouveau, dans la solitude, le mouvement de m'abattre face contre le lit par excès de désir !... Qu'un homme aimé me demande d'être nue sous ma robe ; que toute ma peau afflue sous sa main ! Et qu'il me prenne, dans le désordre, comme on marque au fer rouge !... »

– « Que ne donnerais-je pour retrouver ces instants où une femme se jette en vous, tête baissée ; où l'on palpe en aveugle son visage, où l'on hume ses cheveux – à en vaciller, et c'est bien elle, la seule qui nous importe, et je vais prendre sa nuque dans la coupe de mes doigts comme on se porterait un toast, et ses formes, sous mes paumes, vont me sauter au cœur à la façon du chien fou qui vous fait fête... »

Oui, que revienne le temps des hasards, des chances, des ruses avec autrui, des connivences, des petits secrets et des grands serments ! Le temps de la grâce – efficace, vivifiante, ah ! certes ! Effusive. Le temps de toutes grâces – dans les saisons, dans les miroirs. Dans les paroles : depuis combien de temps me contenté-je des concrétions du langage ? Ah ! vient un temps où les eaux de perte d'une rivière rêvent de résurgence !

Par les brèches aux bords pulvérulents que nos yeux font dans les murs de notre geôle, des paysages affluent de très loin, que nous avions délaissés par souci de renouveau, et bientôt désertés par crainte de ne plus tout à fait les reconnaître, ou plutôt qu'ils ne reconnaissent pas l'être sans ferveur que nous étions devenu.

Pourtant, c'est à bon droit que nous les avions préférés ; que nous en avions fait les témoins, tant de fois invoqués, de notre jeune et libre amour. Et comme ils nous unissaient quand, vivant tous deux sous le signe de l'intermittence, nous les retrouvions pour en recevoir une manière de sacrement diffus ! La beauté – vernissée de notre commun loisir, ombrée des *crépuscules* littoraux au grand soleil ; infusée de sommeils que tresse un filet de fontaine ou que roule, déroule, dans sa respiration de bête pansue, le grand ruminant marin – la beauté composant alors un milieu, une substance, qui nous tenaient lieu de tout.

« Aussi, est-ce à ces paysages d'élection que je demanderai de raturer, d'annuler en ma vie le cours de ce qui se révèle n'être qu'un oued. J'ai à leur présenter un couple neuf qui, depuis quelque temps, hante en secret ces murs et voudrait recevoir d'eux leur aval. Non que nous nous rendions demain dans les mêmes lieux. Par délicatesse ; par crainte pour moi d'y apercevoir une ombre amère ou sarcastique ; pour ne pas risquer de questions étonnées, soupçonneuses, touchant ma connaissance d'un coin si retiré ; mais il ne manque pas de terroirs en Provence où je ne fus jamais, ni de plages, de criques ignorées sur telle côte entre toutes, d'îles à notre mesure, de clairières en pinèdes ou châtaigneraies, et tous refuges de l'originel, de l'élémentaire, où flotte un climat de fonts baptismaux. »

Ainsi soliloque un moi trop longtemps engagé dans le Nous, asservi par lui ; un moi pareil à l'étalon, en son enclos, auquel le vent apporterait la grisante âpreté d'espaces se vautrant sur une lande sans bornes. Nous *l'*avions négligé : il nous surprend par sa résolution à recouvrer sa singularité première – et grande pour lui est la tentation de se réaffirmer en s'opposant. Il n'a montré que trop de patience, d'indulgence envers l'Autre, quelles qu'en soient les vertus – moindres, au demeurant, que nous ne le pensions ; communes pour tout dire. Il serait temps qu'on eût pour lui les égards qu'il mérite. Et de nous découvrir pourvu, comme le fruit de la bardane, de fins crochets prompts à agripper. Il ne faut, de reste, qu'une attitude, un choix, une mise, une remarque, un mot, pour que nous mesurions combien la marge est désormais étroite où cet Autre reçoit encore notre agrément.

Après ce qui tint de l'éclipse, du tunnel, de l'exil, du reniement, nous voici pleinement rendu à nous-même ; ayant recouvré, pour notre seul usage, l'étendue de notre peau, le contour de notre visage. Les parois qui nous isolaient se délitant de proche en proche, s'impose à nous une réalité irrécusable : il y a, en ce monde, d'autres femmes, d'autres hommes ! Vacants ou disposés à le devenir. En témoignent, sous leur affairement, semblables aux miens, un air de disponibilité, de bienveillance en quête d'objet, et l'infime avancée de la lèvre inférieure pour goûter un effluve – ou pour s'assurer que la bouche est toujours ployante, préhensile. Qu'elle saurait, à l'occasion, s'ourler à nouveau.

À se résigner, le moi est enclin quand il s'accommode de la tiédeur, qu'il apprécie les jalons et repères, craint l'insolite, n'aime rien de moins que les vêtements qu'un long usage a si bien amollis, qu'ils sont dociles à tous vos gestes. À moins que, pénétré de la « misère de l'homme », il n'assimile le désamour à l'inéluctable effeuillaison des roses. À notre inconstance, la volonté n'eut de part chez l'être de bonne volonté que nous sommes. Est-ce notre fait, s'il n'est d'amour humain que le désir ne soutienne ? qui ne soit cruelles faim et soif de l'autre, le reste n'étant qu'attachement, sympathie, liens de sang ou de convenance – le verbe aimer se montrant à l'infini extensif ?

Or, *qui* sommes-nous capables de désirer avec âpreté notre vie durant, dès lors qu'annulant toute distance, on s'est remis entre nos mains et qu'on y demeure toujours semblable, ne donnant à notre regard nulle occasion de briller de surprise, comme à voir un feu que l'on croit ensommeillé soudain fleurir en aigrettes pourpres ? Comment aimer durablement celui ou celle qui appauvrit notre regard, en émousse l'acuité, la fraîcheur, que nous le portions sur un ciel, une fleur, une musique, un livre ? Mes bras, en se refermant sur l'autre, m'*enfermaient* et je m'enchantais de cette captivité à deux dans la plus étroite des tours. N'est-il pas étrange qu'au fil des jours, leur force de préhension se soit relâchée puis les ait abandonnés au point qu'ils pendent presque toujours ? Et quelle brèche s'ensuit, à en démanteler la tour !

Chacun, dans le temps de l'amour, s'adressait à l'autre de l'intérieur du Nous. Ses paroles se formulaient comme du dedans de l'être double en qui nous nous perdions. De primesaut, badines ou ferventes, volontiers exclamatives (le cri de plaisir leur était sous-jacent), s'accommodant du demi-mot, elles avaient d'emblée la pertinence de ce qui s'accorde pleinement à une attente. Et cela tenait du dialogue entre célébrant et répondant ; de ces examens à part soi, encore, où l'on ne cesse de s'approuver.

Que les moi se désengagent, dans le couple ; qu'ils affirment leur territoire respectif, et nos paroles ont désormais une distance à franchir. Elles jaillissaient de nous, irrésistibles, marquées par l'élan, la foi – la naïveté ! – la démesure, l'extravagance ? Le spectateur de nous-même et de l'Autre que nous sommes devenu trie, agence des mots avec un effort de circonspection qui se fait accablant, quand la distance nous paraît considérable. Il renonce, même, dès lors qu'à l'évidence, « ce n'est pas la peine » – de quoi nous avertissent, outre la mauvaise foi, l'aveuglement délibéré, certaines intonations propres à une clairvoyance où l'on nous refuse l'indulgence. Qui nous rappellent, sans même qu'elles soient explicites, nos imperfections et nos limites – et notre faute inexpiable d'avoir déçu.

Il va de soi que notre étonnement n'est jamais plus vif qu'en l'absence de causes plausibles à notre détachement. « Elle demeure désirable, je m'en assure par le regard des passants, des familiers ; sa conversation n'a pas moins d'agrément ; elle ordonne la maison comme elle fait les bouquets… Pourquoi n'ai-je plus pour sa mise, toujours aussi ingénieuse et seyante, la même attention élogieuse ? Pourquoi mon bras a-t-il perdu toute spontanéité quand je lui entoure la taille, au point, parfois, de ne s'y résoudre ? Pourquoi trouvé-je superflu de faire d'elle de ces photographies… méditées qui avivaient ma soif plus qu'elles ne l'étanchaient ? Quant à lui demander de poser nue… Qui, d'elle ou de moi, aurait le plus vif sentiment d'une chose déplacée, comme si son corps était frappé du tabou de l'inceste ? »

– « Qu'ai-je de grave à lui reprocher ? Je prise ses qualités ; il ne m'a jamais tu ses défauts – que j'ai d'emblée acceptés. Je lis dans les yeux de mes chères-amies qu'elles sont sensibles à ce velouté des traits, des manières, que lui donne la maturité… Mais comment a-t-il pu drainer, jusqu'à l'exaspération, mes rêveries, mes attentes, au point de sentir l'inquiétude me déliter quand j'étais un seul jour sans nouvelle de lui ? Je l'ai assuré, avec quelle résolution, que je ne le quitterai jamais : un serment qu'il me serait aujourd'hui impossible de faire. Que reste-t-il des souvenirs de nos débuts, qui me furent si chers ? J'assimile ce qui en surnage aux floches de rêves que le matin dissipe. Et pourquoi nos derniers rapports – à quand remontent-ils, au juste ? – avaient-ils une stridence de nerfs à nu, comme si l'âme n'entendait plus être partie prenante et que tout se fût passé entre cartilages, dans un état – quel est donc ce mot de médecin, maigre, revêche, que je ne cessais alors d'entendre ? – dans un état, oui, d'éréthisme ? »

Que répondre, sinon qu'une grâce nous fut donnée, nous fut retirée sans plus de justification, sans que le mérite y intervînt ? Qu'un couple n'échappant pas au principe des vases communicants, l'amour le déserte quand il n'y rencontre plus que position d'équilibre, état d'indifférence ? Que le terril des « beaux jours » – ô Beckett ! – sépare peu à peu ceux qui s'aimaient, si élevé, avec le temps, que l'Autre est trop las pour le gravir ?

Et les meilleurs se sentent humiliés, qui ne concevaient pas que l'amour pût mourir d'inanition entre gens de qualité. « N'aurions-nous pas fait bonne garde ? Qu'il ait fui les foyers où l'affrontement est de règle, en des scènes qui laissent pour un temps les protagonistes exsangues, hagards, abasourdis des paroles dont chacun a balafré l'Autre, lui causant des plaies purulentes – soit ! Mais que notre double bonne volonté même ne l'ait pas retenu… »

Quand le détachement est mutuel, quand chacun, « d'un commun accord », convient qu'il faut mettre fin à la partie, la griserie de qui faillit mourir de consomption nous envahit par bouffées. Ah ! nous avions oublié quelle étoffe princière – dont s'envelopper – font les fils d'une brise tramés de rayons de soleil ; combien la vue d'un mets succulent fait, de notre bouche, une géode tapissée de larmes de convoitise ; ou qu'il n'est de plus vaste sommeil que celui qu'un rivage marin s'assimile pour le propager par grandes bourrades moelleuses ! Et mille autres choses aussi capitales que nous déviderait celui qui vient de recouvrer le goût, l'odorat, le toucher. Papilles ! papilles atrophiées que voici à nouveau dégourdies, que vous me redonnez le goût de moi, si longtemps occulté !

Que pèsent alors l'accoutumance ou la sagesse, l'estime pour l'Autre, les traverses prévisibles, aussi longtemps que le cœur, les sens, les miroirs, répondent par la négative à notre question : « Ai-je passé le temps d'aimer ? » – Ah ! il me faut sans délai me sauver du plus grand des périls : fruit de la méprise, une vie lagunaire, une vie renoncée où s'affadit le meilleur de moi ; où subsister côte à côte n'est plus que notre seule raison d'être !

Et si vif est parfois le sentiment de l'urgence, que des hommes se libèrent comme certains mondains se dégagèrent – à coups de canne – de l'incendie du Bazar de la Charité ; que des femmes jubilent à se représenter celui qu'elles viennent de quitter à la faveur de son absence, sans le moindre mot d'explication, vacillant, à son retour, devant la commode, la penderie à moitié vides – à la façon dont bronche l'espace quand s'abat l'un des arbres jumeaux, en haut d'une colline. Et quelle revanche, de l'imaginer abasourdi, les dents serrées, déambulant de pièce en pièce et recevant, de chaque place béante, confirmation de sa disgrâce ! À douter, quand l'enlèvement fut méticuleux, entier (ainsi qu'en ces magasins où « tout doit disparaître »), qu'une femme ait jamais vécu en ces lieux !

Or, qui s'avouerait, jusque dans l'âge mûr, qu'il a passé le temps d'aimer ? Voici que je connais, avec un peu d'anxiété, l'ébahissement du prisonnier (de la tour !) devant l'espace mouvant, coloré, populeux, qui s'offre à lui quand on lui ouvre la porte... J'ai toujours goûté, dans les romans, les fins ouvertes qui donnent ses chances au libre-arbitre. Je n'ai qu'à me fier au destin pour que ma vie qui, trop longtemps, se perdit en bras morts, trouve l'issue d'où s'élancer à neuf avec la sûreté que donne l'expérience. Il ne se peut que, dans ces foules, un être *aimable* n'ait connu la geôle domestique au sol si piétiné, que rien n'y pousse ; où les silences relèvent des grottes à concrétions ; où projets, soucis, concorde – langage ! –, sont ceux du gagne-petit, alors que mes yeux, mon oreille ni ma peau n'ont de goût pour la lésine. Et ni mon cœur, Dieu sait,

« car j'ai de grands désirs inassouvis en moi ».

La rivale

– Voilà longtemps que je me tais. Depuis que nous vivons ensemble, exactement. Ce peut être une habileté que de créditer quelqu'un d'élégance morale : il se sent obligé de se conduire en conséquence. Aussi n'ai-je jamais voulu savoir si tu me trompais. Par fatalisme ? Pour préserver l'estime que je te porte ; pour mon repos. Ce sont d'assez bonnes raisons.

Je ne t'ai donc rien dit de la lettre anonyme que je reçus voilà quelques années. Suffisamment précise, circonstanciée, pour qu'on la prît en considération.

En un instant, j'ai vu le monde, décentré, cesser de graviter autour de notre couple, nos souvenirs soufflés comme par une explosion – et moi telle ces gens qui fouillent dans les décombres de leur maison ; et s'ils retrouvent des lettres, des photographies, elles leur paraissent dérisoires, rejetées dans un lointain passé devenu inintelligible.

Par chance, cette lettre me parvint alors que tu étais absent pour quelques jours – ce qu'on savait, sans doute. Je n'aurais pu, sinon, te cacher mes accès alternés d'hébétude et de rage, et la lutte que je dus mener pour que triomphe la femme digne, pénétrée de ses manques, sur la mégère que je découvris alors en moi, à ma honte. Et je la hais, cette demi-folle sournoise et vindicative qui était bien résolue à t'épier, à fouiller dans tes papiers, à te flairer comme chien en chasse, jusqu'à en avoir le cœur net, et qui ne reculait pas devant l'idée d'un scandale public pour que ton humiliation fût complète. Je la hais pour t'avoir mentalement bafoué.

Ajouter foi à ce qu'insinuait cette lettre, c'était ruiner notre histoire, corrompre le présent – d'où la spontanéité, la verve, l'abandon, seraient désormais bannis. L'eau fade de la salive affluant en ma bouche, je brûlai le feuillet.

On t'a téléphoné, ce matin. Au désarroi qui a saisi cette voix, quand j'ai demandé : « de la part de qui ? », j'en ai conclu qu'on se trouvait *prise* de court : c'était une voix jeune, féminine... bien sûr, non encore rompue à la dissimulation, aux subterfuges. Tu devrais bien choisir, parmi tes étudiantes, quelqu'une qui ait plus d'esprit d'à-propos ; et lui dire quel risque elle te fait courir en te téléphonant ainsi, chez toi, à l'étourdie. En ajoutant qu'elle devrait user d'un parfum plus discret, mieux accordé à son âge : l'ambre gris s'attachant trop tenacement au col de veste des professeurs.

À la réflexion, cette alerte ne m'étonne pas. Non que tu aies à mon égard, dans le jour, moins de prévenances : il me semble même que tu redoubles d'attentions pour moi. Mais ton sommeil te trahit, que tu ne peux surveiller. Tu me l'as longtemps remis en garde, flanc à flanc ou ventre à dos – et je m'endormais la dernière, tant je goûtais ce qui me paraissait prolonger, accomplir cette fusion des moi que l'on croit atteindre un instant dans le plaisir physique partagé.

Or, depuis quelque temps, tu ne laisses plus ton sommeil s'épandre vers moi, se mêler au mien. Tu te le réserves, t'y enfermes – et cela fait, entre nous, un sinueux sentier de drap froid. Que je me garde de franchir, mais où, parfois, ton inconscient s'aventure, se fourvoie. Et le mieux, ici, est de te recopier ce qu'une amie trompée m'écrivit un jour : « Je ne connais qu'une seule douleur comparable à celle d'étendre un bras en quête d'un corps chaud et amical, sans le trouver : c'est celle de recevoir une caresse qui ne vous est pas destinée, suscitée par le rêve de celui qui dort à votre côté ; une caresse si manifestement dévolue à quelqu'un d'autre, que le saisissement vous réveille. »

Voilà des nuits que je n'ai plus de sommeils d'une seule coulée.

Elles me font sourire, ces femmes qui, dans les magazines, nous prodiguent des conseils pour s'attacher un homme, le garder, le reconquérir. Voir leur figure m'intéresserait, et connaître leur vie privée !

Telle est leur niaiserie qu'elles recommandent à la femme délaissée des dessous aguichants ! Comme si un harnachement raffiné, galant, allait faire renaître le désir chez l'homme ! Mari, amant, je me dirais qu'on entend, fût-ce une minute, faire diversion ; que c'est avoir peu confiance en ses appas que de vouloir ressembler à ces créatures poncées, lustrées, pour papier glacé ou affiches, qui, le regard figé dans un en deçà de toute expression, arborent ce genre de lingerie. Laquelle accroît la distance qu'on voudrait abolir, et vous confirme dans le statut d'objet. Tu me rendras cette justice, que je ne recours pas à des ruses aussi grossières, et d'autant que, s'agissant de toi, je ferais plus de crédit à une culotte « petit bateau ».

Ce n'est pas une boutade car je connais ma rivale – à qui, d'avance, je rends les armes. D'une inconsciente insolence, forte de tous les droits qu'elle s'arroge, aussi irréductible que ces dragons des contes dont les têtes repoussent à peine tranchées : l'assistance féminine d'un amphithéâtre.

J'ai parfois pensé me mêler à l'improviste à tes étudiantes pour t'observer face à elles. J'ai craint que, m'apercevant, ton trouble, ta contrariété, n'altèrent ta voix ; mais c'est assez de t'imaginer.

Tu n'en regardes sans doute aucune en particulier, mais tu *vois* toutes celles qui valent qu'on les distingue, les quelconques, les disgraciées leur servant de repoussoir. Tel l'amateur de tulipes, tu es devant un parterre de visages dont beaucoup gardent des traces de l'adolescence. Ce ne sont pas les plus expressifs, mais leur fraîcheur, leur velouté, font assez leur prix. Et (je connais tes goûts !) il y a cette débauche de libres chevelures en lesquelles, confondues, il ferait si bon fourrager. Tu ne peux te permettre de te représenter les seins de celle-ci, les reins ou les jambes de telle autre : ta parole en trébucherait. Ne me jure pas, néanmoins, que jamais tu n'as vu, en un éclair, quel tableau, à la façon du *Bain turc*, feraient tous ces corps dévêtus. Quelle profusion de courbes élastiques, de rondeurs promptes au rebond, de peaux dont la suavité vous saisit ! Et quelle morsure de frustration de n'être pas le maître du sérail !

Sans doute crois-tu qu'il se trouve, dans l'assistance, quelques jeunes filles chrysalides, à la Giraudoux, voire à la Nerval, qui n'attendent que toi pour donner forme à leurs aspirations confuses, adverses ; pour modeler leur pâte vierge. On t'a précédé, persuade-t-en, et de plus en plus précocement. De petits irresponsables ont pratiqué sur elles l'équivalent du forçage des fleurs, des fruits ; ils en ont fait des femmes prématurées, à la fois blessées, déçues déjà, et cyniques et rouées, conscientes qu'elles sont de leurs pouvoirs sur l'homme et résolues à en user aux moindres frais, fût-ce pour pallier leur peur de vivre, la sourde angoisse qui leur est venue de leur nouvel état : « Serai-je durablement aimée avant que l'âge ne me mette hors jeu ? » Si bien que la fontaine de Jouvence qu'est un amphithéâtre risquerait d'être amère pour toi, si l'une au moins de tes « belles écouteuses » n'était en quête d'un père qui la rassure – jusqu'à ce qu'elle s'avise qu'elle a assez joué à la petite fille, et qu'il est d'autres hommes. Celle-là peut bien être sotte ou vaine, ou gourde en amour : la douceur de sa peau, la fermeté de ses chairs, la dispensent d'autres vertus. Et que servirait à l'épouse de s'insurger ? Votre regard et vos mains ne sont-ils pas premiers quand vous nous considérez ?

Il est des années à fruits. À chaque rentrée, j'ai su, à te voir, quelle récolte l'automne t'apportait ; la proportion des fruits encore verdelets qui allaient poursuivre, sous tes auspices, leur maturation. À quoi tes paumes feraient merveille.

Je ne te juge pas. À ce que je sais des hommes, je les crois voués à toucher, étreindre, s'ouvrir un corps, s'affaler en son milieu, et piler avec obstination. Autant, dès lors, que la prise flatte leur orgueil.

Mais quand lirai-je, sous une plume d'homme, un éloge de la femme d'été ? Les fines griffures qui mettent sa bouche entre parenthèses, qui rayonnent au coin de son œil (plus ample est l'angle de vision !), qui esquissent sur son front un train de vaguelettes, attestent qu'elle ne s'est pas tenue à l'écart, craintive ou économe de soi, mais qu'elle se fraya sa route au besoin parmi les ronces, ce qui nous vaut l'un de ces visages à interroger, à déchiffrer, quand celui des jeunes filles au léger glacis exempt de craquelures vous oppose une fin de non-recevoir ou du moins la nudité intimidante de la page blanche.

Nos seins ont perdu de leur superbe et sont devenus traitables ? Notre ventre a gagné de l'ampleur et notre taille s'en trouve engorgée ainsi qu'en un rivage sablonneux, les échancrures de l'abrupt ? notre croupe arrondit vos avant-bras, les dispose en corbeille ? Nous avons cessé de mesurer au plus juste les rondeurs que nous dédions à l'homme. Plénitude n'implique pas profusion, débordement – mais simple générosité. Nos contours qui incisaient l'espace ont la bénignité des mets qui défont à demi une bouche ; la clarté qui nous enrobe, quand nous nous dévêtons, est celle des conches d'après-midi, quand la lumière y prend corps et couleur de miel vierge.

Dans la distension de nos formes, ne peut-on voir une aspiration à offrir aux éléments, à la main aimée, une surface accrue ? Les fléchissements n'explicitent-ils pas l'offrande ? Ornementaux, les seins des jeunes filles font à l'homme une paume crissante, une gorge qui se souvient des cormes vertes. C'est à présent, dans leur lactescence, leur conformation, que vous pouvez vraiment leur accorder le statut de fruit, telle une pêche à bout de branche ployée. C'est à présent, qu'à la femme d'été le mot de pulpe devrait être réservé, qui suppose la conversion – à feu doux – des sèves en sucs, de l'âpreté verdelette en suavité.

Tes pareils qui ne jurent que par les lignes mordantes, les galbes ramassés, ne connaîtront jamais les magies diverses – de l'ordre du toucher, du goût, de l'ouïe même –, qui s'attachent au terme de vénusté.

Je sais la vanité de tels propos. Sans m'être laissée aller, je n'ai plus cette jeune animalité, mélodieuse et stricte, que vous prisez tant chez les jeunes filles et qui compense, à vos yeux, l'indolence ou la gaucherie de l'amante. Je l'aurai de moins en moins, alors que chaque année te fournira en formes neuves, en visages à déchiffrer. Ce logis, j'en suis la preuve, n'est pas préservé du temps qui épaissit et distend les traits, griffe les peaux. Il est humain qu'à un lieu où, me regardant, tu as ton âge, tu préfères celui où le perpétuel surgissement de la vingtième année te donne l'illusion d'un présent quasi indéfini. Pénétrant dans une enclave où les femmes ne vieillissent pas, comment n'aurais-tu pas le sentiment de mettre le pied sur l'Île aux trésors même – quand notre maison est un foyer de nostalgies ?

Oui, de quel droit te juger ? Rares sont les femmes qui, au sein du couple, n'aménagent pas l'un de ces « jardins d'amour » où convoquer sous leurs paupières, à toute heure mais surtout avant le sommeil, une figure en secret aimée. Et c'est parfois l'adolescent auquel il fallut renoncer et dont on ne se consolera jamais ; parfois l'homme dont on fit la connaissance il y a peu, et avec qui on se sent tant d'affinités – car le sort, dans sa malignité, vous met toujours en présence de l'homme idéal quand vous n'êtes plus libre ! De quoi vous faire apparaître ce que fut votre vie jusque-là comme une ébauche – et si vous semblez si bien composer avec les contingences, c'est que cet amour celé vous fait forte et patiente, et indulgente.

Ce rival, dont l'homme ne soupçonne pas l'existence, est toujours disponible, attentif et tendre, lui. D'humeur égale, pourvu d'humour, on peut lui confier ses menues joies sans qu'il hausse les épaules ; ses faims, ses soifs déraisonnables, sans se voir traitée de folle ou d'enfant. Et même ses brèves paniques devant le miroir – et il vous serre alors dans ses bras un peu plus fort : « Jamais, nous dit-il, tu ne fus plus désirable !... » (Mais n'a-t-il pas continûment les paroles qu'on attend de lui ?)

« Tout ce gâchis pour une affaire de peau, quand ma féminité qui m'attire tant de suffrages masculins, demeure sans effet sur le seul homme qui m'importe !... » ajoutait l'amie que je t'ai citée. Et d'en pleurer de rage. Je ne l'imiterai pas, n'ayant pas sa naïveté. Je me bornerai à te dire : « Ne t'éloigne pas trop, ni trop longtemps : je sens que mon corps apprendrait à se passer de toi ; je ne suis plus même sûre qu'il te reconnaisse encore pour son maître. » Te l'avouerai-je ? Comme pour suppléer à tes caresses, je viens de me faire une robe. Je ne sais pas quand je la mettrai, ni surtout si ce sera pour toi. Mais tiens qu'une femme qui se fait une robe « cousue main » n'a pas perdu le goût de vivre.

Élisabeth

Le mot

Depuis des mois, il la regardait, avec une tendresse croissante, se débattre contre la tentation. « Non ! » avait-elle dit d'abord dans un sursaut d'âme noble – et toute la violence qu'elle faisait à son corps par ce refus était passée dans sa voix.

Il eût alors fallu mettre des mers et des mers entre eux ; mais l'aurait-elle pu que, misant sur sa résolution, pressentant peut-être le plaisir de jouer avec le feu, elle ne s'y fût pas résolue.

Ils s'étaient revus. Elle avait accordé sa bouche. (Il fut tenté de lui rappeler qu'un dit populaire assure qu'une femme qui vous abandonne sa bouche vous fera don du reste, mais c'eût été joindre la présomption à l'indélicatesse.) Plus justement, ses lèvres avaient pris les devants et leur fougue disait assez que la trahison, au-dedans, était à l'œuvre.

Leurs mains s'interdisaient les… étages inférieurs du corps ; mais on peut, n'est-il pas vrai, sans déroger à l'honneur, s'assurer d'un dos d'homme à gestes comme saisis par l'urgence, d'autant plus décousus que deux paumes s'ajustent à vos seins, les placent sous leur égide, se proclament leur unique protecteur. Ce qui s'était accompli, de part et d'autre, avec un naturel redoutable, comme si une anomalie prenait fin : par quelle malignité du sort ces mains n'avaient-elles pas, jusqu'ici, rencontré qui un dos, qui une poitrine, à elles depuis toujours dévolus ? Cette sensation de parfaite conformité faisait augurer une égale convenance du reste du corps : les mains pouvaient bien se donner encore des garde-fous, bassins et jambes s'apposant criaient leurs affinités, leur alliance, et se promettaient les plus violentes délices pour peu qu'on y consentît.

Mais pouvait-on douter de ce qu'il en serait, de ce conflit entre un cœur depuis longtemps épris et une conscience scrupuleuse, dès lors que, dans l'être, saveur et soif s'exacerbaient, et qu'on pressentait la reddition plus ineffable encore d'avoir été précédée d'une résistance… acharnée ? Le mot *inéluctable* a, dans la tragédie même, quelque chose d'exaltant. Deviner, connaître la fin de la pièce ne nous rend pas moins attentif, au contraire : ce qui nous retient, c'est le cheminement du destin, comment il va se jouer des diversions, des traverses, pour s'accomplir.

Ce que pouvait à présent le murmure intermittent de la conscience, face à une organisation de sang, de nerfs, de peau, de souffle ? Ce qu'aurait pu une veilleuse vacillant au sein d'une nuit de ténèbres mouvantes, emplie de voix incohérentes aux accents suppliants.

Si, encore, la lutte intérieure s'était déroulée en morne saison, quand les couleurs mêmes se terrent ; mais Pan jetait toutes ses séductions dans la balance. L'œil ne rencontrait que germinations, dépliements de bourgeons, ruisseaux aériens, à hauteur de feuillus. Les réveils des oiseaux, le chant toujours coloré de lointain des tourterelles, avaient on ne sait quoi d'éperdu. Dégels et débâcles, ascension des sèves, dissémination par l'espace d'un principe de turgescence : la neuve éloquence du monde n'épargnait pas le sang ; les soudaines mollesses des airs, les épanchements de l'aubépine, de l'acacia, du chèvrefeuille, vous rendaient plus vulnérable, plus conscient d'être éphémère, vous pressaient de jouir de l'heure. Face à une conspiration universelle, comment tirer de soi l'héroïsme qui eût sauvé votre gloire, sachant que la défaite vous ravagerait d'une joie purement panique ?

La sagesse aurait voulu qu'on ne se revît pas, quitte pour chacun à vivre désormais amputé. Qu'on s'interdît de se téléphoner, encore et surtout. M'adressant à qui m'indiffère, il me suffit de me faire entendre de lui. La voix de l'amoureux, de l'amoureuse, émane de son cœur et non moins de sa chair ; elle résume leurs dispositions présentes : épreuve de l'absence, impatience du revoir, invocation des souvenirs, formulation de projets… Convergeant vers l'oreille de l'Autre, elle lui délivre, implicitement ou non, un message d'élection confirmée. Et l'on peut bien s'entourer d'un rempart de vertu : que faire, dès lors qu'on l'accueille et la fête, contre une voix qui accroît par effritement les brèches que ronge déjà le sel ? Une voix qui s'insinue en vous avec un sens aigu de la région qu'elle pourra le mieux soudoyer, où le plus efficacement faire levier et desceller ? Qui attouche ce que le doigt le plus délicat ne saurait atteindre ? Et quand on repose l'écouteur, on se découvre tel l'assoiffé qui viendrait de boire de l'eau de mer.

Toutes les paroles ne s'envolent pas : certaines, dont un ventre de femme s'est fécondé, n'auront de cesse que l'être entier ne se délivre du mot qui, depuis des jours, des nuits, se développe à même les viscères, si énorme, bientôt, si lancinant, que la femme s'étonne que ses proches ne le lisent pas sur ses lèvres. Oui, comment ne le perçoivent-ils pas, alors qu'il lui entrouvre les bras, travaille la charnière de ses cuisses, au point qu'elle doit parfois serrer les mâchoires pour ne pas le laisser s'échapper ? (La rougeur d'avoir failli être prise en défaut lui en monte aux pommettes !)

Et voici qu'un jour – c'est souvent à l'aube, quand on se demande avec inquiétude si l'on ne se serait pas trahie, dans son sommeil – on ne doute plus qu'à la prochaine rencontre, le mot jaillira de vous comme on crie « Grâce ! ». Avec la violence de celui qui fut longtemps poussé dans ses retranchements ; avec la résolution, la solennité de la novice à l'instant de ses vœux.

Un seul mot pour dire votre soumission intégrale, irréversible ; pour appeler sur soi un désastre à figure de submersion. Jambes sans forces, genoux qui ploient, cœur exsangue, tempes comme timbales frappées, corps qui se renverse en une torsion de jet d'eau qu'on interrompt, un seul mot qui vous ouvre à l'aimé à deux battants et fait de vous un gouffre où précipiter ensemble, démembrés, en émules d'Icare : – « VIENS !... »

Et c'en sera fini de se mettre à la question, de s'interroger, à grand renfort de casuistique, sur le licite et l'interdit ; de se débattre entre remords et regrets – et nul secours à attendre d'En-haut ; nulle grâce efficace ou suffisante. C'en sera fini de combattre seule parmi les décombres du moi, en devant convenir que le territoire défendu hier s'ouvre aujourd'hui sans débat de conscience, et que, d'annexion en annexion, il n'y aura bientôt plus de réduit pour l'« honnêteté ».

Ce mot pour que ses mains d'homme, enclines aux... translations, ne soient plus contraintes de cadastrer ce qui, par nature, est d'une seule coulée ; d'achopper à de fallacieuses frontières quand, sous une peau d'amoureuse, la continuité règne et qu'elle exige qu'on poursuive. La chair s'insurgerait, à la fin, contre ces mains qu'on dirait rétives ou maladroites, ou incertaines, quand leur cheminement est tout tracé ; contre des gestes qui tournent court, des élans refrénés, des caresses qui s'étiolent faute d'avoir pu suivre leur cours naturel. Et si l'inachevé meurtrit la chair, l'âme, elle, sort courbatue de ces rencontres où les entrelacs que dessinent sur vous les mains de l'homme coïncident si mal avec les arborescences du désir.

Ce mot pour que rien ne ralentisse plus, si peu que ce soit, la rotation de la terre, ni n'infléchisse le cours des eaux, le fil du sang dans les poignets, ou ne referme son bel éventail à la tempe, quand on repose, rêveuse. Pour que le miel ait de nouveau droit de cité et non plus un sel diffus, omniprésent.

Ce mot pour ne plus se sentir cloisonnée et pis : éparse (un corps archipel !) mais *une* des cheveux à l'orteil. Ce que la probité, au reste, postulait : comment concilier le don sans réserve d'un cœur et la parcimonie charnelle ?

Pour se sentir une – et *nue* ! Non pas seulement dévêtue, ce à quoi trois gestes suffisent, mais dans cet état de nudité limite que nous révèle un râle d'amante – comme râpe de raisin !

Ce seul mot par désir de grandir, de s'accomplir, mais d'abord en femme qui, plus que nous, sait le prix de l'instant, par simple instinct de conservation face à l'enlisement conjugal, à la quiète tiédeur du cœur et du corps.

« Et que je sois *vivante* encore, et peut-être *vivante* enfin !

Et je me serai tant battue, que je déclare l'honneur sauf. »

À L'AMANT DE FRAÎCHE DATE

Ô MON AMOUR ! tu as insisté pour savoir ce que serait mon retour à la maison après ces quelques jours où nous ne nous sommes pas quittés ; où tu m'as rendu mon cœur, mes yeux, ma peau d'adolescente... Mais est-il bien sage de te le dire ?

Tu penses que je ne dois rien laisser paraître et sans doute as-tu raison : j'ai moi-même peur de ce qui s'ensuivrait. Peur d'abord de te perdre pour avoir voulu tout obtenir : on se sent si vulnérable quand on vit dans la mauvaise conscience ! Parce que je n'étais pas née déloyale (tu me crois, n'est-ce pas ?), je sais depuis cet après-midi de quel prix je vais devoir payer ce qu'ils nomment trahison, adultère – et moi reviviscence.

Il me demeurait proche, je l'avoue, avant que je ne te rencontre. À la fois m'enveloppant et comme lové en moi. Mais quand, me retrouvant, il m'a considérée de l'air gourmand de qui voit s'achever un temps d'abstinence ; quand il est... entré en moi... Morte, je me suis sentie d'un coup morte. J'ai simplement pensé : « Autopsie du cadavre de l'amour » – et j'ai pleuré, et il s'est mépris sur mes larmes, et désormais nous allons vivre sous le signe de la méprise. Jamais plus flagrante que lorsqu'il me demande, au milieu d'un gâchis dont je ne puis pas même le tenir pour responsable : « Tu es heureuse ? »

Qu'est-il arrivé ? Une faille s'est ouverte entre nous, que chaque jour va élargir sous le couvert de propos courtois, des gestes habituels. Je n'étais qu'acceptation : un refus viscéral m'habite ; il est fiché en moi plutôt, et tu devines à quelle place ! Moi qui ai peu de goût pour les animaux à sang-froid, j'en deviens un quand il me touche, au point que je m'étonne qu'il ne retire pas alors sa main, comme à effleurer un reptile. Mais telle est sa confiance ou son insensibilité – ou sa distraction ? – qu'il ne perçoit pas le raidissement de mon être en sa présence (à m'en éprouver courbatue) ; et ni le contrôle que j'exerce à présent sur mes vêtements, mes attitudes, afin de ne pas le tenter ; l'application que j'apporte à ne pas lui donner motif à reproches, comme si j'avais déjà assez à me faire pardonner – et n'est-ce pas le cas ? Comme si je craignais les débordements d'une dispute. Si bien qu'il a désormais une femme qui, avec lui, ne se perd jamais de vue tant elle est peu sûre, si soumise en apparence qu'elle se veuille, de ne pas se découvrir.

Qu'est-il arrivé ? Par quel renversement des valeurs est-ce toi que je vais trahir, à grande douleur, chaque fois que je me soumettrai à son désir ? Ou plutôt n'est-ce pas être doublement infidèle sans même la circonstance atténuante d'une union malheureuse ? Mais tu es à ce point en moi, qu'il me faut me raidir, me fermer, pour qu'il ne t'attouche, ne t'éperonne à son insu ! À quoi je ne parviens pas, et j'en pleure, et le malentendu s'en nourrit.

Tu vois à présent, mon amour, comme il était imprudent de m'interroger sur ce qui ne saurait être qu'une affaire entre moi et moi. Les misogynes nous tiennent pour des dissimulatrices nées. Et si c'était d'abord pour épargner l'homme qui attache tant de prix à notre apparence ? Il nous veut de chair, ah, certes ! mais exemptes des vicissitudes d'un corps qui se doit d'être continûment dispos et disponible. Il ne goûte notre front que lisse – et lisible ! – sans trace de nos divisions et nos tourments. Il ne s'enchante de notre sourire qu'autant que lui viennent, à le voir, les mots de *fluide*, *facile*, *fondant*, *flexible*… (Je n'oublie pas ton goût pour les mots et tu peux y ajouter celui de *flouve* !)

… Et toi non plus, tu ne saurais que faire d'une femme pétrie et déchirée d'inconciliables, qui a parfois les reins rompus, les jambes pesantes, le ventre bourbeux. D'une femme simplement humaine qui dit à sa glace, certains matins, qu'elle se trouve quelconque ou affreuse, qu'elle se déteste, et qu'elle est lasse, lasse d'être vouée à donner le change.

Je te tairai donc ma nouvelle « difficulté d'être ». (Les dramaturges qui ont opposé, dans leurs pièces, l'amour et le devoir, auraient bien dû d'abord demander à quelques femmes infidèles comment elles vivaient ce conflit-là avant de faire assaut de termes nobles, de vers pompeux !)

Et puis mon sort est si commun ! As-tu jamais pensé aux multitudes de femmes, par le monde, qui ne connaîtront de leur vie la joie quasi panique de *se donner* ? Je l'avais oubliée : avec l'habitude, on finit par simplement se prêter, le temps que l'autre se repaisse de vous. Mais se sentir dénouée d'un coup, se désassembler comme une rivière de piémont quand elle entre en terres d'alluvions et qu'elle n'est plus, éparse, que consentement au soleil !… Et il n'est pas une cellule de l'amoureuse qui ne soit dédiée à l'amant ; qui ne lui balbutie sa confiance. Et la place s'est déjà rendue. Au vainqueur – que l'on sait magnanime – de s'en assurer : elle n'aspirait qu'à sa domination ! (Je te dois aussi, cher amour, d'avoir vécu cela.)

Mais un corps de femme, cela peut se ferrer, au sens propre, se crocheter, se fracturer : il suffit que le sexe de l'homme se fasse… croc de boucher. Ah ! comme j'entends distinctement, depuis ce tantôt, l'énorme murmure des foules de femmes du passé, du présent, pour qui l'amour n'aura été vécu qu'en termes de forcement, d'effraction, d'éborgnage, de spoliation et de déni d'elles-mêmes ! Il passe en cette rumeur – cette clameur ? – souffrance et fatalisme, révolte et accablement ; mais d'abord un tel sentiment d'iniquité, une telle stupéfaction devant l'inintelligible, qu'homme, je serais effrayé de l'ombre que fait à l'orient, à l'occident, en tout lieu habité, un si haut massif de rancunes.

Je t'aime aussi de pouvoir t'écrire cela et d'être comprise ; de pouvoir t'envoyer les pages qu'une amie rédigea pour donner une voix à celles qui, à son exemple, doivent accomplir leur… office. Lis-les, et n'en parlons plus : nos corps ont subi et supportent tant d'agressions de toute sorte ; ils sont recrus de tant d'avanies, que la douleur aiguë a fait place en eux à l'endolorissement. L'essentiel n'est-il pas qu'ils redeviennent par miracle vierges, pour le nouvel amour ?

Ta femme toute neuve,

Dominique

Soliloque

« Tout à l'heure, comme chaque soir, je devrai… Je crois que cette pensée ne me quitte pas depuis le réveil. Qu'elle sous-tend tout ce que je dis et fais ; qu'elle altère mes plus menus contentements. C'est moins une pensée qu'une appréhension qu'on aurait à demeure en ses fibres. Ce mot de gibier qui me vient… Quand une main fond sur un lièvre au gîte… Je suis tel un petit lièvre qui saurait que, le soir venu, une poigne s'abattra sur son râble. Que c'est aussi fatal que le coucher du soleil. Et l'herbe ni le soleil n'ont plus de goût pour lui.

Que pourrais-je bien trouver pour y échapper ? J'ai épuisé les alibis, les ruses, les échappatoires, tout ce que les femmes ont pu trouver pour… Et quand il en a vraiment envie… (Souvent, je me demande si ce n'est pas maladif.) En vain, ai-je essayé de me montrer maussade, revêche tout le jour pour le décourager : il semble indifférent à mon humeur. Au reste, il peut bien vous avoir fait une scène dans la journée, vous avoir traitée de… Il doit penser que, le soir, j'ai tout oublié !

Pour un peu, il me voudrait fraîche et, pourquoi pas ? badine quand je gagne le lit, harassée des besognes accomplies, ce qui ne serait rien, mais d'abord exténuée par l'appréhension de ce à quoi il me faudra consentir – et cela me rend toute grise, quasi hagarde, quand je fais traîner les derniers rangements, sans pouvoir me résoudre à... Jusqu'à ce qu'une voix impatiente, offensée, me rappelle à l'ordre masculin en m'enjoignant de quitter sans délai la cuisine.

Il y eut vraiment un temps où l'un de mes plaisirs était de me déshabiller lentement devant lui, comme en toute innocence, mais en guettant dans ses yeux l'admiration, la convoitise ? Puis de gagner la couche – nue ou dans la palpitation d'une étoffe diaphane, quasi impondérable, dont un souffle ascendant – ô Marilyn ! – m'eût détroussée ? Il m'est arrivé de me faire valoir ?

Que s'est-il donc passé pour que j'aie retrouvé la pudeur ombrageuse de mes treize ans et que soit à nouveau de rigueur le pyjama du pensionnat ou des séjours en clinique ? Pourquoi pensé-je si souvent à vous, femmes des pays que des hordes envahissent, et qui vous enlaidissez en vain, dans l'espoir que la soldatesque vous dédaignera ; femmes qui savez d'instinct que le conquérant préfère vos ventres à toute autre voie de pénétration ?...

Pour longue à ranger que soit la vaisselle, vient un moment où l'on ne peut plus différer de paraître sans risque de violence. Son plaisir lui est dû. Ainsi de ces hommes qui ne sauraient clore leur dîner sans un verre de fine. Son plaisir lui est dû et n'est-ce pas tacitement dans le contrat qui nous lie ? Cela ne figure-t-il pas au nombre des services rendus qui assurent à la femme le vivre et le couvert ? (Ce doit être ce qu'on nomme une servitude d'usage !) Il ferait beau que j'oublie mon état de dépendance ! Et a-t-on jamais vu la domesticité réclamer de la considération ?

Je n'aurai pas, ce soir, l'allégresse de le découvrir endormi et d'aller me coucher sur un lit de fortune pour ne pas l'éveiller. Ce soir – je lui jette un regard à la dérobée en entrant dans la chambre – il a les yeux de ceux qui vous sifflent dans la rue, vous estiment en supputant le… profit qu'ils tireraient de vous. Les yeux du maquignon qui jauge une pouliche. Et je me demande s'il y eut jamais une lueur de tendresse en ces yeux-là. Et j'ai honte de m'être sentie flattée, dans nos commencements, par des appréciations de libertin contant, à son pareil, l'une de ses bonnes fortunes.

Les draps sont *glacés* ; ils le sont même au fort de l'été quand, malgré la touffeur, je me garde bien de repousser les couvertures… Cette fois encore, en dépit de l'expérience, je me tiendrai tout au bord du lit ; et j'ai peine à croire qu'il y eut un temps où je me répandais, avide de rencontrer des membres auxquels me frotter, à demi m'enlacer, avant qu'ils ne s'organisent pour étreindre – et je me débattais un instant pour le délice de me sentir plus fermement captive, à la merci du maître.

Lui tourner le dos me vaudrait d'être basculée sans ménagement vers lui. Autant donc adopter la posture de la parfaite gisante. Il me suffirait de joindre les mains sur ma poitrine pour prendre place parmi les tombeaux de Saint-Denis – à cela près que les gisantes sont des femmes qu'on ne peut plus prendre contre leur gré.

Moi, si ! Et voici l'instant où j'anticipe, en accéléré, ce qui m'attend, ainsi que défilent, dit-on, chez celui qui meurt, les images de sa vie. Mais n'y a-t-il pas, chaque soir, mise à mort du plus tendre, du plus intime de moi ? De ce qui devrait être le mieux gardé ? Une femme ne saurait attenter à l'intégrité physique de l'homme qui a cessé de l'aimer. Elle, n'a aucun réduit inexpugnable où se réfugier. Il en est de son corps comme du logis où elle vit sans posséder jamais "une chambre à soi". Et si la nécrophilie est une perversion punissable, il est loisible à l'homme de besogner la *dépouille* de sa compagne, de *prendre* une femme inanimée – ce qui, au vrai, n'est pas même saisir une ombre.

J'ai depuis longtemps renoncé à l'espoir qu'il me ferait grâce un soir ; renoncé à prier Dieu de le rendre impuissant : Dieu est homme, avec ou sans barbe. S'Il avait la moindre compassion pour nous, les Écritures l'auraient dit et le monde en eût peut-être été changé.

À peine étendue, j'attends donc l'inéluctable.

J'ai perçu, amoureuse, comme la vie émigre en surface quand la main aimée, désirée, s'approche de vous ; comme la peau fourmille alors d'impatience, là où elle se pose… La peau même du lac sous le soleil de midi ! Et que cette paume s'élargisse à la mesure de l'étendue sensible, appelante ! Que les doigts se fassent indiscrets : les replis, les sillons m'incisent de leur avidité. (Qu'on les visite sans scrupule !) Que ma peau soit feutrée – et dégourdie comme un champ de trèfle incarnat visité de mille abeilles.

Cela fut il y a si longtemps que ce sont là, sans doute, des souvenirs d'une vie antérieure.

J'ai fermé les yeux ; je ne les rouvrirai que brièvement pour m'assurer que ce n'est pas là l'un de ces cauchemars qui ont ce mérite de vous rendre léger, alerte (je l'ai échappé belle !) quand on s'éveille. Ainsi puis-je ignorer jusqu'à l'extrême limite à quelle… latitude aura lieu l'abordage. Et parier – qu'on me laisse ce plaisir raffiné ! – en ayant une chance sur deux de… gagner.

Et dire que je lui sais gré quand il n'opte pas pour les seins ! Il les apeure – comme lapereaux, et j'ai beau n'être déjà que saisissement, j'éprouve leur effroi singulier, leur désir éperdu d'échapper à la prise par une régression telle qu'ils disparaîtraient dans le torse de la petite fille que je fus. Ils ont fait ma gloire inavouée ; ils la feraient encore si je ne m'employais, le jour, à les opprimer, à les rendre humbles, effacés. Mais quand je les dételle, les affranchis pour la nuit, ils deviennent aussi vulnérables que l'animal privé, par sa mue, de carapace ; ou qu'une pêche dont une main sans égards mâchurerait la pulpe.

Il ne sent donc pas que le privilège de les toucher, à plus forte raison de les saisir, lui fut retiré ? Qu'ils s'éprouvent malmenés à peine sa main les effleure-t-elle ? Que c'est toute ma poitrine qu'il frappe alors de stérilité ?

Mais, le plus souvent, il juge, en homme expéditif, tout préliminaire superflu. Prendre au plus court. Signifier à l'autre, d'emblée, où l'on veut en venir. Comme si je ne le savais pas ! Ah ! comment accoler mes jambes plus étroitement encore jusqu'à me faire sirène ? J'en remontrerais à un anatomiste sur les muscles adducteurs !

Je hais mon sexe pour son pouvoir d'attirer la main de l'homme, et d'abord de celui-là... Il ne sent pas, non, que sous l'étoffe, c'est un sexe de pauvresse, émacié, qui s'atrophie et se terre ? Un sexe flétri, exsangue, quand, amoureuse, je l'éprouvais renflé de sang à m'en entrouvrir les jambes et qui prenait jour par ma bouche – toutes lèvres indistinctement offertes dans mon baiser.

Non, je ne l'aiderai pas à défaire, à déboutonner. Je suis inerte. Et je prends mon corps à témoin : Sens-tu comme la fébrilité lui fait des doigts de rustre ? Tel est, aussi, l'homme, et nous aurons été, toi et moi, bien abusés, n'est-il pas vrai ?

Il faudrait ici pouvoir se quitter et se tenir à quelque distance : – "Par chance, ce n'est pas mon corps qu'on vient d'anesthésier et dont on s'apprête à disposer. Je suis chaude et molle et libre, moi, et me savoure en conséquence."

Des femmes assurent y parvenir, qui se récréent celle-ci avec la tapisserie, celle-là en choyant un fantasme, une image secrète, une figure publique – leur sauvegarde, disent-elles. Cette autre en pensant aux tâches du lendemain ; toutes façons de faire la part du feu, de s'abstraire, de s'innocenter. Je n'ai pas ces échappatoires ; je ne suis jamais plus qu'alors présente à mes frontières, et révulsée, et révoltée. Flambante de haine froide avec, en ma bouche, ce goût de meurtre que doivent avoir les victimes d'un inceste.

Il sait, il n'en a cure, n'avoir aucune coopération à attendre de moi. Il me dépouille donc les jambes comme on fait… d'un lièvre (cette image, décidément…) par une traction rageuse : pourquoi m'obstiné-je à venir au lit en pyjama ? Et moi de penser à Jeanne sommée de dire pourquoi, en dépit de toutes défenses, elle avait repris ses habits d'homme.

Où t'es-tu réfugiée, ma vie, à cette minute ? Et que tu es infime, mon souffle ! Imperceptible… Mais je dois avoir les yeux exorbités ; mais cette stridence en mes oreilles !… Dire que des femmes s'épilent le pubis ! Je voudrais avoir là une toison si fournie que son toucher en fût rendu moins précis, moins immédiat. J'ai mal de tant serrer les jambes, et mal de le savoir sans effet. Quand je pense qu'il y eut un temps où je m'enchantais d'être divisible ! Où m'ouvrir à la caresse, à une bouche, m'était jubilation de tournesol !…

Comme je l'attendais, le doigt de l'amant qui allait me confirmer ma charnière ! Et que fuse, de part et d'autre, ma succulence ; que s'enfonce un peu plus en moi le brandon de vide qui me taraude !

La source est tarie ; ce qui reste là de chair a la pâleur, la froideur du calmar à l'étal.

Ce lieu est maintenant frappé de glaciation, tout le ventre, tout le corps gagnés par la stupeur ; le doigt qui s'y insère – de force – est couteau de sacrificateur.

(À l'homme qui me lira, s'il s'en trouve, je ne ferai grâce de rien !)

Je ne crierai pas : sa main bâillonne la… bouche d'où devrait s'échapper, en toute justice, un lamento de chair aux abois, de vie profanée ; mais j'entends à pleines tempes le tumulte d'indignation et de hargne qui monte des cellules, et m'obstrue la gorge.

Il a entrouvert mes jambes. Avec peine. Assez pour planter un genou entre elles. Ainsi le conquérant borne-t-il le pays conquis ; ainsi place-t-on un coin dans le bois à fendre.

Un genou, puis l'autre – et le corps : ventre de femme est fait pour qu'on s'y vautre.

La lèpre est contagieuse ; la lèpre a d'un coup envahi ma peau. Ou l'une de ces maladies qui vous la rendent farineuse, squameuse. Et c'est une autre sorte d'asphyxie. (Mais ne suis-je pas déjà, depuis combien de temps, en apnée ? Il doit y avoir une grâce d'ordre respiratoire pour les femmes violentées.)

J'ai aimé, j'ai aimé être la barque où l'homme s'affale comme une voile, et on le reçoit, ployante, élastique, et si languide soudain ; et l'on enserre ses reins, pour se l'incorporer ? Mais que c'est donc pesant, informe, un homme haï qui s'allonge à pleine face sur vous – et se laisse aller ! (Il est maintes variétés de phoques...) Et vous vous arc-boutez de rage impuissante, et votre tête se tourne pour tenter d'échapper à son souffle, à des yeux qu'on imagine glauques de désir.

Couvrir une femelle... Le verbe convient ici à merveille. S'il appelle les mots de caresses, éloges, gloire, bijoux, il admet non moins ceux de boue, d'injures, d'immondices, de cendre. Le ciel s'est couvert ; une chape vous recouvre ; le couvercle d'une tombe se referme sur vous. (N'arrive-t-il pas qu'on enterre par méprise des gens encore vivants ?)

Des femmes dressent en leur tête la liste des courses à faire ; moi, je sauve mon âme par les mots. C'est la revanche de l'esprit sur l'animalité régnante. Ta serve te juge, homme asservi à tes pulsions, homme sur les reins de qui un genou s'appesantit – et qui t'apprêtes à me poinçonner. De quoi je devrais être flattée : le poinçon n'appose-t-il pas la signature du maître sur une pièce d'orfèvrerie ?

L'angoisse éteint mon triste sourire intérieur. C'en est fini de crâner : c'est une douleur térébrante que celle de la... perforation. Je hais les hommes qui dessèchent le sexe des femmes et néanmoins forcent leur porte tout en se sachant indésirables. Et je hais celui qui a tari les sèves qui m'ouvraient, me faisaient reluire à ma fourche, et me rendaient aisée, et lisse, lisse, à devoir se retenir, et voici qu'on ne le peut plus à cause de cette claire viscosité qui porte en elle le vertige. Qui faisait de moi, glorieuse, l'invitante et l'hôtesse.

La brûlure, sans parade possible. Celle de lèvres qu'on repousse et refoule ; qu'on invagine ! Celle de frêles tissus arides qu'une trique distend... Quand j'assistai à une ferrade, comment aurais-je pressenti qu'il en est une modalité pour les femmes qui ont cessé d'aimer l'homme du logis ? J'étais alors si vite liquoreuse, à seulement penser à lui, lire ses lettres, l'entendre – et moi de lui dire à l'oreille, promesse d'accueil, anticipation de quelles délices : "Sais-tu ? Ma culotte est toute mouillée !"

Serrer un peu plus les dents, à en avoir des contractures. Demain, au réveil, voudrais-je oublier, qu'un souvenir cuisant dissociera les attaches de mes cuisses – et je marcherai comme celles qui souffrent de cystite.

Son sexe en moi... Je l'ai connu de chair, mais je laisse à présent le mot, bien trop noble, aux poètes, aux théologiens. D'autres conviennent mieux à cet appendice, à cette arme contondante ; les plus bas étant les plus justes.

Est-il vrai que l'organisme s'emploie à expulser les corps étrangers ? J'ai beau mobiliser le mien... Douleur, de nulle autre sorte... Mes ongles s'enfoncent dans mes paumes. Ah ! les lui planter dans le dos – et vriller !... Le soir où je l'ai fait... Sa fureur de seigneur outragé… Les marques de ses doigts à mes épaules, à mes poignets – et la fin de la nuit par terre, en punition !

Voilà combien de temps qu'il me besogne ? Je suis souvent tentée, quand cela dure, de donner quelques coups de reins pour précipiter sa chute, mais il croirait bien que je prends du plaisir à ses assauts. La pire chose qui puisse m'arriver. La trahison du moi qui s'insurge par celui qui compose, s'avilit. À vous submerger d'humiliation et de remords. Et comme je comprends la douleur des prostituées qui ont un "amant de cœur" quand elles sont ainsi trahies par leur… tréfonds ! "Mon corps est vraiment d'une chienne !…"

Il m'écrase le ventre, les seins – de son sang, de son halètement. Et que ne puis-je me boucher les oreilles comme je ferme les yeux pour ne pas assister à ses soubresauts grotesques. Poursuivrait-il, s'il pouvait se voir ? Mais oui : il en est qui font placer une glace dans la chambre !… Qu'il est loin – a-t-il jamais eu lieu ? – le temps où je goûtais de hausser mon bassin à la rencontre du sien comme on n'en finirait pas de se porter un toast ! Où je m'enchantais de répondre si exactement à ses impulsions successives – et qui nous eût surpris aurait vu la danse d'une vague stationnaire, gracieuse et obstinée, ponctuée de mes geignements d'aise, d'ébahissement croissant, devant une contrée de pure saveur qui s'élargissait de degré en degré.

C'est le spectacle que donne le conjoint qui aura tué la femme en tant de jeunes filles dûment aseptisées, scellées, jusqu'au soir de leurs noces. Par brutale irruption de ténèbres, déferlement de la rudesse. Pour avoir été, au comble de la confiance, à jamais offusquée par l'inintelligible : "Quoi, le fiancé si prévenant que j'admirais dissimulait cet être suant, soufflant, grognant, et qui se démène comme s'il était épileptique ? Qui me fait mal et semble y prendre plaisir ? Est-ce un cauchemar ? Tous les hommes sont-ils ainsi ? Jamais, dans les livres que j'ai lus... Et c'est pour cela que je devais me garder pure ? Et mes parents seraient complices ? Et ce sera tel chaque fois que... ? Ainsi d'un papillon qu'on s'acharnerait à épingler... Il serait je crois terrifié, à mesurer la masse de rancune et de haine qu'il me renfonce en cette gorge-là. Moi qui me faisais une joie de dormir avec lui..."

La plupart mirent cela au compte des avanies qui nous sont dévolues ; mais d'autres – qui me vengent ! – ont découvert que le tyran avantageux n'était, sans nous, qu'un pauvre diable dont on peut faire un pantin.

Il se doute des pensées qui me viennent à son égard quand il me pile ainsi, sans tirer de moi le moindre suc ? Il sent à quel point je l'exècre, lui qui s'est toujours irrité de mon quant-à-soi ?

Et sans doute faudrait-il que je te rende grâce, Dieu-le-Père, de m'épargner l'haleine avinée, les mots orduriers, les sévices. De m'épargner (au vrai, nous savons enfin y pourvoir !) l'horreur, à vous glacer le sang, de concevoir dans l'aversion et dans l'effroi. Mais moi, je pense à vous, ô femmes en foule qui avez senti, jour après jour, pendant trois saisons, votre haine prendre consistance en votre ventre, et se développer jusqu'à vous distendre démesurément. Et comment l'auriez-vous oubliée, alors qu'elle vous soulevait le cœur jusqu'au vomissement ; qu'elle se nourrissait de vous, et que vous la sentiez croître et bientôt s'agiter ? Je pense à vous et je vous entends : "Demain, quand elle sera sortie, je *devrai* prendre en mes bras cette chose *noire* de mon dégoût de moi, de ma rancune et de ma fureur envers l'autre ? Je devrai lui donner le sein ? Je devrai aimer mon opprobre incarné, perpétué ?"

Ah ! Tu es bien un homme, Seigneur, pour avoir permis que cela fût, que cela soit encore... Et Tes ministres, qui sont hommes, me féliciteraient d'accomplir, à mon corps défendant, mon devoir d'état, si je m'en ouvrais à eux. N'avons-nous pas à racheter, jusqu'à la fin des temps, la faute que Tu as fomentée pour justifier notre asservissement ?

Conviens pourtant qu'il n'est pas beau, à cette heure, celui que Tu fis à Ton image ! Regarde-le, à cet instant où je l'expulse enfin, qui s'affaisse, tressaute comme l'arbre qu'on abat, quand il touche le sol ; qui entrouvre les bras en naufragé retrouvant la terre... Et ce rictus qu'il a, juste avant de s'effondrer, l'as-Tu bien vu, ce rictus d'enfant déçu, d'homme brusquement dégrisé ? Il m'a toujours fait penser que Tu n'avais pas gâté Adam, en fait de plaisir. (Je T'accorde que le nôtre, en revanche, peut avoir des déploiements d'aurore boréale.)

Oui, qu'il se tourne et s'endorme d'un coup, comme hébété, sans un regard pour moi – et que je coure, poisseuse au dehors, gluante au dedans, me doucher, me doucher, me doucher, dans l'espoir vain d'effacer cette souillure-là ! »

SUR UNE « INTERMITTENCE »

I

« À MA STUPEUR, à mon accablement de l'autre jour, quand tu m'avouas que tu me trompais – en me demandant de voir, en ton aveu, une preuve d'estime ! – succède à présent une sorte de fascination pour la femme qui m'est alors apparue. (J'allais dire : de révérence, ainsi que devant un enfant chez qui se révèle un don insoupçonné.) Oubliant presque mon infortune, mon mal, je te regarde, curieux de voir jusqu'où tu iras dans ton inconsciente indécence, puisque tu m'assuras que ce serait sans lendemain et que tu ne m'en aimerais que davantage !

Je sais : il n'y a rien à opposer à celles qui vous demandent pourquoi l'infidélité serait plus grave chez la femme. À cela près que l'homme, en la circonstance, n'engage guère… qu'un doigt, quand la femme, autrement plus viscérale, y intègre son ventre, ses seins, sa chevelure – ses ténèbres. Les vénales se prêtent, avec usure ; mais ne sachant que te donner, et non certes à demi, comment n'engagerais-tu que la peau – ce qui déjà serait de grande portée ?

Je suis bien sûr qu'à cet amant tu donnes à lire – à livre grand ouvert – ton intimité charnelle. Qu'il a toute licence pour faire éclore, scruter, humer ; qu'il est devant une ville ouverte. Devant un port plutôt, où jeter l'ancre.

Ton ventre a changé de maître, et c'est, pour moi, une pensée pleine d'aspérités, impénétrable ; mais il affecte, j'imagine, la même candeur ; il fait, avec la même avidité, son office de nasse. Je gage qu'il ne fut pas le dernier à récuser toute mémoire. Désir, ténèbres, oubli, font un assez riche magma – où s'enfoncer.

Pour ce que je sais de toi, tu es l'impasse et l'échappée, le seuil et le contrecœur, le proche rivage et l'horizon. On pénètre en toi comme dans l'épaisseur d'un verger à l'heure où les ombres y sont sucrées, la saveur de la chute rôdant quelque part. Telle, et ne pouvant être différente, il t'est bien impossible de livrer ceci en préservant cela, à commencer par ton cœur.

Car je le vois partout présent, chez toi : à la face interne des cuisses, dans ton sexe, ton ventre, ta poitrine, ta gorge, que de cœurs battants quand tu te donnes ! Si le cœur est le siège de l'amour, voilà celui-ci, que tu me gardes, dis-tu, en grand danger d'être pris dans la tourmente ; d'être expulsé, si d'aventure la poigne du haut plaisir t'étreint les entrailles et les tord et les bouleverse. À moins que cette poigne ne t'arrache un « Je t'aime ! » aussi sincère que ceux que tu me disais hier, que tu me promets pour demain.

Ce ne serait pas, qu'il faudrait se méfier du moment qui suit le commun foudroiement, quand on se découvre sains et saufs ensemble, et que la conscience du miracle suscite une tendresse réciproque : ainsi allongés côte à côte, n'est-on pas dans le droit fil de la terre, celui des plages à perte de vue ? N'a-t-on pas sa suffisance et au-delà ?

Si encore il s'agissait du plaisir étroit de l'homme, où la déflagration finale se trouve anticipée, et le brusque dégrisement, et le vague sentiment d'avoir été une dupe, une fois de plus, je pourrais croire que vos fêtes te laisseront quasi intacte ; mais, pour qui t'a… pratiquée, les termes de joie et de jouissance te conviennent seuls. Des mots vastes qui, repoussant les limites du corps, s'épandent par larges ondes ; des mots houle et crue, à consonance de panique.

Ainsi s'explique que des femmes en chute lente et vertigineuse à la fois, abdiquent toute dignité, ignorent toute prudence, et surtout sacrifient leur entourage, l'entraînant avec elles dans ce gouffre ouvert aux dimensions de leur ventre, dont elles effleurent, avec quelle volupté, les parois en tombant. Et tu es de celles-là, en femme chez qui tout s'interpénètre et se répond, et qui ne vit bien que dans l'unité de l'être : celle que fonde le désir, quand il fait de toi une masse de chaux vive ; celle surtout de l'extrême jubilation, quand tu opposes ta rondeur bien close aux soubresauts du sang. Car c'est la joie charnelle, non un plaisir qui vous défait sans ménagements, qui, le mieux, établit votre unité – où l'absent n'a plus de place, à l'évidence. Et moi je tiens qu'on trompe plus vastement dans la joie que dans le plaisir.

J'admets que c'est l'honneur de certaines femmes de se donner de la sorte, quitte à tout ravager autour d'elles ; que c'est là, pour elles, une façon d'échapper au médiocre, au sordide. Mais, dès lors, ce n'est pas à moitié non plus qu'elles trompent. Une vraie femme n'est pas de l'ordre de la lisière, mais du hallier. Si elle se laisse *connaître*, c'est dans toute son épaisseur, son abondance.

Ce qui ne va pas sans grandes conséquences.

D'une femme aimée qui s'est donnée à un autre, on dit qu'elle vous a trahi. Et ce n'est certes pas peu que de s'être ouverte, évasée, pour lui faire un lit de son corps, de lui avoir livré les clés (il en est plus d'une !) de la ville et d'avoir permis qu'il s'y repaisse.

Cela me semble pourtant moins incompréhensible que de te voir épouser les goûts du nouveau venu, à l'opposé des miens, des nôtres. Nos prédilections, notre mode de pensée et de vie, les voilà, à en juger par ce que tu m'as dit de lui, abandonnés pour leurs contraires. Ce que je t'avais appris à aimer ne t'est plus de rien ; tu souscris à présent à ce que nous détestions en commun et mieux, tu lui trouves assez de justifications pour t'y rallier. Si bien que me voici, à ton égard, sans plus de repères qu'en forêt, la nuit.

Je pensais t'avoir confirmée dans ce que tu recélais de plus attachant ; t'avoir donné pleine conscience de ta singularité, de ta valeur. Or, tu me montres cet homme incapable de goûter celles-ci, faute de partager nos critères, nos ferveurs !... Comme je ne prétends pas être le seul à pouvoir faire ton bonheur, je devrais me réjouir de ton émancipation. Conviens néanmoins que j'ai de quoi être surpris, voire scandalisé, quand, t'avertissant que tu cours au gâchis, tu me réponds que tu es lucide, ne crois pas cette aventure durable, mais que tu te sens bien avec lui, et que cela te suffit.

Qu'il est proche, néanmoins, le temps où tu me disais, d'un ton pénétré : « Je suis bien avec toi, souverainement bien... » ! Comment aurais-je pu penser que tu serais mieux encore avec mon opposé ? Ta faculté d'adaptation, ta malléabilité, me dérouteraient moins si je le savais un amant incomparable ; mais il s'en faut si j'en juge par les confidences que tu m'as faites – non par charité, mais dans l'espoir d'un conseil sur la conduite à tenir face à sa maladresse ! (Quand leur chair est en cause, les meilleures ont de ces indécences qui vous laissent pantois.)

Eh quoi ? Tu consens à n'être plus guère comblée ? Toi qui voulais bien louer mes caresses, tu t'en remets à des mains approximatives et tolères l'à peu près ? Quelle boulimie a ton ventre, pour qu'il ait si mal gardé la mémoire des fêtes passées ! Ne serait-ce pas une chair roturière que la tienne, par hasard ? Moi qui ne cessais d'en apprécier la netteté, voilà qu'elle m'apparaît avec ses très communes humeurs, souillée de surcroît de *sa* salive, de *sa* semence – laquelle induit l'image de l'excrétion.

Mais sais-tu bien que c'est ma propre peau qu'on souille ? Telle fut notre union, que *ses* attouchements m'atteignent à travers toi ; que *ses* mains, *sa* bouche me révulsent ; m'humilient encore à les sentir voraces et sans discernement.

Tu avais conscience, disais-tu, de ton privilège. Il n'aura pas plus prévalu, à l'heure de la tentation, que ceux que je tenais de toi. Car ce sont tes caresses à lui données, que je vois d'abord ; tout ce que je t'avais appris se trouvant dévoyé pour sa plus grande délectation. (À l'en rendre incrédule !) C'est un autre bassin qu'effleure et nappe ta chevelure saule pleureur ; un autre membre que tu… Mais je te fais grâce de ce qui s'imprime, corrosif, sur mon écran intérieur. Je me fais l'effet d'un potier, vernisseur au surplus, qui verrait son œuvre se donner aux mains d'un confrère besogneux et lui apporter les secrets de sa fabrication, et lui réjouir les paumes. En sorte que ta faute capitale est d'avoir divulgué ce que tu avais appris et qui ne t'appartenait pas seule.

Tu peux sourire ou t'indigner de cet orgueil non de mâle mais de créateur pointilleux quant au sort de son œuvre. De créateur ? Je tiens pour peu l'amant qui ne souhaite faire, du corps qu'il a entre les mains, un vase bien tournant qui lui veloute en retour le regard et la peau.

Mais si sa tare rédhibitoire était à mes yeux celle-ci : il ne sait pas même te faire rire ! ?

Essayant de comprendre, je considère ce mot un peu désuet d'*infidèle*. Ce qui est en cause relève, en effet, de la foi. Tu as cessé d'avoir assez foi en moi, en nous. Tu as préféré l'instant – l'instinct ! – à tout un passé de connivence, de fastes discrets, de joies disputées à dents serrées. À la marée, l'une de ses vagues de ressac. Un *présent* sans attaches, réduit à lui seul, étroit, intense, l'aura emporté sur le nôtre, nourri non moins de souvenirs que de projets puisque le passé le justifiait, le colorait, le disposait en avenir. Au soudain obscurcissement de notre vie commune, j'ai mesuré à quel point nos jours anciens s'épanchaient en notre présent. À peine as-tu déserté celui-ci, que le passé en devint une chose révolue, d'un coup rejetée à une distance énorme de moi.

Sais-tu ? Tout ce qui se situe avant ton aveu s'est d'un coup mis à mentir. Tes paroles, tes lettres, tes photographies m'ont apparu frappées de discrédit, de dérision. Si je me laissais aller à te relire, j'entendrais, se superposant à tes mots d'hier, les raturant à mesure, ceux que tu formes à cette heure, de tes lèvres, de tes mains, tes bras, ton ventre – et qui couvrent sans peine ce que tu as pu me clamer.

Ton excuse est de n'avoir pas perçu qu'une femme qui trompe engage, outre sa chair, cette réserve, ce vivier de jours, de nuits partagés qui n'appartient qu'au couple et qu'elle dilapide ou brade par ses seuls gestes, s'interdirait-elle référence ou allusions à ce qu'elle a vécu. Une femme qui « se donne » à autrui livre avec elle tout ce qu'elle possède en indivision avec celui qu'elle a aimé ; ce que reçut de lui la corbeille de son ventre. L'infidèle dissocie ce qui était durée commune, lente et large, permettant ainsi au temps mortel de prendre sa revanche sur ces deux-là qui se croyaient hors d'atteinte et parlaient, les fous, d'éternité. Quoi qu'il arrive, rien ne pourra faire qu'il n'y ait désormais *avant* et *après*. Et cette revanche du temps donne évidemment raison aux tièdes, aux médiocres, aux cyniques ; à ceux qui professent qu'on ne saurait attendre du cœur humain la moindre constance, et qu'il se trouve un traître en toute place, fût-ce la mieux gardée.

Le moyen, dis-moi, de leur donner tort, puisque même Toi… Et l'étonnement scandalisé que j'en ressens peut certes passer pour un hommage puisque « même Toi » signifie : même celle qui incarnait la loyauté, qui s'accordait par nature à la franchise de l'élément. Oui, même celle-là, dont je suis d'ailleurs sûr qu'elle batailla avant de se rendre – encore que ne soient pas minces les délices de qui se débat alors qu'il a déjà consenti. Même toi n'auras pu défendre la place, justifiant ainsi l'impudence de Don Juan. Et comme seul coûte le premier faux pas, conviens que j'ai de quoi me montrer pessimiste.

Don Juan ? Il est celui qui a compris que le bonheur, à la longue, ennuie les femmes, quoi qu'elles en disent, et qui met à profit leur fascination plus ou moins consciente pour les épreuves, le malheur, les larmes, et parfois la déchéance. Ce que savent, au reste, tous ceux qui tentent d'arracher une femme à son bourreau.

Tu n'auras pas fait exception, toi qui, à mes yeux – et je veux bien, encore une fois, que tu souries de ma fatuité d'homme ! – n'avais pas le droit de... déroger. À croire, oui, que tu n'as pas mesuré ce que tu allais mettre en jeu. Avec d'incalculables effets.

Irrémédiables, aussi, et c'est ici le lieu d'invoquer Lady Macbeth, car tous les parfums de l'Arabie ne purifieraient pas cette main qui enserre *son* sexe pour le porter à la bouche, ni cette chevelure qui chatoie sur *son* ventre... Attendu que c'est tout ton corps, au dedans, au dehors, qu'il faudrait dépurer, tu sens, j'espère, le peu de poids de l'Orient en l'affaire.

Penses-tu vraiment nous retrouver demain comme si de rien n'était ? Mais cette « intermittence » – qui n'est pas que du cœur – aura fait de notre durée, je l'ai dit, un temps révolu, cependant que la confiance qui nous portait s'est répandue comme la vague sur un seuil rocheux. Entre un passé naufragé et un avenir qui se dérobe, que pourrions-nous faire d'autre que d'errer dans un cimetière ?

Sans doute as-tu, comme beaucoup, considéré que « faire

l'amour » s'assimilait à rassasier sa faim, étancher sa soif ; et il est vrai que l'expression risque d'abuser. Elle accole à un sentiment l'acte le plus commun, aux sens innombrables mais dont pas un, ici, ne convient puisque ce faisant, on ne construit, produit, compose, instaure d'aucune façon l'amour. Les choses deviendraient plus claires si, à cette expression équivoque, et fâcheuse, on substituait le plus souvent, par simple honnêteté, celle de « contrefaire l'amour » !

M'aimant toujours, si je t'en crois, tu as engagé une peau, des membres, un bassin qui n'appartenaient qu'à l'amour et dont tu n'aurais pu disposer librement que s'il ne s'incarnait pas ; si l'une de ses dimensions, et non la moindre, n'était charnelle. Or, l'amour ne se cloisonne pas, malgré ce qu'en disent des voix intéressées. Il est un et indivisible ou il n'est pas. Il tire sa force, ses pouvoirs, de la cohésion de la chair et du cœur.

Aussi le seul climat qui lui agrée est-il l'intransigeance. Non par devoir, mais par une sorte d'évidence : l'être aimé efface ou relègue le reste de l'espèce ; qui pense posséder de l'or fait peu de cas du vermeil ; il n'est ici de degrés dans la compromission : ou le fort est intact, ou il est si peu que ce soit sapé, fissuré – et je ne donnerai pas cher de ses deux occupants.

J'entends bien que ce sont là des propos d'un autre temps. Nous nous sommes affranchis d'aussi déplorables préjugés sur la fidélité ! Ce à quoi je ne vois rien à redire s'il s'agit de l'une de ces innombrables contrefaçons de l'amour. Mais pour ce qui est de l'authentique… Je suis toujours étonné de voir des femmes qui rêvent de véritable amour ne pas s'alarmer d'un mari libéral, d'un amant tenté par le partage et l'échange.

Quel dommage que la jalousie qui, « éclairée », rassure l'autre sur le prix qu'on lui accorde, puisse être inquisitrice et torturante – le jaloux détruisant alors aussi sûrement son amour que le trop généreux ; car c'est un mot velouté que *jaloux*.

Mais *confiance* aussi, qui doit avoir la première place. Celle que je te donnais, il me semble qu'on la voyait dans tes yeux, et plus encore quand tu les fermais, ce qui te faisait ressembler à… un lingot d'or, précisément. Et j'aime que confiance et confidence aient même racine ; qu'en tous deux se perçoive l'épanchement autour d'un secret partagé.

Je l'avoue, la jalousie la plus mesquine a d'abord tout balayé, au point de songer à lacérer tes lettres, brûler ton image – te cravacher ! Le sentiment de l'irrémédiable m'a chaque fois retenu. La femme que j'aime me choisit, jour après jour, entre tous ? La terre n'a jamais si bien tourné sur son axe. Cette femme cesse, fût-ce pour partie, de me préférer ? Le mot de bannissement, celui d'exil, ploient mes lèvres. Une foule d'autres tels que jardin, été, royaume, rivage, pulpe et sommeil, contour et caresse, et jusqu'à celui de pain, sont frappés d'étrangeté ou paraissent tombés en désuétude : qui peut bien encore, de nos jours, en avoir l'usage ?

J'ai écrit ces pages que tu liras peut-être, comme on ferait un état des lieux après sinistre, nullement pour te donner mauvaise conscience, même si parfois le blâme y affleure. La cohérence du cœur et de la chair vous habite, par une sorte de grâce d'état ? La victoire de la fidélité est continue et quasi sans mérite. Cette cohérence vous déserte ? Il serait injuste qu'on vous en fît grief. Et absurde de croire que les reproches restaureront l'ordre ancien. Quel homme d'un peu de sens voudrait d'une reconquête obtenue par les supplications, par les larmes qui brouillent tout ? Aussi n'y aura-t-il pas entre nous de ces scènes qui laissent les acteurs sans voix. Malgré douleur et rage, je me suis d'emblée interdit d'influer sur ta conduite, de te torturer. Que cette… péripétie soit, du moins à tes yeux, une bonne fortune. Tu n'auras pas, de mon fait, ces regrets de l'occasion manquée si tenaces qu'ils ne vous quittent qu'avec le dernier souffle.

Puisque la tentation t'habitait, le reste n'était plus qu'une affaire de degré. C'est dès qu'elle apparaît que le monde s'inverse, que le couple est nié.

Or, qui redonnerait son intégrité à un vase fêlé, fût-ce « d'un coup d'éventail » ?

Fabien

II

– « Il m'a écrit !… Et longuement. Je savais bien qu'il n'était pas de ces hommes qui se raidissent, se renferment quand ils s'estiment offensés. D'un bloc, une statue qui vous rature de son impassibilité. »

Mais l'espoir – et quel élan d'amour me vint, en voyant tes feuillets ! – l'espoir a bientôt fait place à la consternation à mesure que j'avançais dans ton réquisitoire. Que tu as bien instruit mon procès ! (J'allais ajouter, avec ma tendresse admirative de toujours : « mon doux, mon terrible ami !… » – comme si je pouvais me le permettre !)

Je croirais assez que certains prévenus ont, à l'énoncé de leur condamnation, un pauvre sourire de soulagement, tel celui qui naît de la fin d'un malentendu, quand les choses prennent leurs strictes dimensions. On vient de tendre un miroir au coupable – qui sait donc enfin à quoi s'en tenir sur son compte. Et l'étrange paix qui l'envahit, à ne plus nourrir d'illusions sur lui !…

J'ai eu ce sourire. Et cette pensée aussi : « Ah ! que ne m'a-t-il plutôt cravachée à tour de bras ! J'aurais pu y voir une preuve d'amour, comme dans la gifle du père à son enfant quand celui-ci vient, par son imprudence, de se blesser. » Oui, tout plutôt que ces mots d'homme désappointé, ajustés avec un sang-froid qui me retire tout espoir, alors que l'injure, le désordre du propos, voire les coups, impliquent au moins la proximité. Et moi aussi, tu vois, je m'efforce de partir de là où ton dédain me relègue.

Je ne suis pas de ceux qui font appel. Je ne serai pas la pécheresse repentante qui supplie qu'on la garde. Le pardon des offenses m'a toujours paru illusoire, et je sais trop la mémoire des corps pour croire ici l'oubli possible. Ton front égal ne me rassurerait pas : « Il ne se peut qu'il n'y pense plus, puisque moi je m'en souviens toujours. » Et je n'ose imaginer nos futurs rapports. Le ver dans le fruit, exactement.

Ce n'est pas à toi seul, au reste, que je devrais dire : « Garde-moi ! », mais au logis entier. Je sens trop que le décor de notre vie a fait cause commune avec toi. Ne suis-je pas celle qui a préféré le mobilier quelconque d'une chambre d'hôtel ou d'une garçonnière à ce qui fut choisi, rassemblé, combiné, comme on s'entourerait d'alliés, de complices ? Aussi, j'en ai à présent conscience, est-ce bien plus qu'un homme que l'on trahit quand on abandonne le domicile conjugal.

Je n'espère pas rentrer en grâce : nous voilà, l'un et l'autre, bien trop lucides, également experts dans le maniement du scalpel. Ne vois donc pas, dans ce que je vais te dire, la moindre tentative pour me justifier.

Je ne crois pas avoir vécu, auprès de toi, au-dessus de mes moyens. J'ai le sentiment d'avoir souvent coïncidé avec l'image que tu te faisais de moi ; souvent tenu la « promesse » que tu avais vue en moi – qui ne me prisais guère. Mais c'était compter sans cette femme commune que j'hébergeais à mon insu, ou plutôt que ton regard sur moi tenait en lisières.

J'ai maintes fois été troublée par ta perception du féminin – que certaines craindraient, mais qui aura rendu si facile notre commerce ; par ta connaissance intuitive de notre espèce, qui te faisait percer à jour, et nous en riions, mes stratagèmes enfantins, les vrais mobiles de mes actes ou de mes réactions ; et que tu sois si bon lecteur me captivait : c'est quelque chose d'être comprise à demi-mot et, mieux, devancée ! Mais ce don de sympathie a des limites. Parce que nos ventres diffèrent, comme tu dis ? En fait, nos conditions sont si distinctes, que l'incompréhension est de règle – irréductible, je le crois.

Je ne sais si les laides renoncent tout à fait à plaire quand l'âge le leur prescrit, mais pour les autres, c'est un devoir auquel même les plus fières, les plus assurées de leur valeur propre, ne se dérobent pas. Sans doute ne croient-elles pas les hommes qui, par charité ou pour se consoler de leur choix, assurent goûter d'abord la beauté intérieure. Comme si un nez disgracieux, une denture ingrate, le plus léger strabisme, ne masquaient pas, chez une femme, les dons du cœur, les ressources de l'esprit ! (Des yeux louches les anéantissent !)

J'ai connu l'aisance désinvolte – mes cheveux la signifiaient – d'aller partout avec un visage lisse qu'on n'a pas à farder. Seulement à le vérifier, en passant, dans les glaces. Puis un jour, il faut s'en convaincre, ce pli, ce sillon que l'on croyait fugace, lié à l'air qu'on prenait, ne s'efface pas et le geste qu'on a pour retendre la peau, des doigts, vous en persuade : il est indélébile.

D'autres griffures suivent, qui affectent bien plus que l'épiderme – et, dès lors, nos rapports avec les miroirs se modifient. On esquive ceux-ci, de crainte qu'ils ne nous humilient, ou on se force à les interroger comme on débriderait une plaie – une brûlure au front, une saveur de défaite en la bouche.

Tes rides te vont bien, tu en retires un surcroît de personnalité. Jamais tu ne m'as paru plus stable sur la terre ; jamais tu ne m'as donné plus envie de m'en remettre à toi. Adolescente, les troncs un peu rugueux, aux profondes stries, m'attiraient bien plus que les lisses. Moi, il me semble que je dois sans cesse m'excuser des miennes auprès de toi : tu méritais que je garde le visage résolu, un rien farouche de nos débuts ; non que tu aies sous les yeux celui d'à présent où les contours ont perdu de leur intransigeance. Et puisqu'il est question de trahison, n'en est-ce pas une envers toi, majeure, que cette espèce de décantation à rebours qui fait, d'une eau limpide, une eau de plus en plus limoneuse ?

Tu crois me consoler en me parlant de visage plus attachant, plus émouvant, des signes que les jours y ont laissés, quand ceux des jeunes filles seraient obscurs, indéchiffrables. Et je pense alors que tu es un beau diseur qui me fait la charité. Où ai-je vu l'expression d'« état d'usage » ? Elle s'applique à tout mon corps, comme l'attestent au coin de l'œil, cet éventail de traits brefs qui, sur les cartes, signalent les points de vue remarquables (et toi, de m'assurer que tu y vois pétiller ma malice) ; ces empâtements des contours qui feront que, demain, quand tu seras un homme de poids, je serai simplement pesante, ce que diront aussi les coins de ma bouche.

Cessant de me plaire sans réserve, de me plaire sans y penser, j'ai commencé à douter de ta parole : ne voudrais-tu pas te convaincre toi-même, à protester de ton amour avec une telle constance ? Sans ce doute, je n'aurais pas écouté un instant cet autre qui me fit comprendre que je pouvais encore séduire, que je n'avais pas du prix qu'à tes yeux. Il me semble que ma peau en retrouvait de l'éclat, mes cheveux de la souplesse, que mes rides devenaient moins incisives. Les glaces me parurent plus bienveillantes ; somme toute, mon cou n'était que fripé, mes seins n'avaient pas tant fléchi, le léger bombement de mon ventre lui seyait, on pouvait ceindre ma taille sans trop arrondir le bras...

Pourquoi aurais-je désiré cet homme ? J'ai toujours eu avec toi mon saoûl de plaisir. Pourquoi même l'écouter, alors que son langage est commun, au point que, lorsqu'il parle, je crois t'entendre t'exclamer, et j'en ai honte : « Et tu te satisfais, toi, de ces pauvretés ? »

Il m'arrive de plus en plus souvent de le regarder avec tes yeux, tu sais – et de ne pas me comprendre. Comme si sa bonne volonté pouvait suppléer à ses manques ! Avec toi, j'oublie (n'est-ce pas curieux que je continue de parler au présent ?), j'oublie souvent que la vie est prosaïque ; avec lui, quasi jamais. Et il est vrai, comme tu l'as souligné avec ironie, qu'il ne sait pas plus me faire rire que rendre mon ventre béat.

Alors ? Seulement ceci, que même l'homme que tu es ne saurait comprendre : par lui, j'ai cru retrouver ce que tu ne pouvais me redonner – le climat des commencements de l'amour, quand, anxieuse, incrédule, ravie, on voit venir à soi un être dont on peut rêver et dont on se remémorera sans fin ce qu'il vous a dit, le moindre de ses gestes d'approche. J'ai cru revivre, étonnée du manque que j'en avais, cette effervescence de la jeune femme qui se dispose à l'Autre, tous ses sens mobilisés, presque douloureuse du trop-plein de bonté qu'elle recèle (comme une montée de lait, je pense) ; plus confiante, légère, vigoureuse, conquérante, d'être élue ; saisie de grands rires silencieux au milieu de ses dialogues imaginaires de couple accordé.

Et tu me diras qu'il y a bien de l'indécence à t'écrire cela, mais je le dois si je veux te faire au moins pressentir qu'une femme peut avoir une violente nostalgie de l'exaltation, de la griserie du premier amour partagé. De la vivante qu'elle fut alors.

Retrouver les élans, les émois de ses vingt ans avec une égale fraîcheur d'âme mais avivée, cette fois, par la conscience aiguë du prix de l'instant, en pleine possession de sa… capacité charnelle – que l'on va *éprouver* à neuf, en vierge qui aurait l'expérience des courtisanes (oui, je dépasse ici les bornes de l'inconvenance !) – c'est cela même que j'ai tenté.

Mais il est des magies qui ne se reproduisent que toutes circonstances réunies. Les glaces des chambres d'hôtel sont plus acerbes encore, comme si elles se vengeaient de devoir refléter tant de faux-semblants et de traîtrises ; de s'ombrer de tant de mauvaise conscience. (Je pourrais te parler de leur ironie, dans l'*après*, quand elles réfléchissent un ventre de femme décontenancé !) En un mot, les glaces ne me laissèrent pas oublier que je n'avais plus vingt ans, « persuade-t'en une fois pour toutes » ; partant, que ne s'ouvrait pas devant moi un estuaire : tout au plus un chenal vers une mer improbable.

Je t'ai dit, par bravade, que j'étais bien avec lui. Triomphe, je t'en donne le droit ! Là où tu es, et là seulement, est le terrier doublé de duvet, où nous frottions nos museaux l'un contre l'autre. Rond comme les corbeilles où se pelotonner, courbes à courbes. Le terrier, le refuge. Sans autre angle que celui du séjour où je me rencognais, genoux haut repliés, fesses nues sur la moquette, et d'où je te regardais, l'air candide, attendant ton malicieux : « Mais tu vas prendre froid ! » (Et cette pelisse, alors, que ta voix qui bronchait, altérée, quand ses paroles à lui ne me vêtent que de lambeaux !...)

– « Tu aurais pu t'en aviser avant ! » Je crois t'entendre. « Quand on vit dans l'opulence du cœur et de la peau, on s'en montre digne. » Je cesse de t'irriter : moi qui ne suis plus de nulle part, je vais partir. J'ai par chance un métier. Notre amie commune saura toujours te dire où je me trouve.

Est-ce qu'espérer, jour après jour, envers et contre tout, un signe de toi, ne sera pas une assez belle raison de survivre à celle que je fus ? Puisses-tu y voir une preuve de la fidélité qui, malgré les apparences, était en moi. »

Florence

Distance prise

« Tu sais combien je goûte peu les congrès ; mais j'ai vu, en celui-ci, l'occasion de prendre mes distances avec le couple que nous avons formé. On se tient au chevet d'un enfant malade ; quand le couple est atteint d'un mal pernicieux, la sagesse est de le considérer d'un peu loin.

Je n'ai pas oublié tes reproches. Ils te défiguraient et cela m'était insupportable comme à contempler une reproduction d'écorché. Je me suis tu, ce qui était t'exaspérer davantage. Non que je sois stoïque ou cynique pour jouer ainsi « le bel indifférent », mais je pouvais bien t'accorder la première manche. Où tu brillas : tu manies la langue, dans la vindicte, avec la science d'un maître escrimeur. Aussi, me suis-je tu, ne me sentant pas de force ! Comme je pense être meilleur avec la plume et que tu es une bonne lectrice, j'ai décidé qu'au lieu de me mêler à mes confrères quand, le dîner pris, ils s'égaillent en ville, je resterai ces quelques soirs à l'hôtel, dans ma chambre, à t'écrire. Sans illusions ? Par solidarité masculine : afin que celui qui me succédera dans ta vie soit un être comblé, tant tu auras fait ton profit de ce que je vais te dire.

Il y a ici beaucoup de femmes. D'âge. Qui se regroupent volontiers lors des pauses ; qui forment des tablées homogènes aux repas. Comment leur dire qu'elles devraient se mêler davantage aux hommes ? Qu'à s'agglutiner entre elles, leurs traits communs de caractère s'amplifient jusqu'à la caricature ? Que je ne puis les voir sans me souvenir de ce dîner, à l'étranger, pris non loin d'une fournée de touristes américaines dont chacune, à l'évidence, avait tué sous elle un ou plusieurs maris ? Et ne me réponds pas qu'une tablée d'hommes mûrs est repoussante, ce serait confirmer ce que je dis : chacun des sexes a tout à perdre à s'agréger entre soi.

Laissant mes voisins de table poursuivre les débats de l'aprèsmidi, je n'eus d'oreilles et d'yeux, tout à l'heure, que pour tes congénères assemblées. Et c'est bien de l'effroi que j'éprouvai à écouter un brouhaha de voix impatientes ou aigres, ou niaises, agressives surtout, comme si on n'en finissait pas de régler des comptes. Rien de solaire (une basse-cour peut l'être), mais, sous des coloris de kaléidoscope, tous les gris de plomb de l'acrimonie.

De l'effroi, oui, accru par la vue des corps d'où montaient ces voix et où l'on discernait sans peine ce qui devait au temps – quelques visages témoignant que même une femme peut s'en faire un allié –, et ce qui relevait d'un aveulissement de leur ligne interne, celle qui, gouvernant la nuque, leur donnait à seize ou vingt ans, un si beau port de tête. Et comme alors, avec la complicité du soleil et du vent, de leurs façons de se mouvoir ou de se tenir immobiles, d'une nudité distribuée avec rouerie, elles ont pu paraître détenir salut et sauvegarde, représenter pour nous refuge et… bannière !

Je n'en ai pas à celles chez qui les oripeaux de la beauté cachent une inguérissable difficulté d'être ; non plus à celles que le malheur, la maladie, le harassement, la pauvreté, ont tôt défaites :

maints corps se règlent sur une âme… efflanquée. Pas davantage à celles qui s'épanchent à la façon de l'écume ou d'une lourde nappe d'arôme, d'une source dans l'herbe – qui en bleuit… (Est-ce d'être loin de toi qui me rend lyrique ?) Car il est, je t'assure, des femmes auxquelles une chaleureuse générosité de regard, l'amplitude de l'esprit, donnent de belles franges. Avec cela, une crâne façon de faire la nique au sort : « Bien que femme, je suis heureuse, et ma peau, pour griffée qu'elle soit, prend également le soleil et la clarté des lampes ; ma peau et moi ne faisons qu'un. »

J'en ai à celles qui *se répandent* ! De la voix, et je ne crois pas que nous ayons de ces jappements aigus qui entendent dominer le clapotis des abois – pour publier l'inanité de l'intervenante. De leurs appas devenus amas, devinés ou débordants, dont nulle femelle du règne animal ne donne l'exemple. Et c'est d'abord affaire d'échine.

Quelle femme n'est flattée qu'on élève son rang social ? Mais que l'homme entreprenne de hisser sa compagne au-dessus de sa condition intellectuelle, et il risque fort d'être puni. Celles qui attendent de nous l'enrichissement de leur esprit, l'accroissement de leur savoir, ignorent que ce sont là des conquêtes intérieures, à conduire avec ténacité, quasi farouchement ; des conquêtes indéfinies qui réclament des vertus, des ressources dont elles sont souvent dépourvues.

Je croirais assez que beaucoup n'ont pas les moyens de leurs aspirations – on peut fort bien s'exalter à vide ! – de leurs nostalgies, dont celle d'un grand destin amoureux, érotique.

Et qu'elles ne nous le pardonnent pas.

Je les regardais, tout à l'heure. Avec le malaise que me donnent certaines gravures de Goya, de Daumier. Chacune, qui avait dû paraître singulière, unique, dans les pensées de quelques-uns, ciselée sur le ciel, dans leur regard – n'était plus que masse dans la masse… Mais non, il n'y avait pas de fatalité : celle-ci, cette autre, avaient gardé leurs contours – que le temps avait simplement estompés, comme le dessinateur, le pastelliste écrasent du doigt un trait pour lui donner plus de douceur ; pour, en l'érodant, lui permettre de mieux pactiser avec un espace rendu ainsi plus indulgent.

De leurs propos, seules quelques paroles me parvenaient. Écouter n'est pas le fort de ce genre de femmes et chacune, si elle l'eût osé, aurait bien imité certaine poétesse avertissant de la main les convives, le temps qu'elle buvait, qu'elle allait reprendre… Mais non, la logorrhée n'est pas davantage fatale : certaines se taisaient, loin retirées en elles-mêmes ; d'autres, présentes, se protégeaient d'un sourire – apitoyé ? ironique ? – du bruit de ressac de la tablée.

Le croiras-tu ? Par un pur hasard, ces silencieuses étaient souvent les mêmes qui n'avaient pas permis à leurs lignes de céder à l'emphase ; à leurs chairs de se complaire dans la bouffissure. À leurs atours et chamarrures, de proclamer leur mauvais goût.

Sans doute n'y a-t-il pas plus de jeunes hommes que de jeunes filles pour prendre pour devise : « Je maintiendrai », et tâcher de l'honorer leur vie durant. L'élégance de l'esprit, du cœur, nous est aussi chichement départie qu'à vous. Il se trouve seulement – tiens ceci pour un hommage à la femme – que ce que vous trahissez passe de loin nos infidélités à nous-même, à celui que vous avez aimé. Comme si, nées femmes, vous n'aviez pas le droit de déroger. Et voilà bien un langage d'un autre temps, qui en indignerait plus d'une. Il ne fut jamais plus actuel, à présent que vous vous êtes approprié tous nos défauts, vices compris – comme autant de trophées dont vous enorgueillir.

Il n'y a pas, dans un couple, que l'infidélité déclarée. N'est pas moins grave celle qui, jour après jour, fait insidieusement de l'un, de l'une, un être que l'autre n'eût jamais choisi. Si bien que la seule petite annonce qu'un homme sensé à qui pèse la solitude doive aujourd'hui passer est celle-ci : « Cherche femme qui ne trahisse pas son état. » (Je n'exclus pas de le faire : pour la saveur des réponses !)

Ne vois, bien sûr, dans ce qui précède, qu'un effet de mon déplorable penchant à généraliser. Je l'ai écrit, certain que tu ne te reconnaîtras pas dans ces esquisses ; non plus d'ailleurs que dans le mot de Renan que l'un de mes collègues, des plus éminents, me rapportait tantôt : « Il y a une chose que la femme ne pardonne jamais, c'est que l'on fasse sa vie hors d'elle. »

Il entendait par là, je pense, qu'il n'est guère de découvertes majeures, d'ouvrages de l'esprit ou de la main dignes de mémoire, qui ne se soient faits *contre* une femme. Mais tu n'es pas de celles qui voient une rivale dans l'œuvre en cours. De celles qu'exaspère le noyau de solitude où cette dure maîtresse enferme le créateur ; de cette île où il se tient avec elle – pour quelles noces éprouvantes, fastueuses ! – et dont on n'apercevra jamais que le rivage. Tu n'es pas, non, de ces femmes qui, faute alors de l'emporter, instillent en l'Autre la mauvaise conscience ; les velléitaires s'y montrant les plus habiles. De fait, comment peut-on balancer un instant entre une créature tangible, ardente, et un… dessein ? C'est ne pas vivre, et moi je suis vivante – et je m'ennuie ! Ah ! l'homme est bien cet enfant qu'on m'avait dit, et celui que voilà est, de plus, chimérique. Il est égoïste, il a le cœur sec. Il ne me comprend pas.

Ainsi maugréent, je crois, les femmes-sables-mouvants. Ce que tu n'es pas, assurément ! Si bien que je ne vois rien à te reprocher. Ou si peu…

Il faut, dit-on, s'estimer soi-même pour aimer les autres. Tu fais grand cas de ta personne. Sont donc heureux ceux qui ont affaire à toi ; et d'autant plus aises, que tu pratiques avec maestria le « qui aime bien, châtie bien ». Je me souviens d'un voyage en voiture où, dès le départ, moi t'écoutant sans t'interrompre, le ban et l'arrière-ban de tes connaissances firent les frais de ton esprit de critique. Avec une mordacité de graveur à l'eau-forte. Ayant eu l'imprudence, au bout d'une heure et demie, de hasarder que… nous pourrions peut-être parler d'autre chose, et bien que je n'aie pas omis le « peut-être », une furie prit ta place, qui eut à cœur de gâcher le voyage, retour compris.

Tu es bien trop occupée de toi pour t'être avisée que, depuis longtemps, je n'ai plus de problèmes – afin de laisser le champ libre aux tiens, d'une autre importance. Que je ne parle plus que de choses anodines, impersonnelles, sans la moindre aspérité. Te rapporter ce qui me captive, ce qui m'a retenu, touché ? Ta politesse impatiente affadit, dénature d'un coup ce à quoi j'attachais du prix et, furieux contre moi de m'être découvert, je ne songe plus qu'à m'excuser de t'avoir interrompue.

Pas davantage n'as-tu remarqué que je ne te demande plus aucun service. Te donnait-il une occasion d'aller dans les magasins ? J'avais aussitôt satisfaction ; mais voilà bien deux ans que je t'ai priée de classer des papiers. T'en faire souvenir me vaudrait un péremptoire : « Si-tu-crois-que-j'ai-eu-le-temps ! » propre à me persuader de l'incongruité, de l'outrecuidance de ce rappel, et je t'accorde que lire les livres-dont-on-parle est plus urgent.

Une chose me rassure : toi qui te vantes d'être à l'écoute de chacun, tu sembles enfin consciente des dangers de l'altruisme : « J'en ai assez, as-tu dit l'autre jour, d'être ce que les autres veulent que je sois. J'ai décidé de ne plus m'occuper que de moi. »

Et me voilà tout attendri de te voir ainsi violenter ta nature.

Tout homme sait que l'amour est la grande affaire des femmes, le domaine où elles excellent et nous en remontrent.

Tu m'auras prouvé qu'une amoureuse proclamée peut ignorer quasi continûment la lenteur des paroles, les silences où on les regarde gagner un cœur, la langueur dans les gestes (et qu'il y a donc, soudaines, des lassitudes heureuses !) en un mot, l'abandon. Tu aimes avec pugnacité, sans jamais baisser ta garde et ce n'est certes pas toi qui aurais écrit : « Tendresse est tendance à se livrer en toute faiblesse à la douceur d'être faible. »

Ta jalousie jusqu'ici infondée te dicte des questions qui se veulent autant de pièges – que j'évente assez bien, à présent, mais au prix de la spontanéité dans nos échanges : je suis aimé d'un être à l'affût ! Cependant que ton inaltérable sang-froid te fournit en justifications cinglantes à peine relève-t-on l'un de tes manquements à l'amour, précisément. Et j'ai encore dans l'oreille, à cet égard, ta déclaration – princière : « En amour, j'ai tendance à m'occuper des grandes choses et à négliger les petites. » Ce qui me laissa tout confus d'être de ces cœurs bornés qui sont sensibles aux preuves.

Tu t'aimes tant, dans les jeux de l'amour, que je... m'excuse toujours à part moi de la caresse qu'il t'arrive de me concéder. Par devoir. (Crois-tu qu'une peau s'y trompe ?) Je n'ai pas appris dans les livres ce qui réjouit un corps de femme, tenant que c'est affaire d'inventivité, de constance et de foucades, d'humeur buissonnière, et toujours d'écoute d'un souffle. Affaire, qui sait ? d'amour.

Ce m'est un grand mystère, je t'assure, de voir que, par une étrange disgrâce, tu saches coudre et broder, te bâtir une robe, composer un harmonieux tableau fait de chutes de tissus, assembler une mosaïque, pétrir la pâte avec alacrité, donner en trois gestes un regard circulaire à une brassée de genêts ou de roses trémières – et que tes mains aient toujours été, dans l'amour, comme frappées d'apathie, ou si dénuées d'esprit quand tu les arraches à leur hébétude. Pour un instant et au hasard, car on ne saurait attendre d'elles visée, continuité, et moins encore ingéniosité. Et je crois voir quelqu'un faire à mon corps, du plus loin, un signe furtif d'adieu, sa main retombant, inerte, exténuée par l'effort. (Préfères-tu, comme image, le petit sursaut qu'a parfois la feuille morte, quand elle touche le sol ?)

Je te fais remarquer que tes ongles sont effilés. Feins-tu de ne pas comprendre ? La justification vient, immédiate, irréfutable : « C'est parce que je les taille ainsi. » Et je me dis que bien sot est celui qui, *avant*, s'assure sur sa joue, ses lèvres, que les siens ne risquent pas d'égratigner ! Ainsi, il est des femmes qui vous font craindre les rares caresses qu'elles vous dispensent ? Mais oui, et à regarder les mains de certaines, on augure sans peine quelles amantes elles sont.

Ajouterai-je en passant combien je fus heureux d'apprendre, au temps où nous ne vivions pas ensemble, que tu avais fait de grands progrès dans l'art de te donner du plaisir ? Preuve que tu as, s'agissant de toi, de… l'esprit jusqu'au bout des ongles.

Tu es de première force au fleuret – démoucheté s'entend – au point que la parade précède l'attaque présumée. La pensée d'être prise en défaut t'est si insupportable, qu'à peine commencé-je une phrase anodine, que sans savoir ce que j'allais dire, tu m'interromps par une charge incongrue mais dont la promptitude laisse pantois.

Que je les connais, ces jours où, regard dense, tu es, dès le lever, sur le pied de guerre ; où le moindre mot donne lieu à une escarmouche ; où prendre un ton conciliant te paraîtrait un aveu de faiblesse !… T'avouerai-je qu'il m'arrive d'admirer, d'envier ton génie des répliques, jamais plus haut que dans la mauvaise foi ? Je voudrais pouvoir t'égaler dans tes ressources – une parole brève et ciselée ; dans ta combativité – et il est plaisant de t'entendre dire : « Je suis lasse de me battre », quand tout t'est prétexte à rouvrir les hostilités et à te lancer dans une diatribe à la fois irrépressible et conduite avec un sens aigu des coups portés. De la scène de ménage considérée comme un jeu d'adresse. C'est pourquoi je te vois assez en aimable Cheyenne plantant à la volée des couteaux autour de la tête d'un captif attaché à un tronc d'arbre.

« J'ai tant besoin de toi… » Certes, on ne saurait m'aimer plus que tu m'aimes. Mais mieux – qui sait ? La grande faiblesse des femmes de ta sorte est de penser que toutes leurs congénères leur ressemblent. Elles tiennent pour invention de poète, de romancier, une femme chaleureuse, bienveillante sans fadeur, attentive sans rien qui pèse, et qui ne croit pas abdiquer sa dignité quand elle fait amende honorable. Qu'une telle créature soit rare, il se peut ; mais il suffit qu'elle existe, pour qu'il y ait encore… des saisons à savourer.

« Je suis aride » as-tu reconnu un jour, à ma grande surprise. Le propre du désert est de s'étendre. Je ne le laisserai pas me gagner. Au demeurant, que peux-tu bien aimer en moi si, du meilleur, tu ne te soucies ? Quelle raison as-tu de me préférer ? S'il te faut, comme aux chats, une matière tendre pour y faire tes griffes, le moindre de mes semblables y suffira. Mais je ne serai plus celui qu'on lacère avec une sourde allégresse. Prends s'il te plaît tes dispositions en conséquence ainsi que je prendrai les miennes dès mon retour. Et considère ma décision comme définitive, quel qu'en doive être pour moi le prix.

Ô Solitude ! (j'écouterai tout à l'heure Purcell que je pris avec moi) je ne parviens pas à redouter ton nom parce que je te choisis et que je t'ai tant de fois invoquée, appelée… Et me voici tel l'enfant qui, voyant enfin à sa portée un présent convoité, se sent tout interdit ; et sa joie s'en trouve *aggravée* ainsi que l'est un haut nuage cotonneux, de l'ombre de beau temps qui le soutient.

Tu revêts bien des formes. De toi, je ne sais plus, depuis longtemps, que la plus pervertie, la plus stérile, quand le moi, déconcerté par l'incompréhension, assiégé par le soupçon, se ramasse en un ultime réduit. Après avoir instruit à charge, on le cite à comparaître, on le somme de se justifier ; et voilà – de qui parle-t-on ? – qu'il ne se reconnaît pas, mais qu'atterré par tant de griefs, il doute de n'être pas celui qu'on accuse : le réquisitoire est si bien articulé, les charges si monstrueuses !... Et tu n'es plus alors, solitude, que ce for intérieur battu de questions insidieuses, de commentaires indignés portant condamnation.

Mais l'enfant que je fus, à la maîtresse fourche de son arbre, l'adolescent que je fus, qui demandait aux poètes de lui donner des *yeux fertiles*, l'homme même qui tôt rêva d'une île petite et ronde et basse, n'ont pas oublié comme tu peux être vaste et libre, et quelle souveraineté tu confères, à qui t'élit.

Et non moins le savent le marin, quand, d'un cercle pur d'empâtements, tu afflues vers lui à la vitesse de cette clarté que tu portes en toi ; l'homme des sommets quand son pied ne trouve plus à gravir et qu'il se tient en styliste au milieu d'une mer écumeuse de névés, de glaciers... Cet autre encore, proie d'un rucher d'étoiles, occupé à repousser les limites de l'immense. Ou ce dernier berger d'alpage, sa garde de mélèzes à distance, comme un autre Darius ; son bâton pour sceptre.

Je n'omettrai pas le créateur.

Tu revêts maintes formes, mais tu rayonnes en toute œuvre féconde, nous tenant à distance, nous intimant silence, nous rappelant de quel climat – de recueillement, d'oraison – sa singularité procède. Et que m'importe l'ouvrage où je ne vois briller le solitaire du joaillier ?

Ô solitude !... (et j'entends en écho, qui riment richement : ô plénitude ! – et altitude !) je hanterai les lieux où tu miroites comme le maërl au reflux : une clairière en forêt touffue ; une rive de lac dont le limon éloigne l'homme ; le lit d'un vent en crue.

Je te reconnaîtrai en toute chose que tu sertis : l'ultime feuille de l'arbre ; la croix hosannière des carrefours ; une toile d'épeire que rehausse le grènetis de la rosée ; le galet un instant captif d'une paume (et celle-ci s'en fortifie) ; le fanal dans la nuit ; la buse en chasse qui se fait, avant de fondre, la clé de voûte du ciel…

Je renouerai avec « le grand célibataire », ce « vieil Océan » auréolé de sa rumeur de grèves que l'on crible, de plages que l'on vanne. Je sais un rivage rectiligne où se transpercer indéfiniment de cette pointe de flèche qui luit au point de convergence de la terre et de l'eau. Et j'aimerai cette blessure, car il ne se peut que ne vienne vers moi, détentrice du baume – plus haut son front, de l'abaissement des lignes ; plus longue sa chevelure, de la brise qui s'en joue ; plus déliées ses jambes, de fouler un sable pur –

une femme.

Seule comme le sel sur nos lèvres,

et dont, par la vertu de ce lieu qui flambe d'élancements, qui n'admet d'autres criailleries que celles des mouettes,

tu te porteras garant, ô Solitude ! »

Thibaut

D'UN JOURNAL

COMMENT en sommes-nous arrivés là ?

J'ai rouvert mon journal d'adolescente, abandonné dans le temps où j'allais épouser Pierre. Continuer à le tenir m'avait paru inutile, peu loyal, même : pouvais-je avoir un autre confident que l'homme que j'aimais ? Comme nous nous parlerions ! Un dialogue, un commerce continus, une mutuelle écoute, l'accord allant de soi entre gens d'égale bonne volonté.

À relire mes dernières pages, j'ai presque envie de rire de ma naïveté. J'ai vraiment pu écrire des niaiseries comme : « Tant qu'il me restera un souffle, ma vie sera pour lui » ; « Notre bonheur est de taille à résister à tout » ; « Que vienne le temps où tout lui sera consacré » ; « Ah ! que deux jours de vie commune font désirer toute une vie ensemble » ? (Je le recopie pour ma confusion. Si je suis un jour sans ressources, j'écrirai des romans roses !)

Je refusais les existences parallèles puis divergentes de mes parents. C'est *ensemble* que Pierre et moi vivrions, dans un… chatoiement sous-jacent. À lui, je livrerai le plus intime sans craindre son ironie ou son incompréhension. La fille non attendue qui avait dû, à tout propos, s'excuser d'être née allait, par lui, trouver sa justification, sa nécessité. Quelle meilleure raison de vivre que d'être – il vous l'a dit ! – la chance de quelqu'un ? Aussi allai-je à lui humble de mes manques (tout en augurant la fierté qu'il aurait à les combler) ; glorieuse de son regard sur moi, flattée de son désir.

Lui saurait déceler, mettre au jour, ce que l'incuriosité, le dédain avaient jusqu'ici étouffé – et par quoi je valais. Primesaut, fougueuse confiance, loyauté native, sensualité qui attendait qu'on la débride, autant d'atouts, pensais-je, face au travail de sape du quotidien.

Quand les choses commencèrent-elles à se dégrader ? Quand nos différences devinrent-elles non plus richesse commune mais source de conflits ? Je me souviens seulement d'avoir été alertée, un jour, et comme saisie, par une impatience dans le ton, un rien d'âpreté, qui me parurent sans motif mais me laissaient entendre que j'avais dit ou fait quelque énormité. Puis il y eut des étonnements scandalisés : « Mais pourquoi fais-tu ça ? » ; « Pourquoi es-tu ainsi ? » ; « Te rends-tu compte de ce que tu viens de dire ? » Et je connus la condescendance de qui vous assigne le statut de l'enfant, ou de l'idiote. Une sorte de brisure se fit en moi : « Sur quel ton il me parle ! Comment peut-il concilier cela avec l'amour ? Mais s'il me juge, me condamne, il s'est donc placé hors de *nous* ? » Et c'est ainsi que prennent fin les rêves de fusion, de regards accordés.

Les dissonances dans l'ordre du cœur devinrent plus fréquentes, plus flagrantes, soit que j'aie voulu marquer d'une fantaisie un anniversaire dans notre histoire d'amoureux, et qu'ayant oublié, il l'ait accueillie avec étonnement ou d'un mot dérisoire, en la taxant de sentimentalisme, soit qu'une de mes attentions à son égard fasse long feu. Et moi, chaque fois, de me répéter : « Il n'a pas compris, *lui*, ce que j'y mettais d'amour !… » Ce n'étaient que des riens, mais qui agissaient en révélateur. Se dissociant de moi, il me forçait à le voir, à convenir que je l'avais idéalisé ; que je vivais avec un autre, déroutant, décevant.

Admettre qu'on s'est trompée, que le dieu est faillible, non exempt de petitesses, cela prend du temps, mais une fois la lucidité en place, ses progrès sont effrayants. Je pus bientôt prévoir la moindre de ses réactions, ce qu'il allait dire au mot près dans toutes les circonstances de la vie. En d'autres termes, je n'ai plus cessé de le… vérifier.

Je devrais bien relire *De l'Amour* – qui m'avait un peu ennuyée, ce qu'il tiendrait pour une nouvelle preuve de la futilité de mon esprit ! Au chapitre de la « cristallisation », tant j'ai vu, comme à rebours, se composer, touche par touche, un portrait d'égoïste accompli.

Égoïstes, certes nous le sommes et je me surprends parfois à m'interroger sur le bien-fondé de ses reproches, mais que penser de celui qui, partageant votre vie, est frappé de cécité devant les besognes domestiques ? Pour qui le logis est aussi *naturellement* net et ordonné, le linge propre et repassé, les mets – cuits à point ! – sur la table, que l'arbre est vert et le ciel bleu ? Par une sorte de grâce d'état. Ce qui l'autorise à accroître votre tâche par sa négligence, son désordre. Ou en amenant à l'improviste ses amis à dîner, quand vous aspiriez à une heure d'intimité. Que penser, oui, de celui qui vous impose ses distractions à longueur de soirées, de dimanches, de vacances ? Qui ne comprend pas qu'ayant couru tout le jour et se retrouvant au soir tiraillée, fanée, rompue, on réponde mal à ses avances ?

Tant de sereine indifférence à ce qui n'est pas *lui* vous laisse sans voix. Mieux, le type est si achevé que, pour un peu, il forcerait l'admiration ! *Lui*, ses soucis, ses petits maux sans cesse mis en avant, exhalés dans un registre pathétique afin de s'attirer la compassion ou pouvoir dénoncer votre insensibilité, votre détachement ; *lui* qui a vocation d'être servi sur-le-champ, exactement comme il l'entend, sous peine pour vous d'essuyer un sermon sur votre négligence, votre distraction ou votre sottise, et le peu d'intérêt que vous lui portez, et le gouffre qui, en fait d'attentions et de capacités, vous sépare de sa mère. *Lui*, sa parole, ses convictions, ses animosités, ses engouements qu'il est sage de partager, à moins qu'on ne se réfugie dans une prudente réserve – ce qui vous vaut de passer pour futile ou béotienne. De préférence devant les invités.

Car l'indélicatesse s'ajoute à la tyrannie. On finit par s'habituer à l'ironie quotidienne, aux épaules qui se lèvent et retombent d'accablement, à la tête que la commisération fait hocher avec insistance. Mais je ne lui pardonne pas de souligner mes naïvetés ou mes lacunes devant nos relations ; de leur conter, d'un air avantageux, mes bévues, mes petites faiblesses, mes peurs irraisonnées ; d'égayer un dîner entre amis en divulguant des aspects de notre intimité, des anecdotes tirées de notre passé d'amoureux, à croire qu'il n'y voit pas, comme moi, autant de trahisons... Et je lui pardonne moins encore de se mettre en frais, en ma présence, pour toutes les femmes séduisantes qu'il approche. Plus que de la jalousie, c'est de la gêne que j'éprouve alors devant sa parade, ses manœuvres puériles. Je ne lui pardonne pas de se rendre ridicule et de me faire pitié.

J'ai parfois tenté de lui dire que tout cela me peinait, mais en si pure perte, que j'ai bientôt pris le parti de me taire. Et dire – ce journal en témoigne – que j'ai pu rêver de silences occupés à se regarder s'absorber l'un l'autre ; le proche réel s'en trouvant rejeté au plus loin ainsi qu'une toute petite île repousse à l'extrême l'horizon marin – et l'on eût été cette île même, culminante de son abaissement.

À regarder vivre d'autres couples, j'ai pris conscience que

cette espèce d'homme était commune. Cent fois je fus tentée d'interrompre un faraud qui pérorait de soi : « Vous croyez nous charmer ? Je n'entends que votre compagne, en retrait – en pénitence ? – pour laquelle vous n'avez pas un regard, et c'est dommage ; son sourire indulgent signifie : "Il est bien reposant de s'en remettre à celui qui croit détenir en tout le vrai, le juste, et vous le fait savoir..."

« Or, aux quelques remarques qu'elle a tout à l'heure hasardées en s'excusant, pendant que vous repreniez haleine, j'ai mesuré quelle réserve de finesse d'esprit, de bon sens et d'humour, vous aviez auprès de vous. Dont vous ne vous êtes jamais avisé, sinon vous ne plastronneriez de la sorte. Faut-il que vous soyez pénétré de votre importance, pour être insensible au chatoiement de sa voix, à sa pertinence, à la fougueuse générosité qui s'y réprime pour ne pas vous faire d'ombre !... Oui, la mésalliance apparaît innombrable à qui possède un peu d'oreille. »

Je n'ai plus retrouvé, dans la vie commune, de ces silences où, bien que délicieusement recrus d'évidence, on se contemple par un reste d'incrédulité : « Mais oui, nous nous sommes trouvés ! Et comme nous nous ajustons bien : à ne pas distinguer la suture !... »

C'est très tôt, me semble-t-il, que je m'étonnai : cela s'épuise donc, un être humain ? Et si vite ? Je le croyais riche, inattendu, et voilà que déjà j'en ai fait le tour, et qu'il a d'autant moins à m'apprendre qu'il se veut en tout définitif. Le voilà, oui, éventé, et qui ne cherche même plus à donner le change, vous imposant sans gêne sa banalité, ses petitesses et l'ennui qu'il sécrète.

Pourquoi se parlerait-on puisque tout est su ou prévisible, et qu'il serait vain de demander : « Étonne-moi ! » ? Hier, les silences qui ajouraient nos rendez-vous disaient l'essoufflement de la langue devant la profusion du moment. Ils naissent à présent d'une parole étiolée, détimbrée à force de n'avoir plus cours ni même de sens. Une parole pour l'humeur, la stricte subsistance ; aussi distante, extérieure que celle du journal, de l'émission qu'il écoute pendant que je suis à l'évier.

À moins que j'aie droit au silence délibéré, inexplicable, souligné de portes qui claquent afin que nul n'en ignore. Le visage est d'incompris, de martyr, de seigneur outragé ; le regard vous évite, vous rature. Comme ce silence vous met en accusation et qu'à vos timides : « Qu'as-tu ? », la seule réponse qu'on obtienne est « Rien », on s'interroge, l'estomac noué : « Qu'ai-je encore bien pu faire, oublier ? Que rumine-t-il ? » Et vous voilà en train de supputer ce qui pourrait justifier tant de mépris. L'air se fait épais, opaque ; la peau s'asphyxie ; la vie coagule. Les dernières saveurs s'évanouissent. Le mur partout se dresse, immédiat. Ou plutôt le couple est pris dans le silence comme on l'est dans les glaces, ou le béton. Chaque geste, chaque inspiration, vous coûtent l'un de ces efforts insurmontables auxquels certains cauchemars condamnent vos membres de laine.

Oui, de quoi m'en veut-il, au juste ? De quelle négligence ? À moins que le grief ne soit qu'un prétexte et qu'il me fasse payer mon refus de lui tendre encore et toujours un miroir complaisant. C'est bien là l'exaspération – qui ne peut s'avouer – de celui qui se sait désormais percé à jour, dans ses petites lâchetés, ses hypocrisies, ses contradictions. Une faute impardonnable à ses yeux, comme de ne pas rire à ses éternelles bonnes histoires, ou de le regarder, figée, impassible, fanfaronner devant ses amis.

Dans le conflit de l'amour et de l'amour-propre, j'ai longtemps fait triompher le premier. Mais on se lasse à la fin de s'abaisser pour sauvegarder l'amour, de se tenir pour coupable alors même que l'on n'a rien à se reprocher. Vient un temps où, sachant la partie perdue, on n'a plus envie de hasarder le moindre mot ; où se montrer conciliante n'aurait d'autre effet que d'affermir l'autre dans le sentiment de son bon droit. Alors, à la massive agression du silence buté, on oppose le rempart d'un silence aussi compact, et d'une égale violence. Refusant le procès permanent qui m'est fait, récusant son jugement, j'accuse la distance qu'il a mise entre nous, j'échappe à ses prises. Je m'érige en citadelle où je me rassemble, me retrouve, résolue, intacte.

La pétrification peut se prolonger longtemps. Certaines ne s'achèvent qu'avec la mort. Et cela donne ces vies... communes, passées à s'épier tangentiellement, en s'évitant du regard, afin de nourrir les monologues intérieurs pleins de féroce acrimonie qui se dévident à longueur de veille et d'insomnies en charriant de soudains désirs de meurtre. Ce ne peut être que par une fascination réciproque, j'imagine, que deux êtres, captifs l'un de l'autre, se maintiennent ainsi sous haute surveillance, dans un lieu clos où la haine se déploie « en abyme »...

J'ai dit non à cette perspective et aux scènes qui se multipliaient. Car le silence, qu'il soit d'humeur ou de représailles, n'exprime pas encore assez clairement le mépris qu'on a de l'Autre, ou bien la tension est si forte que la citadelle explose. Pour un motif futile, le plus souvent. Et toujours me stupéfia la disproportion entre les causes et les développements d'une altercation, preuve qu'on saisit au vol le moindre incident pour régler ses comptes.

Ah ! on en contenait des reproches, depuis des jours et des jours ! La digue rompue, un torrent de boue se déverse où vous reconnaissez, pêle-mêle, les cadavres de votre famille et de vos amis propres, les livres et les journaux que vous lisez, aussi bien que le tube de pâte dentifrice que vous ne saurez jamais utiliser de façon rationnelle. Tout y passe et l'on ne vous fait grâce de rien. Appelées en renfort, orchestrées, les scènes précédentes s'intègrent au réquisitoire en cours et le tout dévale en avalanche. Des griefs cent fois ressassés resurgissent mais rassemblés, organisés en vue d'une démonstration irréfutable, d'un jugement sans appel. Les mobiles les plus mesquins vous sont imputés, le procès d'intention va de soi.

Ne vous console guère la pensée que les vrais mobiles de ce déchaînement viennent de loin ou d'ailleurs ; qu'il faut voir dans tant de violence l'expression de très anciens conflits, de frustrations bien antérieures à la vie commune, d'amertumes engendrées par la société ou le métier, de la « difficulté d'être », en un mot... L'effarement, l'effondrement vous gagnent à découvrir la précision et l'étendue de sa mémoire. « Il se souvient encore de cela !... Ainsi, il a cru que... Maintenant je comprends pourquoi pendant plusieurs jours... Comment a-t-il pu se méprendre à ce point ? Mais ne n'est pas vrai, pas vrai !... » Il n'a rien oublié, non, mais dans cette comptabilité acharnée, démente, je ne reconnais pas ce qu'il invoque, tant les faits sont sollicités, gauchis, amplifiés, transfigurés jusqu'au surréel. Il n'a rien oublié, sauf la douceur, la bonne volonté, sauf ce qui pourrait être porté à mon crédit.

Pour être franche, je ne demeure pas en reste. Moi non plus, je m'en avise à mesure que se déroule la scène, je n'ai rien oublié. Je me découvre même des blessures auxquelles je n'avais pas pris garde sur le moment, comme une lame parfois vous pénètre sans douleur. Et je fais front et je rends coup pour coup et ne fais pas de quartiers. Ah ! comme on se déchire efficacement quand on se connaît ! Comme on a l'instinct – doublé d'ingéniosité – de ce qui peut le mieux ravager, désespérer !... Une mise à nu, une mise à mort. Il n'est que de voir son visage. « Si tu savais comme je peux te détester... » Il n'a pas besoin de me le dire. « ...Et le nombre de fois où j'ai voulu te tuer !... » Mais croit-il que, sans la peur de la justice, il serait lui-même encore en vie ? Moi aussi j'ai échafaudé des plans, j'ai rêvé du crime parfait. D'ailleurs, n'est-ce pas un meurtre que nous commettons à cette heure ? Celui de l'Autre et plus encore celui du couple. À coup de menaces et d'injures, dans la dureté cinglante et la vulgarité.

Qu'en est-il de celui que j'aimai ? La révélation de son plus vrai visage me consterne plus encore qu'elle ne m'effraie, même s'il est éprouvant de se dire qu'on vit, qu'on dort au côté d'un assassin en puissance. Ainsi, sous des apparences policées, il cachait un caractère implacable, un fond de brutalité – et il est trop visible qu'il se retient à quatre de m'envoyer une gifle à toute volée. Sans doute sait-il ne pouvoir compter avec moi sur le silence, la passivité des femmes battues qui se taisent par « honte », pour sauver les apparences ; ni sur leur stupeur qui leur fait dire : « Je ne le reconnais plus ; je suis sûre qu'il ne veut pas ce qu'il fait » ; et ni sur leur peur des représailles dont il les menace, elles et leurs enfants…

Mais lui aussi, sûrement, s'étonne d'avoir pu aimer ce visage convulsé, vipérin, que je lui oppose, et ces yeux où se combattent l'appétit de meurtre, le mépris, et une insultante pitié. Lui aussi se demande, à entendre cette harengère, s'il n'a pas imaginé de toutes pièces la douce créature de nos commencements.

Le propre d'une vraie scène est l'espèce d'ivresse de destruction qui peu à peu vous gagne ; le besoin d'atteindre au point de non-retour, et l'on se voit parfaitement alors prononcer des paroles inexpiables : « Je ne t'ai jamais aimé. Tu pensais, dans ta vanité de mâle, me donner du plaisir : j'ai toujours fait semblant… » Des paroles qu'on ne peut s'empêcher de dire, tout en en mesurant le pouvoir et les ravages.

À vivre dans le non-dit, les apparences restent sauves. Avec les mots, les sentiments précipitent, se solidifient en pierres coupantes que chacun aura désormais sous les yeux. *Lui* pourra bien, le soir, feindre d'avoir oublié et vous demander de faire l'amour (je ne comprendrai jamais les hommes !) ; vous savez, comme il le sait, le couple mortellement atteint. Il faudrait moins d'orgueil – à jamais blessé – que nous n'en avons pour examiner ensemble, avec équité, comment nous en sommes arrivés à cette démence.

Et, les causes reconnues, pour entreprendre chacun sa conversion. Encore devrait-on toujours craindre un réveil des vieilles rancunes, une seule allusion ruinant d'un coup l'édifice à grand-peine restauré.

Pourtant, une fois que la lutte – à l'arme blanche ! – vous a laissée dégrisée, exténuée, et que vous considérez, un peu hagarde, les décombres, des questions, des étonnements vous viennent, comme si l'être profond, envisageant un avenir encore sans visage, entendait au moins tirer les leçons de l'échec.

Ce fut entre nous une attirance immédiate. La certitude d'avoir trouvé notre exacte moitié nous habitait ; chacun se sentait parachevé par l'autre. Que s'est-il donc passé pour que l'enchantement ait si vite pris fin ? Avions-nous trop fait confiance à l'adhésion, en aveugle, des corps ? Sans doute, puisque lui qui me glace à présent, je l'ai désiré, même si cela me paraît aujourd'hui inconcevable. Celui qui nous entendrait nous jeter à la figure tares et carences, sacrifices et vies manquées, se demanderait comment nous avons été d'abord heureux, quelque peine que j'aie à m'en souvenir.

Alors ? Alors j'entends d'ici s'exprimer les soupçons : – « S'est-elle montrée assez patiente et douce et souple et indulgente ? A-t-elle su lui parler, le comprendre ? N'attendait-elle pas trop de l'amour, et de l'Autre ?... » Mais je refuse de me considérer comme seule responsable. Qui peut se vanter de connaître quelqu'un tant qu'il ne l'a pas vu dans les trivialités de la vie commune quand, le masque ôté, privé de la considération dont il jouit au dehors, il n'est plus que lui-même ? C'est alors qu'on mesure tout ce qu'il reste d'enfant dans un homme. Je ne dis pas d'enfance, mais du petit garçon qu'il fut de l'aveu de sa mère : exigeant, impatient, coléreux, puéril, imbu de son sexe... – et qui entend plus ou moins recréer avec vous la relation despotique qu'il avait avec elle.

Or, je n'ai pas la vocation d'être, par prière ou injonction, sa servante et sa mère. Toute mon enfance, mon adolescence, j'ai dû vivre selon le gré des autres. Seul, l'espoir d'être enfin moi-même dans le couple me soutenait. Ce fut pire. On se retrouve du jour au lendemain ligotée, paralysée comme Gulliver chez les nains par une foule de menues entraves. Ou prise dans une nasse aux mailles faussement lâches. Le temps d'être à soi vous est refusé. On ne se libère ici que pour être happée là.

Nous nous amusions, dans nos premières rencontres, de voir se déformer les traits de l'Autre dans l'extrême proximité des visages. Celle des conjoints, en un logis, a des effets du même ordre : elle refrène ou gauchit vos gestes ; infléchit le déroulement de votre pensée ; vous conduit, souvent par charité, à maintes ruses dissimulatrices – et ma face est impassible alors, mais son envers appartient au monde de Bosch.

Plus encore que les tâches, *son* regard me bride, m'englue, quand je le sens peser sur ma nuque : suis-je bien, en ce que je fais, en mon exécution, conforme à son attente, autant dire à la règle établie ?

À peine au-dessus de vous, venant de l'arrière ou de biais, un faisceau de silence vous décape, vous rappelle à votre condition de mineure, non fiable par nature, et vous insinue le doute de vous-même. On n'a bientôt plus conscience que de ses faiblesses et de ses manques. Ou le regard se fait si indifférent, si absent, on en perçoit si bien le renoncement devant cette compagne incorrigible, que votre vie même en est ruinée. Et c'est ainsi qu'on en vient à ne plus exister que dans l'hostilité déclarée de l'Autre : comme l'encombre, l'obstacle.

Je fus vraiment cette jeune fille qu'on disait rieuse, espiègle, généreuse, enthousiaste – et drôle ? Muette et stupide devant lui à force d'essuyer ses semonces et son ironie, je lui dois d'être devenue la femme éteinte et blasée que ses amies d'adolescence ne reconnaissent plus, à moins qu'elles ne s'y retrouvent que trop.

Par un sursaut de l'instinct de conservation, j'ai enfin dit non à l'étouffement, à la dépossession. La vie est brève, unique. Je ne veux plus la passer face à un mur ou à un procureur. Plus lire sur un visage que j'ai aimé, le visage défiguré que me fait la haine. Je ne saurais même pas me contenter de l'image de ces couples si unis, dont les traits d'ennui distingué de l'un composent par mimétisme la face de l'autre.

Je serai seule demain ? Je l'étais hier, alors que je voyais en l'amour la négation de la solitude : il en est le plus sûr révélateur !... Mais, l'ayant découvert, il vous reste de ne laisser quiconque vous imposer sans fin ses choix, jusqu'à vous conduire à un complet reniement de soi. Il vous reste d'avoir le courage d'habiter enfin la solitude en long et en large, sans plus de faux-semblants.

III

Le phénix

« Je croyais être en retard mais… L'inauguration était pourtant bien prévue pour… Ce n'est pas que j'en attende merveilles, mais on n'a guère d'occasions, dans cette ville, de… Il y a vraiment peu de monde encore, à part ce groupe là-bas qui écoute… un guide ? l'un des exposants ? Certains veulent qu'on leur présente l'œuvre… moi je tiens à être d'abord seule à seule avec elle… A-t-elle à me dire ? Je l'écoute, et j'entre ou non en résonance. Comme en présence d'un homme… Et justement, celui qui disserte… m'intrigue par son allure. Il doit être de ceux, précis, aux gestes décantés, qui vous rassurent parce que tout semble leur être facile… y compris l'amour. Il se tourne vers le mur… Qu'en dites-vous, mes mains, de cette nuque ronde ?… Mais ne commencez pas à vous ressouvenir : je vous ai prescrit le repos… Cette *Nature morte aux grenades* est un parfait chromo… que j'aurais honte de montrer. Et ce *Soir d'automne* !… Est-ce que tout va être aussi piteux ? Que peut-il bien en dire ? Si encore, dans le lot, il y avait un savoureux naïf, une nouvelle Séraphine, mais nous allons aller de niaiseries en insipidités… Tout de même, ce portrait… Si je connaissais l'auteur, je lui demanderais bien de poser… Surtout si c'était lui, là-bas, qui, décidément me retient… Il est de ces passionnés intarissables ?… Il m'a vue !… ce coup au cœur que j'en ai… Faisons semblant de nous absorber dans la contemplation du *Bouquet de fleurs des champs* dont on jurerait qu'elles étaient artificielles, puis de cette marine qui devrait s'intituler : *Mer mortifiée*… Des gens arrivent… je serai moins exposée… Il y aura, oui, des intervalles entre eux pour l'observer… à la dérobée, et c'est bien le mot : je le dérobe au groupe pour… prendre ses mesures…

– J'ai quelque chose de particulier, pour que cette femme n'arrête pas de me regarder ? C'est sûrement flatteur d'être dévisagé par une femme avenante, mais cela me gêne, m'empêtre. Il est déjà assez difficile de commenter l'insignifiance… je finirais bien par dire des platitudes à ces gens qui s'ennuient, qui m'ennuient, à présent… Je passe à une autre toile : me vient le désir d'abréger, de me rendre libre… pour je-ne-sais-quoi… La regarder brièvement mais résolument : "Oui, je vous ai remarquée, êtes-vous satisfaite ? Je ne vois même plus que vous ici !… Vous n'avez rien de mieux à examiner ?" Elle a un visage sans résistance où s'ouvre une de ces perspectives !… Me ressaisir au plus vite, oui…

– Cette fois, il m'a vraiment… C'est ainsi quand les fleurets se heurtent, se rebroussent ?… Une escarmouche… C'était doux et impérieux et quelque chose en moi a crié "Touché !" Avec ce brouhaha, je n'entends même plus des bribes de ce qu'il leur dit. Il est de ces hommes dont la voix a un sûr instinct des défauts du corps, chez une femme ? De ses failles ?… Il s'est placé de côté… Pour me voir même quand il s'adresse au groupe ?… Une femme l'accompagnait quand il a choisi sa tenue ? Ses chaussures pourraient être mieux assorties au reste… Je ne crois pas qu'il ait d'alliance, mais qu'est-ce que cela prouve ?… Il me faudrait voir de près ses mains, c'est important, c'est essentiel !… Mais qu'est-ce que tu te racontes-là ? Tu n'as plus quinze ans… Sauf qu'alors on ne se soucie pas de leurs mains et on a bien tort…

– Décidément… C'est une aguicheuse ?… elle ne me quitte pas des yeux. Et tout en devient grisâtre sur ces murs… À peu près comme à longer un buisson et voilà qu'on avise, toute seule, une églantine… La nouveauté même…

– Je vais me déplacer pour vérifier qu'il me regarde chaque fois qu'il le peut. Au fond, nous avons engagé la conversation par-dessus la tête des gens. Je voudrais bien l'entendre pour de vrai : c'est si lisible, une voix… Tout ce que certaines dénoncent de l'être… D'autant qu'il a l'air de ne parler que pour moi, cela se sent… Mais non, je divague : avec son allure, ce doit être un homme à bonnes fortunes. De ceux qui vous font souffrir et tu t'es bien juré de fuir cette espèce… *La campagne endormie*… Je crains fort que ce soit là son dernier sommeil… J'aime sa façon d'écouter les questions, la tête un peu penchée, engageante… Les miennes n'auraient guère à voir avec la peinture ! – "Vivez-vous encore chez votre mère ?… Tenez-vous la peau d'une femme qui dort pour la plus belle étoffe qui soit ?… À propos, sur quel côté dormez-vous ? Que préférez-vous entendre : l'engoulevent ou le loriot ? Jusqu'où, selon vous, doit descendre une chevelure de femme ?…"

Allons ! Tu ne divagues plus : tu extravagues ! Un homme à femmes, je te dis. Demande-toi sur combien de bouches, de sexes, ses lèvres se sont posées… Il vient de faire rire cette femme… je la déteste… qui l'écoute depuis un moment bouche bée… Il a de l'humour ?… Mais qu'est-ce que cela peut te faire ? Justement si, cela me fait ! S'il allait la remarquer malgré son air borné ? Les hommes sont d'une naïveté d'enfant face à nos ressources de comédiennes !... Je fourragerais bien dans ses cheveux si c'était permis...

– Aucune vergogne, vraiment !... Je finis par me sentir pillé... Tout ce qu'il y a de strict, pourtant, en elle, de sans apprêts... De loyal ? Il me faudrait pouvoir l'observer à loisir... l'écouter... Elle a la voix de sa peau mate ? Les voix haut perchées me glacent... On passe à un autre tableau...

– Il est guide bénévole ? Il enseigne ?... Je m'inscrirais bien à ses cours... Pour grands commençants... Si j'avais de l'audace, je lui demanderais l'autorisation de me mêler au groupe... Il voit, j'espère, que cette femme cherche à se rendre intéressante ? Ce sourire niais qu'elle a... Elle ne saurait sûrement pas le comprendre... En plus, elle n'a aucun goût pour s'habiller, se coiffer... À lui, le bleu clair doit aller, mais je ne sais pas la couleur de ses yeux... Sa stupeur si, à l'instant, je me plantais devant lui : “ Vous permettez que je voie votre iris ? C'est capital ! Comme pour le nez de Cléopâtre, cela peut tout changer ! ” (On enferme des gens pour moins...) Il n'empêche qu'on ne se permet pas assez, dans la vie, de ces excentricités, genre fête des fous... En tout cas, il peut se vanter de me causer une belle émotion... qui me rajeunit. L'émotion des catastrophes évitées de justesse... Ou plutôt sur lesquelles on se précipite... Si je pouvais, mais il y a le mur, je tournerais autour de lui, pour le considérer sous tous les angles... Comme les planètes autour du soleil. Au titre de l'attraction universelle, en somme.

– Pourquoi posent-ils tant de questions, alors que j'ai hâte d'être libre ? Oui, mais, encore une fois, pour quoi faire ?...

Pour m'entendre dire que je l'importune ?... Ce tableau appellerait d'autres remarques, mais tant pis, je passe au suivant...

– Il me vient une de ces paniques !... Je n'étais pas bien, tranquille, à me refaire une santé après mes dernières... tribulations ? À croire que je cherche les déconvenues. Et lui qui me regarde encore, l'air de dire : " Si sous saviez comme ils me pèsent à présent ; comme je voudrais faire votre connaissance sans plus tarder !..." Et peut-être pense-t-il seulement : "Je passerais bien une nuit avec celle-là !" Sa nuque ! Décidément... Solide et vulnérable... Ce qu'elle donne envie de nouer ses doigts dessus !... M'en voilà toute chaude... humide ! Je dois être rouge... Il le voit ?

– Finalement... ce brouhaha... il y a du monde et les tableaux du coup se taisent, et moi je ne distingue plus rien et dis n'importe quoi... Ah ! quitter la salle, cet espace mis en pièces par les voix, et gagner le dehors !... Quel bain de jouvence ce serait ! Elle m'y suivrait ?... La voilà de profil, et j'ai la sensation qu'elle me le présente avec un rien de complaisance : "Ainsi me verrais-tu marchant à ton côté..." Elle n'est pas de celles que leur profil accuse de sécheresse, de mesquinerie, de fausseté. Il enclôt même joliment la tête, comme ceux, bouclés, de Cocteau.

– Comment peut-il encore se faire entendre, dans ce caquetage ? D'autant qu'il ne leur fait grâce de rien. J'aime les êtres scrupuleux, mais aujourd'hui il devrait bien... Il n'est pas, comme moi, impatient de... ? Mais de quoi, au fait ? Qui aura le courage d'aller vers l'autre ? Sous quel prétexte ? Je suis, à cette heure, sans esprit. Pourtant, quels regrets à voir cet échange tourner court !... J'ai envie de m'affaisser sur place et de m'étendre là, défaite, et lui, qui comprendrait, serait le premier à me recueillir entre ses bras… (Je ne devrais pas lire les romans qui consolaient ma mère de sa condition.) Tu as de bien grands pouvoirs, sais-tu ! Mais tu ne le sais que trop, sans doute. Regarde celle-là qui a l'air de boire tes paroles et qui ne voit pas, l'idiote !, que c'est moi que tu regardes par-dessus son épaule… Mais si la véritable idiote… ? Après tout je peux n'être pas du tout son genre… D'ailleurs il ne me regarde plus… Si ! Et ce heurt au ventre comme jamais jusqu'ici à rencontrer un homme… Avec un tel besoin qu'il me touche !… Que je ferais bien disparaître tous ces gens !… Et, comme alors nous serions seuls au monde… Faits l'un pour l'autre, s'ajustant à la perfection…

– Me voilà obligé de faire répéter les questions… S'ils savaient comme je brûle de les planter là !… Mais après ? Pourquoi ai-je un bizarre sentiment de choses qui finissent, de choses qui commencent ?

– C'est à moi, j'en suis sûre, qu'il vient de sourire. Un sourire qui s'excuse : "Ce qu'il faut de patience parfois, alors que je n'ai qu'une envie : vous connaître !" Je sens s'établir en nous une complicité d'englués… On va finir par remarquer que je suis toujours devant le même tableau – que je ne regarde même pas… Lui, vérifie de plus en plus souvent que je suis bien là… Je me trompe en croyant lire une prière, dans ses regards ? Quelque chose comme : "Par pitié, ne partez pas avant que j'en aie fini avec ceux-ci !…" Comment le rassurer ? Une lente inclinaison de la tête devrait lui faire entendre que je consens ; que je ne lui ferai pas défaut.

– Elle pense, elle aussi, que nous avons jeté une arche au-dessus du public ? Un arc-en-ciel !…

– Depuis combien de temps ne m'étais-je pas sentie vivante, effervescente ?... Il a sauté un tableau !... Deux !... Il se rapproche et j'en vacille, comme d'une trop grande faim, sur les midi. S'asseoir... et les quelques sièges sont occupés... Et s'il partait sans... L'accablement que j'en aurais !... Je ne me vois pas courant derrière lui, alors... Et personne ici à qui demander qui il est...

– Je vois mieux son visage. Le halo qu'il fait, plutôt. C'est tout le contraire d'un masque comme il en est tant... D'une impasse... Je cherche quel peintre il aurait tenté... Non, pas Renoir, pas du tout... Plutôt Modigliani... Ces visages évidés où l'on s'engage à perte de vue... Limpides... Prendre celui-ci délicatement entre mes mains et l'incliner, pour m'en désaltérer...

– Quel âge a-t-il ? Celui où, comme moi, il n'y a plus de temps à perdre. Il le sent ? (Il te plaît de le croire libre, bien sûr...) Que dis-tu de lui, ma peau ?... Mon ventre, lui, l'a déjà élu mais il s'est si souvent trompé... Ce qu'une femme peut se raconter !... Cette fois-ci, son regard était bel et bien possessif, impérieux : "Nous avons affaire ensemble, en doutez-vous ? J'entends donc que vous m'attendiez, sachez-le !" Et si, juste avant qu'il n'ait terminé, je m'en allais, il quitterait le groupe pour courir après moi ? Je me laisserais bien sûr rattraper, harponner... À moins qu'il ne soit timide ? Non, je ne saurais prendre le risque de le décourager.

– J'ai l'impression assez grisante que, sans un mot échangé, nous avons fait du chemin l'un vers l'autre, presque en familiers, déjà. Que quelque chose prend. Que je vis l'un de ces moments en éventail, en estuaire, où tous les possibles affluent. Ou bien que l'on complote, quelque part, pour notre plus grand bien...

– “Avez-vous remarqué comme le peintre, ici, a fait fi des lois de la perspective ?…”

– Je connais cette femme qui vient d’entrer. Pourvu qu’elle ne m’ait pas aperçue : une pie ! et lui que je verrais partir sans pouvoir… Ce qui serait pourtant le mieux pour ma quiétude. Je n’ai plus envie qu’on bouleverse ma vie ; plus envie de souffrir… Oui, mais le contentement presque douloureux que j’ai à être non loin de lui… À ne devoir, dirait-on, plus jamais connaître la faim, comme s’il me tenait lieu de tout … Seulement un avenir de soif… Et tant pis pour la douleur que j’en aurais…

– C’est dit, ce tableau aura été le dernier : je n’y vois plus rien… et c’est si médiocre !… Oui, mais l’instant que je différais s’est fait si énorme que… S’il te plaît, toi là-bas, viens à mon secours, fais un signe clair que c’est moi que tu attends… Par exemple en fermant un instant tes paupières sur ta félicité prochaine… – “Ne me remerciez pas, ce me fut un plaisir de vous montrer que même chez les peintres du dimanche, comme on dit…”

– Je suis exténuée. D’angoisse, bel et bien… Si j’étais tout à l’heure déçue par un propos déplacé, une inflexion discordante ?… Un air vainqueur, encore, ou une privauté prématurée ?… Les hommes font si souvent des fausses notes ! On le remercie… il va être libre ! Ce geste qu’il a pour entortiller son doigt d’une boucle de la petite fille que sa mère a traînée ici… Tendre !… Mais oui, il l’est !… Le groupe se sépare et il hésite, décontenancé d’être privé de garde-fous – le mot juste !… Il y a foule, autour de nous ? Il n’y a plus que lui et moi. Comme le voilà contraint… Très petit garçon, quêtant une permission… Je ne peux tout de même pas me jeter dans ses bras !… Je revis ces instants où, enfant, dans le verger, je guettais la chute d'un fruit… Ah ! il vient droit sur moi mon cœur mon cœur et ce goût de triomphe à mes lèvres !… »

Table

III

ŒUVRES DE FRANÇOIS SOLESMES

LES HANCHES ÉTROITES
Gallimard

GEORGES DE LA TOUR
Clairefontaine

L'AMANTE
Albin Michel

ÉLOGE DE LA CARESSE
Phébus/*Libretto*

POÉTIQUE DE LA FEMME

I. LA NONPAREILLE
II. FASTES INTIMES
Phébus

D'UN RIVAGE
Encre marine

ÉLOGE DE L'ARBRE
Encre marine

À LA MER

I. ODE A L'OCEAN
Encre marine

II. OCÉANIQUES
Encre marine

III. MARÉES
Encre marine

IV. L'ÎLE MÊME
Encre marine

LES MURMURES DE L'AMOUR
Encre marine

L'INAUGURALE
Encre marine

Achevé d'imprimer en mai 2007
sur les presses de l'imprimerie Chirat
42540 St-Just-La-Pendue,
pour le compte des éditions Michalon
collection « encre marine »
selon une maquette fournie par leurs soins.
Dépôt légal : mai 2007 - N° 5066
ISBN : 978-2-84186-385-3

catalogue disponible sur :
http : //www.encre-marine.com